Reglamento de Tránsito de la Ciudad de México

Reglamento de Tránsito del Estado de México

Ley General de Movilidad y Seguridad Vial

Procedimiento de selección de originales, ver página web:
www.tirant.net/index.php/editorial/procedimiento-de-seleccion-de-originales

editorial.tirant.com/mex/

Reglamento de Tránsito de la Ciudad de México
Reglamento de Tránsito del Estado de México
Ley General de Movilidad y Seguridad Vial

MIGUEL CARBONELL

tirant lo blanch
Ciudad de México, 2024

© EDITA: TIRANT LO BLANCH
DISTRIBUYE: TIRANT LO BLANCH MÉXICO
Av. Tamaulipas 150, Oficina 502
Hipódromo, Cuauhtémoc, 06100, Ciudad de México
Telf: +52 1 55 65502317
infomex@tirant.com
www.tirant.com/mex/
www.tirant.es
ISBN: 978-84-1197-722-7

Si tiene alguna queja o sugerencia, envíenos un mail a: *atencioncliente@tirant.com*. En caso de no ser atendida su sugerencia, por favor, lea en *www.tirant.net/index.php/empresa/politicas-de-empresa* nuestro Procedimiento de quejas.

Responsabilidad Social Corporativa: http://www.tirant.net/Docs/RSCTirant.pdf

ÍNDICE

REGLAMENTO DE TRÁNSITO DE LA CIUDAD DE MÉXICO

REGLAMENTO DE TRÁNSITO DEL ESTADO DE MÉXICO

LEY GENERAL DE MOVILIDAD Y SEGURIDAD VIAL

REGLAMENTO DE TRÁNSITO DE LA CIUDAD DE MÉXICO

ÚLTIMA REFORMA PUBLICADA EN LA GACETA OFICIAL: 10 DE AGOSTO DE 2023.

Reglamento publicado en el No. Bis de la Gaceta Oficial del Distrito Federal, el lunes 17 de agosto de 2015.

(Al margen superior un escudo que dice: CIUDAD DE MÉXICO.- Decidiendo Juntos)

MIGUEL ÁNGEL MANCERA ESPINOSA, Jefe de Gobierno del Distrito Federal, con fundamento en los artículos 122, Apartado C, Base Segunda, fracción II, inciso b), de la Constitución Política de los Estados Unidos Mexicanos; 8°, fracción II, 67, fracción II y 90 del Estatuto de Gobierno del Distrito Federal; 12, 14 y 15 fracción I, IV, VIII, IX, X, 23, 26, 30 y 31 de la Ley Orgánica de la Administración Pública del Distrito Federal; y 68, 198, 251 y 252 de la Ley de Movilidad del Distrito Federal; artículo 2, fracción III de la Ley de Seguridad Pública del Distrito Federal, artículos 3°, 26 y 34 de la Ley Orgánica de la Secretaría de Seguridad Pública del Distrito Federal, he tenido a bien expedir el siguiente:

(REFORMADA SU DENOMINACIÓN, G.O. 19 DE MARZO DE 2019)

REGLAMENTO DE TRÁNSITO DE LA CIUDAD DE MÉXICO

TÍTULO PRIMERO
DISPOSICIONES GENERALES

CAPÍTULO I
DEL OBJETO Y CONCEPTOS GENERALES

(REFORMADO, G.O. 19 DE MARZO DE 2019)

Artículo 1. El presente reglamento tiene por objeto regular la circulación de peatones y vehículos en la vía pública y la seguridad vial en la Ciudad de México.

Las disposiciones de este reglamento son aplicables a peatones, ciclistas, conductores, pasajeros y propietarios de cualquier tipo de vehículo matriculado en el país o el extranjero y que circule en el territorio de la Ciudad de México. En el presente ordenamiento se establecen las normas respecto a sus movimientos y estacionamiento, en observancia a lo establecido en las leyes, reglamentos, acuerdos, decretos y normatividad local vigente, así como las maniobras de ascenso y descenso de pasajeros o de carga y descarga. De igual forma, determina las condiciones legales y de seguridad a las que se deben ajustar los vehículos y sus conductores para su circulación, y establece los esquemas de sanciones por la comisión de infracciones a los preceptos contenidos en el presente reglamento.

Corresponde a la Secretaría de Seguridad Ciudadana aplicar sanciones por infracciones a las disposiciones de este Reglamento. Corresponde a la Consejería Jurídica y de Servicios Legales, mediante la Dirección Ejecutiva de Justicia Cívica, supervisar el cumplimiento de los trabajos a favor de la comunidad.

(REFORMADO, G.O. 4 DE FEBRERO DE 2021)

En todo lo no previsto en el presente ordenamiento se aplicará de manera supletoria las disposiciones contenidas en la Ley de Movilidad de la Ciudad de México, en la Ley de Cultura Cívica de la Ciudad de México, Reglamento de la Ley de Cultura Cívica vigente en la Ciudad de México, en los programas ambientales y de seguridad vial.

Artículo 2. La aplicación de este reglamento estará basada en los siguientes principios rectores:

I. La circulación en condiciones de seguridad vial es un derecho, por lo que todas las autoridades en el ámbito de su competencia deben adoptar medidas para garantizar la protección de la vida e integridad física de las personas, sobre todo de los usuarios vulnerables de la vía;

II. La circulación en la vía pública debe efectuarse con cortesía, por lo que los ciudadanos deben observar un trato respetuoso hacia el resto de los usuarios de la vía, así como a los agentes y personal de apoyo vial;

III. Se evitará la colocación de objetos que representen un obstáculo a la circulación de vehículos y tránsito de peatones;

IV. Se dará prioridad en la utilización del espacio vial de acuerdo a la siguiente jerarquía:

a) Peatones; en especial personas con discapacidad y movilidad limitada

b) Ciclistas;

c) Usuarios del servicio de transporte público de pasajeros;

d) Prestadores del servicio de transporte público de pasajeros;

e) Prestadores del servicio de transporte de carga y distribución de mercancías; y

f) Usuarios de transporte particular automotor y motociclistas.

V. Todos los usuarios de la vía, que son los enlistados en la fracción anterior, y en especial los conductores de todo tipo de vehículos motorizados, deben responsabilizarse del riesgo que implican para los demás usuarios de la vía, por lo que su conducción se realizará de manera precautoria y respetando las disposiciones del presente Reglamento; y

VI. El uso del automóvil particular deberá ser de manera racional, con el objetivo de mejorar las condiciones de salud y protección del ambiente.

Estos principios deben ser difundidos por autoridades y promotores voluntarios de forma permanente a través de campañas, programas y cursos.

(REFORMADO, G.O. 4 DE FEBRERO DE 2021)

La Secretaría en coordinación con Seguridad Ciudadana, diseñará y llevará a cabo campañas permanentes de cultura de movilidad y seguridad vial que garanticen la concientización y respeto a la seguridad de todos los usuarios de la vía, del mismo modo, se realizarán acciones para inhibir el consumo de alcohol, narcóticos, estupefacientes o psicotrópicos al conducir.

(REFORMADO, G.O. 4 DE FEBRERO DE 2021)

Artículo 3. En el ámbito de sus atribuciones, son autoridades competentes para la aplicación del presente reglamento la Secretaría, Seguridad Ciudadana y las personas Titulares de los Juzgados Cívicos.

Artículo 4. Además de lo que señala la Ley y sus reglamentos, para los efectos de este Reglamento, se entiende por:

(REFORMADA, G.O. 4 DE FEBRERO DE 2021)

I. Agente. persona integrante de la Policía de Control de Tránsito;

(ADICIONADA, G.O. 4 DE FEBRERO DE 2021)

I Bis. Agente autorizado para infraccionar, persona integrante de la Policía de Control de Tránsito, autorizada para expedir y firmar las boletas de sanción, con motivo de infracciones a las disposiciones en materia de tránsito, captadas mediante sistemas tecnológicos y equipos electrónicos portátiles;

(REFORMADA, G.O. 19 DE MARZO DE 2019)

II. Amonestación, acto por el cual el agente advierte a los peatones, conductores y pasajeros de un vehículo sobre el incumplimiento cometido a las disposiciones de este reglamento y tiene como propósito orientarlos a conducirse de conformidad con lo establecido en el mismo y prevenir la realización de otras conductas similares, puede realizarse de manera verbal o por escrito, mismo que será notificado en el domicilio del infractor que se encuentre registrado en los sistemas de la Secretaría;

III. Área de espera para bicicletas y motocicletas, zona marcada sobre el pavimento en una intersección de vías que tengan semáforos, que permite a los conductores de estos vehículos aguardar la luz verde del semáforo en una posición adelantada, de tal forma que sean visibles a los conductores del resto de los vehículos;

(REFORMADA, G.O. 19 DE MARZO DE 2019)

IV. Ayudas técnicas, dispositivos tecnológicos, materiales y/o motorizados que permiten habilitar, rehabilitar o compensar una o más limitaciones funcionales, motrices, sensoriales o intelectuales de las personas con discapacidad.

(REFORMADA, G.O. 19 DE MARZO DE 2019)

V. Bicicleta, Vehículo no motorizado de propulsión humana a través de pedales o de pedaleo asistido por motor eléctrico. No incluye a los vehículos que cuentan con un acelerador manual ni aquellas cuyo motor eléctrico continúe la aceleración después de alcanzar los 25 km/hr.

VI. Boleta, documento en donde se hace constar la infracción y la sanción correspondiente;

(ADICIONADA, G.O. 19 DE MARZO DE 2019)

VI Bis. Cajón de estacionamiento, espacio destinado y señalado en la vía pública para el estacionamiento temporal de vehículos;

VII. Carril, espacio asignado para la circulación de vehículos, ubicado sobre la superficie de rodadura y delimitado por líneas continuas o discontinuas, el cual debe contar con el ancho suficiente para la circulación de vehículos en una fila;

VIII. Carril confinado, superficie de rodadura con dispositivos de delimitación en su perímetro para el uso preferente o exclusivo de servicios de transporte, así como de cierto tipo de vehículos;

IX. Ciclista, conductor de un vehículo de tracción humana a través de pedales; se considera también ciclista a aquellos que conducen bicicletas asistidas por motores eléctricos, siempre y cuando ésta desarrolle velocidades de hasta 25 kilómetros por hora; los menores de doce años a bordo de un vehículo no motorizado serán considerados peatones;

(ADICIONADA, G.O. 19 DE MARZO DE 2019)

IX Bis. Cicloestación, Espacio exclusivo de estacionamiento para la prestación del servicio de un sistema de transporte individual en bicicleta pública con anclaje, que cuentan con dispositivos o infraestructura necesaria para dicho servicio.

X. Circulación, desplazamiento por la vía pública de peatones, conductores y ocupantes de vehículos.

(ADICIONADA, G.O. 19 DE MARZO DE 2019)

X Bis. Cochera, cajón de estacionamiento en el interior de un inmueble con capacidad para uno o más vehículos;

XI. Conductor, toda persona que maneje un vehículo en cualquiera de sus modalidades;

XII. Cruce peatonal, área sobre el arroyo vehicular asignada para el tránsito de peatones, puede estar a nivel de la acera o superficie de rodadura;

XIII. Dispositivos para el control del tránsito, conjunto de elementos que ordenan y orientan los movimientos de tránsito de personas y circulación de vehículos; que previenen y proporcionan información a los usuarios de la vía para garantizar su seguridad, permitiendo una operación efectiva del flujo peatonal y vehicular;

(ADICIONADA, G.O. 19 DE MARZO DE 2019)

XIII Bis. Equipo Electrónico, Al conjunto de aparatos y dispositivos portátiles para el tratamiento de imagen e información para apoyar tareas de movilidad y seguridad vial;

(REFORMADA, G.O. 4 DE FEBRERO DE 2021)

XIV. Integrante de Seguridad Ciudadana, Las personas integrantes de los cuerpos policiales bajo la responsabilidad de la Secretaría de Seguridad Ciudadana;

XV. Espacios para servicios especiales, son todos aquellos sitios en la vía pública debidamente autorizados por la Secretaría, exclusivos para realizar maniobras de ascenso y descenso de pasajeros o para como áreas reservadas para personas con discapacidad, servicio de acomodadores, bicicletas y motocicletas, sitios y lanzaderas de transporte público, áreas para carga y descarga, transporte de valores, correos, mensajería, mensajería y paquetería, recolección de residuos sólidos, vehículos de emergencia, y los que se señalen por la Secretaria;

(REFORMADA, G.O. 4 DE FEBRERO DE 2021)

XVI. Formato de hecho de tránsito, cédula en la que se establecen las circunstancias de tiempo, lugar y modo de incidentes viales, en la cual los agentes o el integrante de Seguridad Ciudadana registra: fecha, hora, lugar; datos de las personas y vehículos involucrados, en su caso, número de lesionados o fallecidos; servicios de emergencia y en su caso, del Ministerio Público; y cualquier otro dato que sea necesario para determinar las características del incidente y responsabilidad de quienes hayan intervenido en el hecho.

XVII. Hecho de tránsito, evento producido por el tránsito vehicular, en el que interviene por lo menos un vehículo, causando daños materiales, lesiones y/o muerte de personas;

XVIII. Infracción, conducta que transgrede alguna disposición del presente reglamento o demás disposiciones de tránsito aplicables y que tiene como consecuencia una sanción;

XIX. Intersección, nodo donde convergen dos o más vías, en la que se realizan los movimientos direccionales del tránsito peatonal o vehicular de forma directa o canalizada por islas;

XX. Juez Cívico, los Jueces Cívicos adscritos a la Consejería Jurídica y de Servicios Legales;

(REFORMADA, G.O. 4 DE FEBRERO DE 2021)

XXI. Ley, la Ley de Movilidad de la Ciudad de México;

XXII. Motocicleta, vehículo motorizado que utiliza manubrio para su conducción, de una o más plazas, con dos o más ruedas, que está equipado con motor eléctrico, de combustión interna de dos o cuatro tiempos, con un cilindraje a partir de cuarenta y nueve centímetros cúbicos de desplazamiento o impulsado por cualquier otra fuerza motriz, que cumpla con las disposiciones estipuladas en la Norma Oficial Mexicana en materia de identificación vehicular;

XXIII. Motociclista, persona que conduce una motocicleta;

XXIV. Peatón, persona que transita por la vía a pie y/o que utiliza ayudas técnicas por su condición de discapacidad o movilidad limitada, así como en patines, patineta u otros vehículos recreativos; incluye a niños menores de doce años a bordo de un vehículo no motorizado;

(ADICIONADA, G.O. 19 DE MARZO DE 2019)

XXIV Bis. Penalización por puntos a matrícula, procedimiento de asignación y contabilidad de puntos por sanciones derivadas de las infracciones registradas por los sistemas tecnológicos de la Ciudad de México, impuestos a las matrículas vehiculares.

XXV. Personal de apoyo vial, elemento de la Secretaría responsable de brindar información vial, prestar apoyo a peatones y conductores de vehículos, así como promover la cultura vial y auxiliar en contingencias causadas por hechos de tránsito o eventos públicos masivos;

XXVI. Persona con discapacidad, aquellas personas que tengan deficiencias físicas, mentales, intelectuales, o sensoriales a largo plazo que al interactuar con diversas barreras, puedan impedir su participación plena y efectiva en la sociedad, en igualdad de condiciones con las demás1 (sic);

XXVII. Personas con movilidad limitada, personas que de forma temporal o permanente, debido a enfermedad, edad, accidente o alguna otra condición, realizan un desplazamiento lento, difícil o desequilibrado. Incluye a niños, mujeres en periodo de gestación, adultos mayores, adultos que transitan con niños pequeños, personas con discapacidad, personas con equipaje o paquetes;

XXVIII. Preferencia de paso, ventaja que se le otorga a alguno de los usuarios de la vía para que realice un movimiento en el punto donde convergen flujos de circulación;

XXIX. Prioridad de uso, ventaja que se le otorga a alguno de los usuarios de la vía para la utilización de un espacio de circulación; los otros vehículos tendrán que ceder el paso y circular detrás del usuario con prioridad o en su caso cambiar de carril;

XXX. Programa de Verificación Vehicular, el Programa de Verificación Vehicular Obligatoria para el Distrito Federal vigente;

XXXI. Programa Hoy no Circula, el Programa Hoy no Circula para el Distrito Federal vigente;

XXXII. Programa para Contingencias Ambientales Atmosféricas, el Programa para Contingencias Ambientales Atmosféricas en el Distrito Federal vigente;

XXXIII. Programa conduce sin alcohol, el Programa de Control y Prevención de Ingestión de Alcohol en conductores de vehículos en el Distrito Federal;

(REFORMADA, G.O. 4 DE FEBRERO DE 2021)

XXXIV. Promotor voluntario, ciudadanía capacitada por la Secretaría o Seguridad Ciudadana que colabora a regular el tránsito en las inmediaciones de centros educativos para garantizar la seguridad vial de los escolares, zonas de obra o cruces conflictivos;

(REFORMADA, G.O. 19 DE MARZO DE 2019)

XXXV. Reglamento. el Reglamento de Tránsito de la Ciudad de México;

(ADICIONADA, G.O. 4 DE FEBRERO DE 2021)

XXXV Bis. Reincidencia, la comisión de dos o más infracciones establecidas en el presente Reglamento, en un periodo no mayor de 6 meses;

(REFORMADA, G.O. 19 DE MARZO DE 2019)

XXXVI. Secretaría, la Secretaría de Movilidad de la Ciudad de México;

(REFORMADA, G.O. 19 DE MARZO DE 2019)

XXXVII. Secretaría de Obras, la Secretaría de Obras y Servicios de la Ciudad de México;

Federal (sic);

(REFORMADA, G.O. 19 DE MARZO DE 2019)

XXXVIII. Secretaria del Medio Ambiente, la Secretaría del Medio Ambiente de la Ciudad de México;

(REFORMADA, G.O. 19 DE MARZO DE 2019)

XXXIX. Seguridad Ciudadana, antes Secretaría de Seguridad Pública, la Secretaría de Seguridad Ciudadana de la Ciudad de México;

XL. Seguridad Vial, conjunto de políticas y sistemas orientados a la prevención de hechos de tránsito;

XLI. Señalización Vial, conjunto de elementos y objetos visuales de contenido informativo, indicativo, restrictivo, preventivo, prohibitivo o de cualquier otro carácter, que se colocan (sic) la infraestructura vial;

(ADICIONADA, G.O. 19 DE MARZO DE 2019)

XLI Bis. Sistema de bicicletas públicas, conjunto de elementos, que incluye bicicletas, estaciones, equipo tecnológico, entre otros, para prestar el servicio de transporte individual en bicicleta pública de uso compartido al que se accede mediante membresía. Este servicio funge como complemento al Sistema Integrado de Transporte Público para satisfacer la demanda de viajes cortos en la ciudad de manera eficiente;

(ADICIONADA, G.O. 19 DE MARZO DE 2019)

XLI Ter. Sistema Tecnológico, Al conjunto organizado de dispositivos electrónicos, programas de cómputo y, en general, todo aquello basado en tecnologías de la información para apoyar tareas de movilidad y seguridad vial;

XLII. Substancia peligrosa, Todo elemento, compuesto, material o mezcla que independientemente de su estado físico, represente un riesgo potencial para la salud, el ambiente, la seguridad de los usuarios y/o la propiedad de terceros;

XLIII. Tirilla de resultados técnicos, ticket papeleta que contiene: última fecha de verificación del aparato, fecha y hora de la prueba realizada, grados de alcohol en aire espirado, número de prueba, líneas punteadas sobre las cuales se anota nombre completo del infractor, registro federal de contribuyentes, número de licencia, nombre y firma del médico o técnico aplicador;

(REFORMADA, G.O. 19 DE MARZO DE 2019)

XLIV. Unidad de Medida y Actualización vigente (UMA), El valor expresado en pesos que se utilizará, de manera individual o por múltiplos de ésta, para determinar sanciones y multas administrativas, conceptos de pago y montos de referencia, previstos en las normas locales vigentes de la Ciudad de México;

XLV. Usuarios vulnerables de la vía, aquellos usuarios que están expuestos a un mayor peligro durante su circulación en la vía ya que no cuentan con una estructura de protección, por lo que son más propensos a sufrir lesiones graves o incluso perder la vida cuando se ven involucrados en hechos de tránsito;

XLVI. Vehículo, aparato diseñado para el tránsito terrestre, propulsado por una fuerza humana directa o asistido para ello por un motor de combustión interna y/o eléctrico, o cualquier otra fuerza motriz, el cual es utilizado para el transporte de personas o bienes;

XLVI BIS. (DEROGADA, G.O. 16 DE ABRIL DE 2019)

(REFORMADA, G.O. 4 DE FEBRERO DE 2021)

XLVII. Vehículo de emergencia, aquellos autorizados por la Secretaría de Movilidad para portar placas de matrícula, cromáticas, señales luminosas y audibles, destinados a la prestación de servicios médicos, de protección civil, rescate, apoyo vial, bomberos; con excepción de los vehículos de los cuerpos policiales, quienes se rigen por los ordenamientos específicos que le correspondan.

(REFORMADA, G.O. 19 DE MARZO DE 2019)

XLVIII. Vehículo motorizado, aquellos vehículos de transporte terrestre de pasajeros o carga, que para su tracción dependen de un motor de combustión interna, eléctrica o de cualquier otra tecnología que le proporciona velocidad a más de 25 km/hr;

(REFORMADA, G.O. 19 DE MARZO DE 2019)

XLIX. Vehículo no motorizado, aquellos vehículos que utilizan tracción humana, pedaleo asistido y/o propulsión eléctrica para su desplazamiento con una velocidad máxima de 25 km/hr.

(ADICIONADA, G.O. 16 DE ABRIL DE 2019)

XLIX BIS. Vehículo recreativo, aquellos utilizados de manera recreativa o lúdica por niñas y niños de hasta doce años de edad, tales como patines, patinetas, patines del diablo sin motor y bicicletas con una velocidad máxima de 10km/h.

L. (DEROGADA, G.O. 19 DE MARZO DE 2019)

LI. Vía, espacio físico destinado al tránsito de peatones y vehículos;

LII. Vialidad, conjunto integrado de vías de uso común que conforman la traza urbana de la ciudad, cuya función es facilitar el tránsito eficiente y seguro de personas y vehículos;

LIII. Vía ciclista, espacio destinado al tránsito exclusivo o prioritario de vehículos no motorizados la que puede ser parte de la superficie de rodadura de las vías o tener un trazo independiente; ésta incluye:

a) Carril compartido ciclista, carril ubicado en la extrema derecha del área de circulación vehicular, con un ancho adecuado para permitir que ciclistas y conductores de vehículos motorizados compartan el espacio de forma segura; estos carriles deben contar con dispositivos para regular la velocidad;

b) Ciclocarril, carril delimitado con marcas en el pavimento destinado exclusivamente para la circulación ciclista;

c) Ciclovía, carril confinado exclusivo para la circulación ciclista físicamente segregado del tránsito automotor; y

d) Calle compartida ciclista, vía destinada a la circulación prioritaria de bicicletas, que cuenta con dispositivos que permiten orientar y regular el tránsito de todos los vehículos que circulen en ella, con la finalidad de compartir el espacio vial de forma segura y en estricto apego a la prioridad de uso del espacio indicada en el presente Reglamento.

(ADICIONADO, G.O. 4 DE FEBRERO DE 2021)

e) Carril de transporte público compartido con vehículos no motorizados, carril destinado para la circulación compartida segura y exclusiva para transporte público y vehículos no motorizados; dichos carriles deberán contar con dispositivos para regular la velocidad, y preferentemente estar confinados.

(REFORMADA, G.O. 19 DE MARZO DE 2019)

LIV. Vía de acceso controlado, vías primarias cuyas intersecciones generalmente son a desnivel; cuentan con carriles centrales y laterales separados por camellones; la incorporación y desincorporación al cuerpo de flujo continuo deberá realizarse a través de carriles de aceleración y desaceleración en puntos específicos; y/o que por sus características físicas y operacionales así lo determine la Secretaría y la Comisión de Clasificación de Vialidades, según el listado del anexo de este reglamento;

LV. Vía peatonal, espacio destinado al tránsito exclusivo o prioritario de peatones, accesible para personas con discapacidad y movilidad limitada, y al alojamiento de instalaciones o mobiliario urbano y en la que el acceso a vehículos está restringida (sic) a reglas especificadas en este reglamento; éstas incluyen:

a) Cruces peatonales;

b) Aceras y rampas;

c) Camellones e isletas;

d) Plazas y parques;

e) Puentes peatonales;

f) Calles peatonales y andadores; y

g) Calles de prioridad peatonal.

LVI. Vía primaria, espacio físico cuya función es facilitar el flujo del tránsito vehicular continuo o controlado por semáforo, entre distintas zonas de la Ciudad, las cuales pueden contar con carriles exclusivos para la circulación de bicicletas y/o transporte público, según el listado del anexo de este reglamento;

LVII. Vía pública, todo espacio de uso común destinado al tránsito de peatones y vehículos; así como a la prestación de servicios públicos y colocación de mobiliario urbano;

(REFORMADA, G.O. 4 DE FEBRERO DE 2021)

LVIII. Vía reversible, espacio físico destinado exclusivamente al tránsito de vehículos, con la posibilidad de cambiar el sentido total o parcial de su circulación en horarios previamente establecidos y comunicados por Seguridad Ciudadana;

LIX. Vía secundaria, espacio físico cuya función es permitir el acceso a los predios y facultar el flujo del tránsito vehicular no continuo; en su mayoría conectan con vías primarias y sus intersecciones pueden estar controladas por semáforos; y

LX. Zona de tránsito calmado, área delimitada al interior de colonias, barrios, o pueblos, cuyas vías se diseñan para reducir el volumen y velocidad del tránsito, de forma tal que peatones, ciclistas y conductores de vehículos motorizados circulen de manera segura.

TÍTULO SEGUNDO
DE LAS NORMAS DE CIRCULACIÓN

CAPÍTULO I
DE LA CIRCULACIÓN DE PEATONES

Artículo 5. Los peatones deben guiar su circulación bajo las siguientes reglas:

(REFORMADA, G.O. 4 DE FEBRERO DE 2021)

I. Obedecer las indicaciones de los agentes y/o agentes autorizados para infraccionar, personal de apoyo vial, promotores voluntarios, así como la señalización vial;

II. Dar preferencia de paso y asistir a aquellos que utilicen ayudas técnicas o a personas con movilidad limitada;

(REFORMADO [N. DE E. ESTE PÁRRAFO], G.O. 16 DE ABRIL DE 2019)

III. Cuando utilicen vehículos recreativos o ayudas técnicas motorizadas en las vías peatonales:

a) Dar preferencia a los demás peatones;

b) Conservar una velocidad máxima de 10 km por hora que no ponga en riesgo a los demás usuarios de la vía; y

c) Evitar sujetarse a vehículos, ya sean motorizados o no;

IV. Antes de cruzar una vía, voltear a ambos lados de la calle, para verificar que los vehículos tienen posibilidad, por distancia y velocidad, de frenar para cederles el paso; asimismo, procurar el contacto visual con los conductores;

V. Ceder el paso a vehículos de emergencia cuando estos circulen con las señales luminosas y audibles en funcionamiento;

VI. Cruzar por las esquinas o cruces peatonales en las vías primarias y vías secundarias con más de dos carriles efectivos de circulación; en vías secundarias que cuenten con un máximo de dos carriles efectivos de circulación podrán cruzar en cualquier punto; y siempre y cuando le sea posible hacerlo de manera segura; y

VII. Utilizar los pasos peatonales a desnivel ubicados en vías de acceso controlado. En otras vías primarias no es obligatorio su uso si el paso a desnivel se encuentra a más de 30 metros del punto donde se realiza el cruce. Lo anterior, atendiendo a lo estipulado en la fracción VI del presente artículo.

(REFORMADO, G.O. 4 DE FEBRERO DE 2021)

Los peatones que no cumplan con las obligaciones de este Reglamento, serán amonestados verbalmente por los agentes y/o agentes autorizados para infraccionar, y orientados a conducirse de conformidad a las disposiciones aplicables.

Las autoridades correspondientes tomarán las medidas que procedan para garantizar la integridad física y el tránsito seguro de los peatones, en particular, de las personas con discapacidad y movilidad limitada. Asimismo, realizarán las acciones necesarias para garantizar que las vías peatonales, se encuentren libres de obstáculos que impidan el tránsito peatonal.

Artículo 6. Para garantizar la seguridad de los peatones, los conductores de vehículos están obligados a otorgar:

I. Preferencia de paso en las intersecciones controladas por semáforos, cuando:

a) La luz verde les otorgue el paso a los peatones;

b) Habiéndoles correspondido el paso de acuerdo con el ciclo del semáforo, no alcancen a cruzar completamente la vía; y

c) Los vehículos vayan a dar vuelta para incorporarse a otra vía y haya peatones cruzando ésta.

II. Preferencia de paso en las intersecciones que no cuenten con semáforos, siempre tendrán preferencia sobre el tránsito vehicular, independientemente de las reglas establecidas en el artículo 10; cuando haya peatones esperando pasar, los conductores deberán parar y cederles el paso;

III. Prioridad de uso del arroyo vehicular, cuando:

a) No existan aceras en la vía; en caso de existir acotamiento o vías ciclistas, los peatones podrán circular del lado derecho de éstas; a falta de estas opciones transitarán por el extremo de la vía y en sentido contrario al flujo vehicular;

b) Las aceras estén impedidas para el libre tránsito peatonal por consecuencia de obras públicas o privadas, eventos que interfieran de forma temporal la circulación o cuando el flujo de peatones supere la capacidad de la acera; la autoridad se asegurará de la implementación de espacios seguros para los transeúntes; mismas que estarán delimitadas, confinadas y señalizadas, conforme a la legislación aplicable y por parte de quien genere las anomalías en la vía;

c) Transiten en comitivas organizadas, procesiones o filas escolares, debiendo circular en el sentido de la vía;

d) Remolquen algún objeto que impida la libre circulación de los demás peatones sobre la acera, debiendo circular en el primer carril y en el sentido de la vía; en caso que transiten en ciclovías y carriles preferenciales ciclistas deberán hacerlo pegado a la acera y en el sentido de la circulación ciclista;

e) Se utilicen vehículos recreativos o ayudas técnicas, debiendo transitar por el primer carril de circulación de la vía; en estos casos, también se podrá hacer uso del acotamiento y vías ciclistas.

IV. Preferencia de paso cuando transiten por la acera y algún conductor deba cruzarla para entrar o salir de un predio o estacionamiento; y

V. Prioridad de uso en las calles de prioridad peatonal, dónde los peatones podrán circular en todo lo ancho de la vía y en cualquier sentido.

(REFORMADO, G.O. 4 DE FEBRERO DE 2021)

El conductor de un vehículo no motorizado que no respete la preferencia de paso y/o la prioridad de uso de los peatones de acuerdo a lo dispuesto en este artículo será amonestado y/o apercibido verbalmente por los agentes y/o agentes autorizados para infraccionar, y orientado a conducirse de conformidad a las disposiciones aplicables.

(REFORMADO [N. DE E. REPUBLICADO], G.O. 4 DE FEBRERO DE 2021)

El conductor de un vehículo motorizado que no respete la preferencia de paso y/o la prioridad de uso de los peatones de acuerdo a lo dispuesto en este artículo será sancionado con base en la siguiente tabla:

(REFORMADA, G.O. 4 DE FEBRERO DE 2021)

Tipo de Vehículo	**Sanción con multa equivalente en veces la Unidad de Medida y Actualización vigente**	**Sanción mínima**	**Sanción media**	**Sanción máxima**	**Sanción con puntos de penalización en licencia para conducir**
Conductores de vehículos de uso particular	10 a 20 veces	10 veces	15 veces	20 veces	3 puntos
Conductores de vehículos de transporte de carga	40 a 60 veces	40 veces	50 veces	60 veces	3 puntos
Conductores de vehículos de transporte público de pasajeros	60 a 80 veces	60 veces	70 veces	80 veces	3 puntos

CAPÍTULO II
DE LAS NORMAS GENERALES PARA LA CIRCULACIÓN DE VEHÍCULOS

Artículo 7. En todo momento los conductores o pasajeros de vehículos deben contribuir a generar un ambiente de sana convivencia entre todos los usuarios de la vía; por lo que deben obedecer la señalización vial, las indicaciones de los agentes, del personal de apoyo vial o promotores voluntarios; y deben abstenerse de:

I. Insultar, denigrar o golpear al personal que desempeña labores de agilización del tránsito y aplicación de las sanciones establecidas en este Reglamento;

(ADICIONADO, G.O. 4 DE FEBRERO DE 2021)

Los conductores que infrinjan la presente disposición serán sancionados con una multa equivalente a 20, 25 o 30 veces la Unidad de Medida y Actualización vigente.

II. Proferir vejaciones mediante utilización de señales visuales, audibles o de cualquier otro accesorio adherido al vehículo; golpear o realizar maniobras con el vehículo con objeto de intimidar o maltratar físicamente a otro usuario de la vía; y

(ADICIONADO, G.O. 4 DE FEBRERO DE 2021)

Los conductores que infrinjan la presente disposición serán sancionados con una multa equivalente a 20, 25 o 30 veces la Unidad de Medida y Actualización vigente.

III. Utilizar la bocina (claxon) para un fin diferente al de evitar un hecho de tránsito, especialmente en condiciones de congestión vehicular, así como provocar ruido excesivo con el motor.

(ADICIONADO, G.O. 4 DE FEBRERO DE 2021)

Los conductores que infrinjan la presente disposición serán sancionados con una multa equivalente a 5, 7 o 10 veces la Unidad de Medida y Actualización vigente y un punto de penalización a la licencia para conducir.

(DEROGADO PENÚLTIMO PÁRRAFO, G.O. 4 DE FEBRERO DE 2021)

(DEROGADA TABLA, G.O. 4 DE FEBRERO DE 2021)

(REFORMADO, G.O. 4 DE FEBRERO DE 2021)

En cuanto a las fracciones I y II, el agente y/o agente autorizado para infraccionar remitirá al conductor con la autoridad competente.

Artículo 8. Los conductores de todo tipo de vehículos deben:

(REFORMADA, G.O. 4 DE FEBRERO DE 2021)

I. Obedecer las indicaciones de los agentes y/o agentes autorizados para infraccionar, personal de apoyo vial, promotores voluntarios, así como respetar la señalización vial de acuerdo a lo estipulado en el anexo de los dispositivos para el control del tránsito del presente reglamento;

(ADICIONADO, G.O. 4 DE FEBRERO DE 2021)

Los conductores de vehículos motorizados que infrinjan la presente disposición serán sancionados con una multa equivalente a 10, 15 o 20 veces la Unidad de Medida y Actualización vigente y tres puntos de penalización a la licencia para conducir o en caso de infracciones captadas a través de sistemas tecnológicos se sancionará con un punto a la matrícula vehicular.

II. Tomar las máximas precauciones a su alcance cuando existan peatones sobre el arroyo vehicular, reducir la velocidad o parar para permitir el paso a peatones, especialmente en zonas escolares o en calles de prioridad peatonal;

(ADICIONADO, G.O. 4 DE FEBRERO DE 2021)

Los conductores de vehículos motorizados que infrinjan la presente disposición serán sancionados con una multa equivalente a 10, 15 o 20 veces la Unidad de Medida y Actualización vigente y tres puntos de penalización a la licencia para conducir o en caso de infracciones captadas a través de sistemas tecnológicos se sancionará con un punto a la matrícula vehicular.

III. Compartir los carriles de circulación de manera responsable con los demás vehículos, por lo que se debe cambiar de carriles de forma escalonada y tomar el carril extremo correspondiente anticipadamente cuando se pretenda dar vuelta, considerando lo especificado en la fracción VIII del (sic) este artículo;

(ADICIONADO, G.O. 4 DE FEBRERO DE 2021)

Los conductores de vehículos motorizados que infrinjan la presente disposición serán sancionados con una multa equivalente a 5, 7 o 10 veces la Unidad de Medida y Actualización vigente y tres puntos de penalización a la licencia para conducir o en caso de infracciones captadas a través de sistemas tecnológicos se sancionará con un punto a la matrícula vehicular.

IV. Circular en el sentido que indique la vía; tratándose de vías reversibles, respetar los tramos y horarios que determine la autoridad competente y en caso de tratarse de vías de doble sentido, circular en el costado derecho de la vía, evitando deslumbrar a los conductores del sentido contrario;

(ADICIONADO, G.O. 4 DE FEBRERO DE 2021)

Los conductores de vehículos motorizados que infrinjan la presente disposición serán sancionados con una multa equivalente a 10, 15 o 20 veces la Unidad de Medida y Actualización vigente y tres puntos a la licencia para conducir o en caso de infracciones captadas a través de sistemas tecnológicos se sancionará con un punto a la matrícula vehicular.

V. Rebasar otro vehículo sólo por el lado izquierdo; en el caso de vehículos motorizados que adelanten a ciclistas o motociclistas deben otorgar al menos la distancia de 1.50 metros de separación lateral;

(ADICIONADO, G.O. 4 DE FEBRERO DE 2021)

Los conductores de vehículos motorizados que infrinjan la presente disposición serán sancionados con una multa equivalente a 5, 7 o 10 veces la Unidad de Medida y Actualización vigente y tres puntos de penalización a la licencia para conducir o en caso de infracciones captadas a través de sistemas tecnológicos se sancionará con un punto a la matrícula vehicular.

VI. Alinearse a la derecha y reducir la velocidad cuando otro vehículo intente adelantarlo;

(ADICIONADO, G.O. 4 DE FEBRERO DE 2021)

Los conductores de vehículos motorizados que infrinjan la presente disposición serán sancionados con una multa equivalente a 5, 7 o 10 veces la Unidad de Medida y Actualización vigente y tres puntos de penalización a la licencia para conducir o en caso de infracciones captadas a través de sistemas tecnológicos se sancionará con un punto a la matrícula vehicular.

VII. Conservar respecto al vehículo que le preceda, una distancia razonable que garantice la detención oportuna en caso de que éste frene intempestivamente;

(ADICIONADO, G.O. 4 DE FEBRERO DE 2021)

Los conductores de vehículos motorizados que infrinjan la presente disposición serán sancionados con una multa equivalente a 5, 7 o 10 veces la Unidad de Medida y Actualización vigente y tres puntos de penalización a la licencia para conducir o en caso de infracciones captadas a través de sistemas tecnológicos se sancionará con un punto a la matrícula vehicular.

VIII. Indicar la dirección de su giro o cambio de carril, mediante luces direccionales, en caso de vehículos no motorizados, podrá indicarse mediante señas;

(ADICIONADO, G.O. 4 DE FEBRERO DE 2021)

Los conductores de vehículos motorizados que infrinjan la presente disposición serán sancionados con una multa equivalente a 5, 7 o 10 veces la Unidad de Medida y Actualización vigente y tres puntos de penalización a la licencia para conducir o en caso de infracciones captadas a través de sistemas tecnológicos se sancionará con un punto a la matrícula vehicular.

IX. Reducir la velocidad para conservar una distancia prudente y permitir el movimiento, cuando otro vehículo pretenda incorporarse a su carril y éste lo ha indicado con las luces direccionales;

(ADICIONADO, G.O. 4 DE FEBRERO DE 2021)

Los conductores de vehículos motorizados que infrinjan la presente disposición serán sancionados con una multa equivalente a 5, 7 o 10 veces la Unidad de Medida y Actualización vigente y tres puntos de penalización a la licencia para conducir o en caso de infracciones captadas a través de sistemas tecnológicos se sancionará con un punto a la matrícula vehicular.

X. Dar prioridad a los vehículos de emergencia que circulen con las señales luminosas y audibles encendidas, debiendo disminuir la velocidad para despejar el camino y procurar alinearse hacia la derecha;

(ADICIONADO, G.O. 4 DE FEBRERO DE 2021)

Los conductores de vehículos motorizados que infrinjan la presente disposición serán sancionados con una multa equivalente a 10, 15 o 20 veces la Unidad de Medida y Actualización vigente y tres puntos de penalización a la licencia para conducir o en caso de infracciones captadas a través de sistemas tecnológicos se sancionará con un punto a la matrícula vehicular.

XI. Disminuir su velocidad y tomar todas las precauciones necesarias cuando encuentren un vehículo de transporte escolar realizando maniobras de ascenso y descenso de escolares;

(ADICIONADO, G.O. 4 DE FEBRERO DE 2021)

Los conductores de vehículos motorizados que infrinjan la presente disposición serán sancionados con una multa equivalente a 10, 15 o 20 veces la

Unidad de Medida y Actualización vigente y tres puntos de penalización a la licencia para conducir o en caso de infracciones captadas a través de sistemas tecnológicos se sancionará con un punto a la matrícula vehicular.

XII. Cuando transiten en zonas escolares:

a) Disminuir su velocidad y extremar precauciones, respetando la señalización vial y dispositivos para el control del tránsito correspondientes que indican la velocidad máxima permitida y cruce de peatones;

b) Parar y ceder el paso a los escolares; y

c) Obedecer las indicaciones de los agentes o de los promotores voluntarios.

(ADICIONADO, G.O. 4 DE FEBRERO DE 2021)

Los conductores de vehículos motorizados que infrinjan la presente disposición serán sancionados con una multa equivalente a 10, 15 o 20 veces la Unidad de Medida y Actualización vigente y tres puntos de penalización a la licencia para conducir o en caso de infracciones captadas a través de sistemas tecnológicos se sancionará con un punto a la matrícula vehicular.

XIII. Cuando transiten por intersecciones con vías férreas:

a) Disminuir la velocidad del vehículo a treinta kilómetros por hora, a una distancia de cincuenta metros antes de cruzar vías férreas; y

b) Realizar alto a una distancia de cinco metros antes de las vías y mantenerse en esa forma si el ferrocarril se encuentra a una distancia menor a doscientos metros en dirección al crucero.

(ADICIONADO, G.O. 4 DE FEBRERO DE 2021)

Los conductores de vehículos motorizados que infrinjan la presente disposición serán sancionados con una multa equivalente a 5, 7 o 10 veces la Unidad de Medida y Actualización vigente y tres puntos de penalización a la licencia para conducir o en caso de infracciones captadas a través de sistemas tecnológicos se sancionará con un punto a la matrícula vehicular.

(REFORMADA, G.O. 19 DE MARZO DE 2019)

XIV. Realizar el ascenso y descenso propio o de los ocupantes del vehículo contiguo a la acera. En caso de que algún ocupante del vehículo tenga que hacerlo del lado contiguo al carril vehicular inmediato, extremará precauciones al abrir o cerrar las portezuelas, sin sobrepasar las rayas de división de carril de manera que no haga un corte de circulación.

(REFORMADO, G.O. 4 DE FEBRERO DE 2021)

Los conductores de vehículos motorizados que infrinjan la presente disposición serán sancionados con una multa equivalente a 5, 7 o 10 veces la Unidad de Medida y Actualización vigente y tres puntos de penalización a la licencia para conducir o en caso de infracciones captadas a través de sistemas tecnológicos se sancionará con un punto a la matrícula vehicular.

(DEROGADO ÚLTIMO PÁRRAFO, G.O. 4 DE FEBRERO DE 2021)

(DEROGADA TABLA, G.O. 4 DE FEBRERO DE 2021)

(REFORMADO PRIMER PÁRRAFO, G.O. 31 DE MARZO DE 2022)

Artículo 9. Los conductores de vehículos deberán respetar los límites de velocidad establecidos en la señalización vial. A falta de señalamiento restrictivo específico, los límites de velocidad se establecerán de acuerdo con lo siguiente:

I. En los carriles centrales de las vías de acceso controlado la velocidad máxima será de 80 kilómetros por hora;

(ADICIONADO, G.O. 4 DE FEBRERO DE 2021)

Los conductores de vehículos motorizados que infrinjan la presente disposición serán sancionados con una multa equivalente a 10, 15 o 20 veces la Unidad de Medida y Actualización vigente y tres puntos a la licencia para conducir o en caso de infracciones captadas a través de sistemas tecnológicos se sancionará con uno a cinco puntos a la matrícula vehicular.

II. En vías primarias la velocidad máxima será de 50 kilómetros por hora;

(ADICIONADO, G.O. 4 DE FEBRERO DE 2021)

Los conductores de vehículos motorizados que infrinjan la presente disposición serán sancionados con una multa equivalente a 10, 15 o 20 veces la Unidad de Medida y Actualización vigente y tres puntos a la licencia para conducir o en caso de infracciones captadas a través de sistemas tecnológicos se sancionará con uno a cinco puntos a la matrícula vehicular.

III. En vías secundarias incluyendo las laterales de vías de acceso controlado, la velocidad máxima será de 40 kilómetros por hora;

(ADICIONADO, G.O. 4 DE FEBRERO DE 2021)

Los conductores de vehículos motorizados que infrinjan la presente disposición serán sancionados con una multa equivalente a 10, 15 o 20 veces la Unidad de Medida y Actualización vigente y tres puntos a la licencia para conducir o en caso de infracciones captadas a través de sistemas tecnológicos se sancionará con uno a cinco puntos a la matrícula vehicular.

IV. En zonas de tránsito calmado la velocidad será de 30 kilómetros por hora;

(ADICIONADO, G.O. 4 DE FEBRERO DE 2021)

Los conductores de vehículos motorizados que infrinjan la presente disposición serán sancionados con una multa equivalente a 10, 15 o 20 veces la Unidad de Medida y Actualización vigente y seis puntos a la licencia para conducir o en caso de infracciones captadas a través de sistemas tecnológicos se sancionará con uno a cinco puntos a la matrícula vehicular.

(ADICIONADO, G.O. 4 DE FEBRERO DE 2021)

En el caso de vehículos de transporte público de pasajeros y carga, la multa será equivalente a 20, 25 o 30 veces la Unidad de Medida y Actualización y seis puntos a la licencia para conducir o en caso de infracciones captadas a través de sistemas tecnológicos se sancionará con uno a cinco puntos a la matrícula vehicular.

V. En zonas escolares, de hospitales, de asilos, de albergues y casas hogar, la velocidad máxima será de 20 kilómetros por hora; y

(ADICIONADO, G.O. 4 DE FEBRERO DE 2021)

Los conductores de vehículos motorizados que infrinjan la presente disposición serán sancionados con una multa equivalente a 10, 15 o 20 veces la Unidad de Medida y Actualización vigente y seis puntos a la licencia para conducir o en caso de infracciones captadas a través de sistemas tecnológicos se sancionará con uno a cinco puntos a la matrícula vehicular.

(REFORMADO, G.O. 31 DE MARZO DE 2022)

En el caso de vehículos de transporte público de pasajeros y carga, la multa será equivalente a 20, 25 o 30 veces la Unidad de Medida y Actualización vigente y seis puntos a la licencia para conducir, o en caso de infracciones captadas a través de sistemas tecnológicos se sancionará con uno a cinco puntos a la matrícula vehicular.

VI. En estacionamientos y en vías peatonales en las cuales se permita el acceso a vehículos la velocidad máxima será de 10 kilómetros por hora.

(REFORMADO, G.O. 4 DE FEBRERO DE 2021)

Los conductores de vehículos motorizados que infrinjan la presente disposición serán sancionados con una multa equivalente a 10, 15 o 20 veces la Unidad de Medida y Actualización vigente y seis puntos a la licencia para conducir o en caso de infracciones captadas a través de sistemas tecnológicos se sancionará con uno a cinco puntos a la matrícula vehicular.

(ADICIONADO, G.O. 4 DE FEBRERO DE 2021)

En el caso de vehículos de transporte público de pasajeros y carga, la multa será equivalente a 20, 25 o 30 veces la Unidad de Medida y Actualización y seis puntos a la licencia para conducir o en caso de infracciones captadas a través de sistemas tecnológicos se sancionará con uno a cinco puntos a la matrícula vehicular.

(ADICIONADO, G.O. 19 DE MARZO DE 2019)

El Agente autorizado podrá realizar la infracción con apoyo de sistemas tecnológicos y equipos electrónicos.

(DEROGADO PENÚLTIMO PÁRRAFO, G.O. 31 DE MARZO DE 2022)

(REFORMADO, G.O. 4 DE FEBRERO DE 2021)

Cuando la información captada por el sistema tecnológico muestre que el conductor del vehículo motorizado rebase el límite de velocidad por más de 40% de la velocidad máxima autorizada, se sancionará aplicando la sanción especial con una penalización de 5 puntos en (sic) placa de matrícula.

Artículo 10. Para las preferencias de paso en las intersecciones, el conductor se ajustará al señalamiento restrictivo y a las siguientes reglas:

I. Los peatones tendrán preferencia de paso sobre los vehículos de acuerdo a lo establecido en el artículo 6;

(ADICIONADO, G.O. 4 DE FEBRERO DE 2021)

Los conductores de vehículos motorizados que infrinjan la presente disposición serán sancionados con una multa equivalente a 10, 15 o 20 veces la Unidad de Medida y Actualización vigente y tres puntos a la licencia para conducir o en caso de infracciones captadas a través de sistemas tecnológicos se sancionará con un punto a la matrícula vehicular.

II. Los vehículos no motorizados tendrán preferencia sobre los vehículos motorizados de acuerdo a las reglas establecidas en el artículo 15;

(ADICIONADO, G.O. 4 DE FEBRERO DE 2021)

Los conductores de vehículos motorizados que infrinjan la presente disposición serán sancionados con una multa equivalente a 10, 15 o 20 veces la Unidad de Medida y Actualización vigente y tres puntos a la licencia para conducir o en caso de infracciones captadas a través de sistemas tecnológicos se sancionará con un punto a la matrícula vehicular.

III. Los vehículos de emergencia tienen preferencia de paso sobre los demás vehículos cuando circulen con las señales luminosas o audibles en funcionamiento;

(ADICIONADO, G.O. 4 DE FEBRERO DE 2021)

Los conductores de vehículos motorizados que infrinjan la presente disposición serán sancionados con una multa equivalente a 20, 25 o 30 veces la Unidad de Medida y Actualización vigente y tres puntos a la licencia para conducir o en caso de infracciones captadas a través de sistemas tecnológicos se sancionará con un punto a la matrícula vehicular.

IV. El ferrocarril, el tren ligero y vehículos de transporte público que circulen en carriles exclusivos confinados o en contraflujo tienen preferencia de paso;

(ADICIONADO, G.O. 4 DE FEBRERO DE 2021)

Los conductores de vehículos motorizados que infrinjan la presente disposición serán sancionados con una multa equivalente a 10, 15 o 20 veces la Unidad de Medida y Actualización vigente y tres puntos a la licencia para conducir o en caso de infracciones captadas a través de sistemas tecnológicos se sancionará con un punto a la matrícula vehicular.

(REFORMADA, G.O. 4 DE FEBRERO DE 2021)

V. En las intersecciones reguladas por un agente y/o agente autorizado para infraccionar, personal de apoyo vial o promotores voluntarios; los conductores deben seguir las indicaciones de éstos, independientemente de las reglas de preferencia o de lo indicado por los dispositivos para el control del tránsito;

(ADICIONADO, G.O. 4 DE FEBRERO DE 2021)

Los conductores de vehículos motorizados que infrinjan la presente disposición serán sancionados con una multa equivalente a 10, 15 o 20 veces la Unidad de Medida y Actualización vigente y tres puntos a la licencia para conducir o en caso de infracciones captadas a través de sistemas tecnológicos se sancionará con un punto a la matrícula vehicular.

VI. En las intersecciones reguladas mediante semáforos se respetarán las siguientes reglas:

a) Cuando la luz del semáforo esté en rojo, los conductores deben detener su vehículo en la línea de "alto", sin invadir el cruce peatonal o el área de espera para bicicletas o motocicletas; los ciclistas y motociclistas deberán hacer uso de sus áreas de espera cuando éstas existan;

b) Cuando exista congestión vehicular que impida cruzar completamente la intersección y aunque la luz del semáforo indique siga, se deberá parar en la línea de alto para evitar obstruir la circulación de las calles transversales, principalmente en aquellas que cuenten con marca en el pavimento para indicar la prohibición de detención dentro de la intersección;

c) Cuando los semáforos se encuentren con luces intermitentes se cruzará con precaución disminuyendo la velocidad; tiene preferencia de paso el conductor que transite por la vía cuyo semáforo esté destellando en color ámbar, sobre el conductor que transite en una vía cuyo semáforo esté destellando en color rojo, quien deberá hacer alto total y después cruzar con precaución; y

d) Entre las 23:00 horas y las 5:00 horas del día siguiente, debe detener totalmente el vehículo frente a la luz roja del semáforo y, una vez que se cerciore de que ningún peatón o vehículo se dispone a cruzar la intersección, podrá continuar la marcha, aun cuando no haya cambiado la señal de alto.

(ADICIONADO, G.O. 4 DE FEBRERO DE 2021)

Los conductores de vehículos motorizados que infrinjan la presente disposición serán sancionados con una multa equivalente a 10, 15 o 20 veces la Unidad de Medida y Actualización vigente y tres puntos a la licencia para

conducir o en caso de infracciones captadas a través de sistemas tecnológicos se sancionará con un punto a la matrícula vehicular.

VII. En vías de acceso controlado, los vehículos que se incorporan a los carriles centrales deberán ceder el paso; los vehículos que circulan sobre la vía lateral, deberán ceder el paso a los que se desincorporan de los carriles centrales, con excepción de situaciones de congestionamiento vial con tránsito detenido, en las que se alternará el paso bajo el criterio de "uno y uno";

(ADICIONADO, G.O. 4 DE FEBRERO DE 2021)

Los conductores de vehículos motorizados que infrinjan la presente disposición serán sancionados con una multa equivalente a 10, 15 o 20 veces la Unidad de Medida y Actualización vigente y tres puntos a la licencia para conducir o en caso de infracciones captadas a través de sistemas tecnológicos se sancionará con un punto a la matrícula vehicular.

VIII. Cuando los conductores circulen por una vía que no cuente con semáforos o se encuentren apagados y no haya señalamiento restrictivo que regule la preferencia de paso, luego de dejar pasar a los peatones, se ajustarán a la siguiente jerarquía de reglas:

a) El que circule por una vía primaria tiene preferencia de paso sobre el que pretenda acceder a ella;

b) Tienen la preferencia los vehículos que circulen sobre la vía con mayor amplitud o mayor volumen de tránsito;

c) En vías de la misma jerarquía, tiene la preferencia el vehículo que circule en una calle o vía de doble sentido sobre aquel que circule en una vía de un solo sentido;

d) En vías secundarias de un sólo sentido y con el mismo número de carriles, cuando dos vehículos se encuentren en una intersección, se le cederá el paso al vehículo que se aproxime por su derecha; y

e) Cuando en el cruce de dos vías secundarias con un sólo carril efectivo de circulación, se aproximen de forma simultánea vehículos en las diferentes vías, ambos deben realizar alto total y cruzar con precaución, alternándose el paso bajo el criterio de "uno y uno".

(ADICIONADO, G.O. 4 DE FEBRERO DE 2021)

Los conductores de vehículos motorizados que infrinjan la presente disposición serán sancionados con una multa equivalente a 10, 15 o 20 veces la Unidad de Medida y Actualización vigente y tres puntos a la licencia para

conducir o en caso de infracciones captadas a través de sistemas tecnológicos se sancionará con un punto a la matrícula vehicular.

IX. En las glorietas, el vehículo que se encuentre dentro de la misma tiene preferencia de paso sobre el que pretenda acceder a ella; en aquellas glorietas de varios carriles tienen preferencia aquellos vehículos que realicen movimiento para salir de ella;

(ADICIONADO, G.O. 4 DE FEBRERO DE 2021)

Los conductores de vehículos motorizados que infrinjan la presente disposición serán sancionados con una multa equivalente a 10, 15 o 20 veces la Unidad de Medida y Actualización vigente y tres puntos a la licencia para conducir o en caso de infracciones captadas a través de sistemas tecnológicos se sancionará con un punto a la matrícula vehicular.

X. La vuelta continua, a la derecha y a la izquierda, está prohibida, excepto cuando exista un señalamiento que expresamente lo permita, en cuyo caso deberá cederse el paso a los peatones que estén cruzando y a los vehículos que transiten por la vía a la que se pretende incorporar;

(ADICIONADO, G.O. 4 DE FEBRERO DE 2021)

Los conductores de vehículos motorizados que infrinjan la presente disposición serán sancionados con una multa equivalente a 10, 15 o 20 veces la Unidad de Medida y Actualización vigente y tres puntos a la licencia para conducir o en caso de infracciones captadas a través de sistemas tecnológicos se sancionará con un punto a la matrícula vehicular.

XI. En vías en las que exista reducción de carriles, tendrá preferencia el conductor del vehículo que circula sobre el carril que se conserva; en caso de congestión vial, todos los vehículos deberán guardar el orden de paso sin adelantase a otros vehículos que les precedan e intercalarse uno a uno; y

(ADICIONADO, G.O. 4 DE FEBRERO DE 2021)

Los conductores de vehículos motorizados que infrinjan la presente disposición serán sancionados con una multa equivalente a 10, 15 o 20 veces la Unidad de Medida y Actualización vigente y tres puntos a la licencia para conducir o en caso de infracciones captadas a través de sistemas tecnológicos se sancionará con un punto a la matrícula vehicular.

XII. En vías con pendientes donde no sea posible el paso simultáneo de dos vehículos, tiene preferencia de paso el conductor del vehículo que va en sentido ascendente.

(ADICIONADO, G.O. 4 DE FEBRERO DE 2021)

Los conductores de vehículos motorizados que infrinjan la presente disposición serán sancionados con una multa equivalente a 10, 15 o 20 veces la Unidad de Medida y Actualización vigente y tres puntos a la licencia para conducir.

(REFORMADO, G.O. 4 DE FEBRERO DE 2021)

Los conductores de vehículos no motorizados que no cumplan con las obligaciones estipuladas en el presente artículo serán amonestados verbalmente por los agentes y/o agentes autorizados para infraccionar, y orientados a conducirse de conformidad con lo establecido por las disposiciones aplicables.

(DEROGADO ÚLTIMO PÁRRAFO, G.O. 4 DE FEBRERO DE 2021)

(DEROGADA TABLA, G.O. 4 DE FEBRERO DE 2021)

(REFORMADO, G.O. 16 DE FEBRERO DE 2018)

Artículo 11. Se prohíbe a los conductores de todo tipo de vehículos:

I. Detener su vehículo invadiendo los cruces peatonales marcados en el pavimento, así como dentro de la intersección de vías;

(ADICIONADO, G.O. 4 DE FEBRERO DE 2021)

Los conductores de vehículos motorizados que infrinjan la presente disposición serán sancionados con una multa equivalente a 20, 25 o 30 veces la Unidad de Medida y Actualización vigente y tres puntos a la licencia para conducir o en caso de infracciones captadas a través de sistemas tecnológicos se sancionará con un punto a la matrícula vehicular.

II. Detener su vehículo sobre un área de espera para bicicletas o motocicletas, a menos que se trate del usuario para el cual está destinado;

(ADICIONADO, G.O. 4 DE FEBRERO DE 2021)

Los conductores de vehículos motorizados que infrinjan la presente disposición serán sancionados con una multa equivalente a 20, 25 o 30 veces la Unidad de Medida y Actualización vigente y tres puntos a la licencia para

conducir o en caso de infracciones captadas a través de sistemas tecnológicos se sancionará con un punto a la matrícula vehicular.

III. Circular o detenerse en áreas restringidas que estén delimitadas por marcas en el pavimento, incluyendo las áreas señaladas para el estacionamiento en vía pública u otros dispositivos para el control del tránsito que establezcan este impedimento, en especial:

(REFORMADO, G.O. 16 DE ABRIL DE 2019)

a) Circular sobre aceras o cualquier otro tipo de vías peatonales a excepción que se trate de un vehículo recreativo o ayuda técnica.

(REFORMADO, G.O. 19 DE MARZO DE 2019)

b) Circular sobre vías ciclistas a excepción que se trate de vehículos no motorizados.

(ADICIONADO, G.O. 4 DE FEBRERO DE 2021)

Los conductores de vehículos motorizados que infrinjan la presente disposición serán sancionados con una multa equivalente a 20, 25 o 30 veces la Unidad de Medida y Actualización vigente y tres puntos a la licencia para conducir o en caso de infracciones captadas a través de sistemas tecnológicos se sancionará con un punto a la matrícula vehicular.

IV. Detenerse en sitios donde exista señalamiento restrictivo que así lo indique, o cuando la guarnición de la acera sea de color rojo, excepto para respetar la luz roja de un semáforo o por indicación de un Agente;

(ADICIONADO, G.O. 4 DE FEBRERO DE 2021)

Los conductores de vehículos motorizados que infrinjan la presente disposición serán sancionados con una multa equivalente a 5, 7 o 10 veces la Unidad de Medida y Actualización vigente y un punto a la licencia para conducir o en caso de infracciones captadas a través de sistemas tecnológicos se sancionará con un punto a la matrícula vehicular.

V. Entorpecer la marcha de columnas militares, escolares, desfiles cívicos y similares;

(ADICIONADO, G.O. 4 DE FEBRERO DE 2021)

Los conductores de vehículos motorizados que infrinjan la presente disposición serán sancionados con una multa equivalente a 5, 7 o 10 veces la Unidad de Medida y Actualización vigente y un punto a la licencia para conducir o en caso de infracciones captadas a través de sistemas tecnológicos se sancionará con un punto a la matrícula vehicular.

VI. Rebasar a otros vehículos cuando éstos se detengan para ceder el paso a los peatones;

(ADICIONADO, G.O. 4 DE FEBRERO DE 2021)

Los conductores de vehículos motorizados que infrinjan la presente disposición serán sancionados con una multa equivalente a 20, 25 o 30 veces la Unidad de Medida y Actualización vigente y tres puntos a la licencia para conducir o en caso de infracciones captadas a través de sistemas tecnológicos se sancionará con un punto a la matrícula vehicular.

VII. Realizar un movimiento diferente a lo indicado por la señalización vial sobre carriles destinados para giros a la derecha o izquierda;

(ADICIONADO, G.O. 4 DE FEBRERO DE 2021)

Los conductores de vehículos motorizados que infrinjan la presente disposición serán sancionados con una multa equivalente a 20, 25 o 30 veces la Unidad de Medida y Actualización vigente y tres puntos a la licencia para conducir o en caso de infracciones captadas a través de sistemas tecnológicos se sancionará con un punto a la matrícula vehicular.

VIII. Dar vuelta en "U" cerca de una curva y donde el señalamiento restrictivo expresamente lo prohíba;

(ADICIONADO, G.O. 4 DE FEBRERO DE 2021)

Los conductores de vehículos motorizados que infrinjan la presente disposición serán sancionados con una multa equivalente a 20, 25 o 30 veces la Unidad de Medida y Actualización vigente y tres puntos a la licencia para conducir o en caso de infracciones captadas a través de sistemas tecnológicos se sancionará con un punto a la matrícula vehicular.

IX. Con excepción de vehículos no motorizados, circular sobre el acotamiento de la vía; éste se utilizará principalmente para el estacionamiento de vehículos que sufran alguna descompostura;

(ADICIONADO, G.O. 4 DE FEBRERO DE 2021)

Los conductores de vehículos motorizados que infrinjan la presente disposición serán sancionados con una multa equivalente a 20, 25 o 30 veces la Unidad de Medida y Actualización vigente y tres puntos a la licencia para conducir o en caso de infracciones captadas a través de sistemas tecnológicos se sancionará con un punto a la matrícula vehicular.

X. En las vías con carriles exclusivos de transporte público:

a) Circular sobre los carriles exclusivos para el transporte público en el sentido de la vía o en contraflujo. Los vehículos que cuenten con la autorización respectiva para utilizar estos carriles deberán conducir con los faros delanteros encendidos y contar con una señal luminosa de color ámbar;

b) Realizar maniobras de ascenso y descenso de personas, o maniobras de carga y descarga de mercancías, debiendo realizarlas en calles locales transversales;

c) Estacionarse o efectuar reparaciones a vehículos, en caso de contingencia o emergencia, de forma inmediata se debe retirar el vehículo a un lugar distinto donde no obstruya la circulación; y

d) Interferir los carriles exclusivos de transporte público al dar vuelta a la izquierda, derecha o en "U", así como cambiar de cuerpo de circulación en la misma vía cuando existan señalamientos restrictivos que prohíban estos movimientos.

(REFORMADO, G.O. 10 DE AGOSTO DE 2023)

Los conductores de vehículos motorizados que infrinjan los incisos b) y c) de la presente disposición serán sancionados con una multa equivalente a 20, 25 o 30 veces la Unidad de Medida y Actualización vigente, y tres puntos a la licencia para conducir.

(REFORMADO, G.O. 10 DE AGOSTO DE 2023)

En caso de infringir lo dispuesto en los incisos a) y d) de este artículo, serán sancionados con una multa equivalente a 40, 50 o 60 veces la Unidad de Medida y Actualización vigente, y seis puntos a la licencia para conducir.

XI. Realizar maniobras de ascenso o descenso de personas en carriles centrales de las vías de acceso controlado;

(ADICIONADO, G.O. 4 DE FEBRERO DE 2021)

Los conductores de vehículos motorizados que infrinjan la presente disposición serán sancionados con una multa equivalente a 20, 25 o 30 veces la Unidad de Medida y Actualización vigente y tres puntos a la licencia para

conducir o en caso de infracciones captadas a través de sistemas tecnológicos se sancionará con un punto a la matrícula vehicular.

XII. Rebasar por el carril de sentido contrario, cuando:

a) Existan peatones u otros vehículos cruzando en la intersección;

b) Sea posible rebasarlos en el mismo sentido de circulación;

c) El carril de circulación contrario no ofrezca una clara visibilidad o cuando no esté libre de tránsito en una longitud suficiente que permita efectuar la maniobra;

d) Se acerque a la cima de una pendiente o en curva;

e) Se encuentre a una distancia de treinta metros o menos de una intersección o de una vía férrea;

f) Se pretenda adelantar filas de vehículos;

g) Exista una raya central continua; y

h) El vehículo que lo precede haya iniciado una maniobra de rebase, y no existan las condiciones de libre visión y seguridad.

(ADICIONADO, G.O. 4 DE FEBRERO DE 2021)

Los conductores de vehículos motorizados que infrinjan la presente disposición serán sancionados con una multa equivalente a 20, 25 o 30 veces la Unidad de Medida y Actualización vigente y tres puntos a la licencia para conducir o en caso de infracciones captadas a través de sistemas tecnológicos se sancionará con un punto a la matrícula vehicular.

XIII. Circular en reversa más de treinta metros, salvo que no sea posible circular hacia delante;

(ADICIONADO, G.O. 4 DE FEBRERO DE 2021)

Los conductores de vehículos motorizados que infrinjan la presente disposición serán sancionados con una multa equivalente a 5, 7 o 10 veces la Unidad de Medida y Actualización vigente y un punto a la licencia para conducir o en caso de infracciones captadas a través de sistemas tecnológicos se sancionará con un punto a la matrícula vehicular.

XIV. Circular detrás de vehículos de emergencia que transiten con las señales luminosas y audibles encendidas, debiendo guardar una distancia mínima de cincuenta metros; y

(ADICIONADO, G.O. 4 DE FEBRERO DE 2021)

Los conductores de vehículos motorizados que infrinjan la presente disposición serán sancionados con una multa equivalente a 20, 25 o 30 veces la Unidad de Medida y Actualización vigente y tres puntos a la licencia para conducir o en caso de infracciones captadas a través de sistemas tecnológicos se sancionará con un punto a la matrícula vehicular.

XV. Detenerse a una distancia que entorpezca o ponga en riesgo las labores del personal de atención a emergencias.

(ADICIONADO, G.O. 4 DE FEBRERO DE 2021)

Los conductores de vehículos motorizados que infrinjan la presente disposición serán sancionados con una multa equivalente a 20, 25 o 30 veces la Unidad de Medida y Actualización vigente y tres puntos a la licencia para conducir o en caso de infracciones captadas a través de sistemas tecnológicos se sancionará con un punto a la matrícula vehicular.

(REFORMADO, G.O. 4 DE FEBRERO DE 2021)

Los conductores de vehículos no motorizados que no cumplan con las obligaciones estipuladas en el presente artículo serán amonestados verbalmente por los agentes y/o agentes autorizados para infraccionar, y orientados a conducirse de conformidad con lo establecido por las disposiciones aplicables.

(DEROGADO ÚLTIMO PÁRRAFO, G.O. 4 DE FEBRERO DE 2021)

(DEROGADA TABLA, G.O. 4 DE FEBRERO DE 2021)

Artículo 12. Está prohibido remolcar o empujar otros vehículos motorizados si no es por medio de una grúa, excepto cuando:

I. Se trate de remolques u otros vehículos expresamente diseñados para este fin;

(ADICIONADO, G.O. 4 DE FEBRERO DE 2021)

Los conductores que infrinjan la presente disposición serán sancionados con una multa equivalente a 10, 15 o 20 veces la Unidad de Medida y Actualización vigente y tres puntos a la licencia para conducir.

II. El vehículo se encuentre obstruyendo la circulación; y

(ADICIONADO, G.O. 4 DE FEBRERO DE 2021)

Los conductores que infrinjan la presente disposición serán sancionados con una multa equivalente a 10, 15 o 20 veces la Unidad de Medida y Actualización vigente y tres puntos a la licencia para conducir.

III. El vehículo a remolcar o empujar represente un peligro para sí o para terceros, en éste caso sólo se permitirá hasta ponerlo en un lugar seguro.

(ADICIONADO, G.O. 4 DE FEBRERO DE 2021)

Los conductores que infrinjan la presente disposición serán sancionados con una multa equivalente a 10, 15 o 20 veces la Unidad de Medida y Actualización vigente y tres puntos a la licencia para conducir.

Se exceptúan de lo anterior a los vehículos de transporte público en cualquiera de sus modalidades, que sólo podrán ser remolcados por una grúa.

(DEROGADO ÚLTIMO PÁRRAFO, G.O. 4 DE FEBRERO DE 2021)

(DEROGADA TABLA, G.O. 4 DE FEBRERO DE 2021)

Artículo 13. En caso de emergencia, siniestro o desastre, los vehículos de emergencia que circulen con las luces encendidas y señales audibles, siempre y cuando tomen las medidas de seguridad necesarias, pueden:

I. Desatender la señalización vial;

(ADICIONADO, G.O. 4 DE FEBRERO DE 2021)

Si se determina que los operadores de estos vehículos utilizan las luces encendidas y señales audibles cuando no se dirijan a atender una situación de emergencia y/o no cuenten con los permisos correspondientes de la Secretaría de Salud y la Secretaría de Movilidad, serán sancionados con una multa equivalente a 10, 15 o 20 veces la Unidad de Medida y Actualización vigente, y tres puntos a la licencia para conducir.

II. Transitar en sentido contrario; y

(ADICIONADO, G.O. 4 DE FEBRERO DE 2021)

Si se determina que los operadores de estos vehículos utilizan las luces encendidas y señales audibles cuando no se dirijan a atender una situación de emergencia y/o no cuenten con los permisos correspondientes de la Secretaría de Salud y la Secretaría de Movilidad, serán sancionados con una multa equivalente a 10, 15 o 20 veces la Unidad de Medida y Actualización vigente, y tres puntos a la licencia para conducir.

III. Exceder los límites de velocidad permitidos;

(ADICIONADO, G.O. 4 DE FEBRERO DE 2021)

Si se determina que los operadores de estos vehículos utilizan las luces encendidas y señales audibles cuando no se dirijan a atender una situación de emergencia y/o no cuenten con los permisos correspondientes de la Secretaría de Salud y la Secretaría de Movilidad, serán sancionados con una multa equivalente a 10, 15 o 20 veces la Unidad de Medida y Actualización vigente, y tres puntos a la licencia para conducir.

IV. Desatender las reglas de preferencia de paso y proseguir con la luz roja del semáforo o señal de alto, reduciendo la velocidad;

(ADICIONADO, G.O. 4 DE FEBRERO DE 2021)

Si se determina que los operadores de estos vehículos utilizan las luces encendidas y señales audibles cuando no se dirijan a atender una situación de emergencia y/o no cuenten con los permisos correspondientes de la Secretaría de Salud y la Secretaría de Movilidad, serán sancionados con una multa equivalente a 10, 15 o 20 veces la Unidad de Medida y Actualización vigente, y tres puntos a la licencia para conducir.

V. Circular por carriles de contraflujo, confinados y exclusivos para el transporte público de pasajeros; y

(ADICIONADO, G.O. 4 DE FEBRERO DE 2021)

Si se determina que los operadores de estos vehículos utilizan las luces encendidas y señales audibles cuando no se dirijan a atender una situación de emergencia y/o no cuenten con los permisos correspondientes de la Secretaría de Salud y la Secretaría de Movilidad, serán sancionados con una multa equivalente a 10, 15 o 20 veces la Unidad de Medida y Actualización vigente, y tres puntos a la licencia para conducir.

VI. Estacionarse o detenerse en lugar prohibido.

(ADICIONADO, G.O. 4 DE FEBRERO DE 2021)

Si se determina que los operadores de estos vehículos utilizan las luces encendidas y señales audibles cuando no se dirijan a atender una situación de emergencia y/o no cuenten con los permisos correspondientes de la Secretaría de Salud y la Secretaría de Movilidad, serán sancionados con una multa equivalente a 10, 15 o 20 veces la Unidad de Medida y Actualización vigente, y tres puntos a la licencia para conducir.

Lo anterior no exime a los conductores de los vehículos de emergencia de su responsabilidad de conducir con la debida prudencia para salvaguardar la integridad física de las personas y los bienes.

(DEROGADO ÚLTIMO PÁRRAFO, G.O. 4 DE FEBRERO DE 2021)

(DEROGADA TABLA, G.O. 4 DE FEBRERO DE 2021)

CAPÍTULO III
DE LA CIRCULACIÓN DE VEHÍCULOS NO MOTORIZADOS

Artículo 14. Los conductores de vehículos no motorizados deben respetar las reglas descritas en el capítulo II de este Título, exceptuando aquellas provisiones que por la naturaleza propia de los vehículos no motorizados no sean aplicables, así como lo establecido en el presente capítulo. Adicionalmente deben:

I. Donde existan vías ciclistas exclusivas, circular preferentemente por éstas, excepto cuando:

a) Estas vías estén impedidas para el libre tránsito a consecuencia de obras públicas o privadas, eventos que interfieran de forma temporal la circulación o cuando el flujo de ciclistas supere la capacidad de la vía;

b) Circulen vehículos no motorizados que tengan un ancho mayor a 0.75 m que impida la libre circulación de los demás ciclistas sobre la vía;

c) Se tenga que adelantar a otro usuario; y

d) Vayan a girar hacia el lado contrario en el que se encuentre la vía ciclista o estén próximos a entrar a un predio.

En estos casos, los conductores de vehículos no motorizados tienen derecho a ocupar un carril completo.

II. Indicar la dirección de su giro o cambio de carril, mediante señales con el brazo y mano;

(REFORMADO, G.O. 4 DE FEBRERO DE 2021)

Los conductores de vehículos no motorizados que no cumplan con las obligaciones estipuladas en las normas generales de circulación y de este capítulo, serán amonestados verbalmente por los agentes y/o agentes autorizados para infraccionar, y orientados a conducirse de conformidad con lo establecido por las disposiciones aplicables.

Artículo 15. Los conductores de vehículos no motorizados tienen preferencia de paso sobre los vehículos motorizados:

I. En las intersecciones controladas por semáforos, cuando:

a) La luz verde les otorgue el paso;

b) Habiéndoles correspondido el paso de acuerdo con el ciclo del semáforo no alcancen a cruzar la vía; y

c) Sigan de frente en la vía y los vehículos motorizados vayan a realizar un giro para incorporarse a una vía transversal.

(ADICIONADO, G.O. 4 DE FEBRERO DE 2021)

Los conductores de vehículos motorizados que no cedan el paso a los vehículos no motorizados de acuerdo a lo previsto en las presentes disposiciones, serán sancionados con una multa equivalente a 10, 15 o 20 veces la Unidad de Medida y Actualización vigente y tres puntos a la licencia para conducir.

II. En las intersecciones que no cuenten con semáforos, independientemente de las reglas establecidas en el artículo 10; cuando haya vehículos no motorizados esperando pasar, los conductores de vehículos motorizados deberán frenar y cederles el paso, y

(ADICIONADO, G.O. 4 DE FEBRERO DE 2021)

Los conductores de vehículos motorizados que no cedan el paso a los vehículos no motorizados de acuerdo a lo previsto en la presente disposición, serán sancionados con una multa equivalente a 10, 15 o 20 veces la Unidad de Medida y Actualización vigente y tres puntos a la licencia para conducir.

III. Cuando circulen por una vía ciclista exclusiva y los vehículos motorizados vayan a realizar un giro para entrar o salir de un predio.

(ADICIONADO, G.O. 4 DE FEBRERO DE 2021)

Los conductores de vehículos motorizados que no cedan el paso a los vehículos no motorizados de acuerdo a lo previsto en la presente disposición, serán sancionados con una multa equivalente a 10, 15 o 20 veces la Unidad de Medida y Actualización vigente y tres puntos a la licencia para conducir.

(DEROGADO ÚLTIMO PÁRRAFO, G.O. 4 DE FEBRERO DE 2021)

(DEROGADA TABLA, G.O. 4 DE FEBRERO DE 2021)

(ADICIONADA, G.O. 4 DE FEBRERO DE 2021)

IV. Donde lo indique el señalamiento del carril de transporte público compartido con vehículos no motorizados.

(ADICIONADO, G.O. 4 DE FEBRERO DE 2021)

Los conductores de vehículos motorizados que no cedan el paso a los vehículos no motorizados de acuerdo a lo previsto en la presente disposición, serán sancionados con una multa equivalente a 10, 15 o 20 veces la Unidad de Medida y Actualización vigente y tres puntos a la licencia para conducir.

Artículo 16. Los ciclistas que vayan a cruzar una vía secundaria en cuya intersección la luz del semáforo se encuentre en rojo o en la que exista un señalamiento restrictivo de "Alto" o "Ceda el paso", podrán seguir de frente siempre y cuando disminuyan su velocidad, volteen a ambos lados y se aseguren que no existen peatones o vehículos aproximándose a la intersección por la vía transversal. En caso de que existan peatones o vehículos aproximándose, o no existan las condiciones de visibilidad que les permita cerciorarse de que es seguro continuar su camino, los ciclistas deberán hacer alto total, dar el paso o verificar que no se aproxima ningún otro usuario de la vía y seguir de frente con la debida precaución.

Artículo 17. Al circular en una vía que no cuente con infraestructura ciclista, los conductores de vehículos no motorizados tienen derecho a ocupar el carril completo. También tienen prioridad en el uso de la vía, cuando circulen:

(REFORMADA, G.O. 4 DE FEBRERO DE 2021)

I. En calles y carriles compartidos con ciclistas; y

(ADICIONADO, G.O. 4 DE FEBRERO DE 2021)

Los conductores de vehículos motorizados que no respeten la prioridad de uso de la vía de acuerdo a lo previsto en la presente disposición, serán sancionados con una multa equivalente a 10, 15 o 20 veces la Unidad de Medida y Actualización vigente y tres puntos a la licencia para conducir.

II. En comitivas organizadas, dependiendo del número de participantes podrán utilizar parte o la totalidad de la vía.

(ADICIONADO, G.O. 4 DE FEBRERO DE 2021)

Los conductores de vehículos motorizados que no respeten la prioridad de uso de la vía de acuerdo a lo previsto en la presente disposición, serán sancionados con una multa equivalente a 10, 15 o 20 veces la Unidad de Medida y Actualización vigente y tres puntos a la licencia para conducir.

(DEROGADO ÚLTIMO PÁRRAFO, G.O. 4 DE FEBRERO DE 2021)

(DEROGADA TABLA, G.O. 4 DE FEBRERO DE 2021)

Artículo 18. Los vehículos no motorizados preferentemente deben circular por el carril derecho, excepto:

(REFORMADA, G.O. 4 DE FEBRERO DE 2021)

I. En calles compartidas con ciclistas en las que pueden utilizar cualquier carril;

II. Se vaya a realizar un giro a la izquierda, en cuyo caso deberá llegar a la esquina próxima, posarse en el área de espera ciclista, en donde permanecerá hasta que señalamientos viales permitan su incorporación a la izquierda; y

III. Se requiera rebasar a otros vehículos más lentos o existan vehículos parados o estacionados, obstáculos u obras que impiden la utilización del carril.

Artículo 19. Se prohíbe a los conductores de vehículos no motorizados:

I. Circular sobre las aceras y áreas reservadas al uso exclusivo de peatones, con excepción de los niños menores de doce años y los elementos de seguridad pública que conduzcan vehículos no motorizados, salvo que el conductor ingrese a su domicilio o a un estacionamiento, en este caso debe desmontar y caminar;

II. Circular por los carriles exclusivos para el transporte público de pasajeros; excepto cuando estos cuenten con el señalamiento horizontal y vertical que así lo indique;

III. Detenerse sobre las áreas reservadas para el tránsito de peatones;

IV. Circular por los carriles centrales o interiores de las vías de acceso controlado y donde así lo indique el señalamiento restrictivo, excepto cuando sea autorizado por la Secretaría y Seguridad Pública, quienes determinarán las condiciones y los horarios permitidos;

V. Circular entre carriles, salvo cuando el ciclista se encuentre con tránsito detenido y busque colocarse en un área de espera ciclista o en un lugar visible para reiniciar la marcha.

(REFORMADO, G.O. 4 DE FEBRERO DE 2021)

Los conductores de vehículos no motorizados que no cumplan con las obligaciones de este reglamento, serán amonestados verbalmente por los agentes y/o agentes autorizados para infraccionar, y orientados a conducirse de conformidad con lo establecido por las disposiciones aplicables.

CAPÍTULO IV
DE LA CIRCULACIÓN DE MOTOCICLETAS

Artículo 20. Los conductores de motocicletas deben sujetarse a lo dispuesto en el capítulo II de este Título, exceptuando aquellas provisiones que por la naturaleza propia de los vehículos no sean aplicables. Adicionalmente los conductores de motocicletas deben:

I. Utilizar un carril completo de circulación;

(ADICIONADO, G.O. 4 DE FEBRERO DE 2021)

El motociclista que incumpla lo dispuesto en la presente disposición, será sancionado con una multa equivalente a 5, 7 o 10 veces la Unidad de Medida y Actualización vigente y un punto a la licencia para conducir.

II. Adelantar otro vehículo sólo por el lado izquierdo; y

(ADICIONADO, G.O. 4 DE FEBRERO DE 2021)

El motociclista que incumpla lo dispuesto en la presente disposición, será sancionado con una multa equivalente a 5, 7 o 10 veces la Unidad de Medida y Actualización vigente y un punto a la licencia para conducir.

III. Respetar las reglas de preferencia de paso estipuladas en el artículo 10.

(ADICIONADO, G.O. 4 DE FEBRERO DE 2021)

El motociclista que incumpla lo dispuesto en la presente disposición, será sancionado con una multa equivalente a 5, 7 o 10 veces la Unidad de Medida y Actualización vigente y un punto a la licencia para conducir.

(DEROGADO ÚLTIMO PÁRRAFO, G.O. 4 DE FEBRERO DE 2021)

(DEROGADA TABLA, G.O. 4 DE FEBRERO DE 2021)

Artículo 21. Se prohíbe a los conductores de motocicletas:

I. Circular sobre las aceras y áreas reservadas al uso exclusivo de peatones; salvo que el conductor ingrese a su domicilio o a un estacionamiento, debe desmontar;

(ADICIONADO, G.O. 4 DE FEBRERO DE 2021)

En caso de incumplimiento a lo previsto en esta disposición, el motociclista será sancionado con una multa equivalente a 10, 15 o 20 veces la Unidad de Medida y Actualización vigente y un punto a la licencia para conducir.

II. Circular por vías ciclistas exclusivas;

(ADICIONADO, G.O. 4 DE FEBRERO DE 2021)

En caso de incumplimiento a lo previsto en esta disposición, el motociclista será sancionado con una multa equivalente a 20, 25 o 30 veces la Unidad de Medida y Actualización vigente y seis puntos a la licencia para conducir.

III. Circular por los carriles confinados para el transporte público de pasajeros;

(ADICIONADO, G.O. 4 DE FEBRERO DE 2021)

En caso de incumplimiento a lo previsto en esta disposición, el motociclista será sancionado con una multa equivalente a 20, 25 o 30 veces la Unidad de Medida y Actualización vigente y seis puntos a la licencia para conducir.

IV. Circular entre carriles, salvo cuando el tránsito vehicular se encuentre detenido y busque colocarse en el área de espera para motocicletas o en un lugar visible para reiniciar la marcha, sin invadir los pasos peatonales;

(ADICIONADO, G.O. 4 DE FEBRERO DE 2021)

En caso de incumplimiento a lo previsto en esta disposición, el motociclista será sancionado con una multa equivalente a 10, 15 o 20 veces la Unidad de Medida y Actualización vigente y un punto a la licencia para conducir.

V. Circular por los carriles centrales de las vías de acceso controlado cuando utilicen vehículos menores a 250 centímetros cúbicos;

(ADICIONADO, G.O. 4 DE FEBRERO DE 2021)

En caso de incumplimiento a lo previsto en esta disposición, el motociclista será sancionado con una multa equivalente a 10, 15 o 20 veces la Unidad de Medida y Actualización vigente y tres puntos a la licencia para conducir.

(REFORMADA, G.O. 4 DE FEBRERO DE 2021)

VI. Circular en las vías en las que exista señalización vial que expresamente restrinja su circulación y segundos niveles de vías de acceso controlado.

(ADICIONADO, G.O. 4 DE FEBRERO DE 2021)

En caso de incumplimiento a lo previsto en esta disposición, el motociclista será sancionado con una multa equivalente a 10, 15 o 20 veces la Unidad de Medida y Actualización vigente y tres puntos a la licencia para conducir.

VII. Hacer maniobras riesgosas o temerarias, cortes de circulación o cambios abruptos de carril que pongan en riesgo su integridad y la de terceros;

(REFORMADO, G.O. 4 DE FEBRERO DE 2021)

En caso de incumplimiento a lo previsto en esta disposición, el motociclista será sancionado con una multa equivalente a 10, 15 o 20 veces la Unidad de Medida y Actualización vigente y tres puntos a la licencia para conducir.

(DEROGADA TABLA, G.O. 4 DE FEBRERO DE 2021)

CAPÍTULO V
DE LA CIRCULACIÓN DE VEHÍCULOS DE TRANSPORTE PÚBLICO Y PRIVADO DE PASAJEROS

Artículo 22. Además de lo dispuesto en el capítulo II de este Título, los conductores de vehículos de transporte público de pasajeros deben:

I. Circular por el carril de la extrema derecha, excepto cuando:

a) Existan vehículos parados o estacionados o exista algún obstáculo en el carril;

b) Para rebasar a otros vehículos más lentos; y

c) Se pretenda girar a la izquierda.

(ADICIONADO, G.O. 4 DE FEBRERO DE 2021)

Los conductores que infrinjan la presente disposición serán sancionados con una multa equivalente a 10, 15 o 20 veces la Unidad de Medida y Actualización vigente y un punto a la licencia para conducir.

II. Compartir de manera responsable con los ciclistas el espacio de circulación en carriles de la extrema derecha y rebasarlos otorgando al menos 1.50 metros de separación lateral entre los dos vehículos, disminuir la velocidad y tomar las precauciones necesarias;

(ADICIONADO, G.O. 4 DE FEBRERO DE 2021)

Los conductores que infrinjan la presente disposición serán sancionados con una multa equivalente a 10, 15 o 20 veces la Unidad de Medida y Actualización vigente y tres puntos a la licencia para conducir.

III. Circular por el carril exclusivo para uso de transporte público si la vía cuenta con uno; excepto cuando exista algún obstáculo en el carril;

(ADICIONADO, G.O. 4 DE FEBRERO DE 2021)

Los conductores que infrinjan la presente disposición serán sancionados con una multa equivalente a 10, 15 o 20 veces la Unidad de Medida y Actualización vigente y un punto a la licencia para conducir.

IV. Circular con las portezuelas cerradas, permitiendo el ascenso o descenso de pasajeros sólo cuando el vehículo esté totalmente detenido;

(ADICIONADO, G.O. 4 DE FEBRERO DE 2021)

Los conductores que infrinjan la presente disposición serán sancionados con una multa equivalente a 10, 15 o 20 veces la Unidad de Medida y Actualización vigente y un punto a la licencia para conducir.

V. Otorgar el tiempo suficiente a los pasajeros para abordar o descender del vehículo; en caso de personas con discapacidad o con movilidad limitada, deben dar el tiempo necesario para que éstas se instalen en el interior del vehículo o en la acera;

(ADICIONADO, G.O. 4 DE FEBRERO DE 2021)

Los conductores que infrinjan la presente disposición serán sancionados con una multa equivalente a 10, 15 o 20 veces la Unidad de Medida y Actualización vigente y tres puntos a la licencia para conducir.

VI. Realizar maniobras de ascenso o descenso de pasajeros en el carril de la extrema derecha, en la esquina antes de cruzar la vía transversal y en el caso de transporte público colectivo sólo en lugares autorizados por la Secretaría o indicados expresamente en las concesiones;

(ADICIONADO, G.O. 4 DE FEBRERO DE 2021)

Los conductores que infrinjan la presente disposición serán sancionados con una multa equivalente a 100, 150 o 200 veces la Unidad de Medida y Actualización vigente y tres puntos a la licencia para conducir.

VII. Circular con las luces interiores encendidas en horario nocturno;

(ADICIONADO, G.O. 4 DE FEBRERO DE 2021)

Los conductores que infrinjan la presente disposición serán sancionados con una multa equivalente a 10, 15 o 20 veces la Unidad de Medida y Actualización vigente y un punto a la licencia para conducir.

VIII. Hacer base o estacionar su vehículo en lugar autorizado o en los lugares de encierro o guarda correspondiente en horarios en que no se preste servicio; y

(ADICIONADO, G.O. 4 DE FEBRERO DE 2021)

Los conductores que infrinjan la presente disposición serán sancionados con una multa equivalente a 100, 150 o 200 veces la Unidad de Medida y Actualización vigente y tres puntos a la licencia para conducir.

IX. Tratándose de ciclotaxis, deberán circular en zonas o vías autorizadas por la Secretaría.

(REFORMADO, G.O. 4 DE FEBRERO DE 2021)

Los conductores que infrinjan la presente disposición serán sancionados con una multa equivalente a 40, 50 o 60 veces la Unidad de Medida y Actualización vigente.

(DEROGADA TABLA, G.O. 4 DE FEBRERO DE 2021)

Artículo 23. Queda prohibido a los conductores de vehículos de transporte público colectivo de pasajeros:

I. Circular por los carriles centrales de las vías de acceso controlado a menos que esté expresamente autorizado para hacerlo;

(ADICIONADO, G.O. 4 DE FEBRERO DE 2021)

Los conductores que infrinjan la presente disposición serán sancionados con una multa equivalente a 20, 30 o 40 veces la Unidad de Medida y Actualización vigente y seis puntos a la licencia para conducir.

II. Rebasar a otro vehículo que circule en el carril de contraflujo, salvo que el vehículo esté parado por alguna descompostura; en este caso, el conductor rebasará con precaución, con las luces delanteras encendidas y direccionales funcionando;

(ADICIONADO, G.O. 4 DE FEBRERO DE 2021)

Los conductores que infrinjan la presente disposición serán sancionados con una multa equivalente a 20, 30 o 40 veces la Unidad de Medida y Actualización vigente y seis puntos a la licencia para conducir.

III. Realizar maniobras de ascenso o descenso de pasajeros, en el segundo o tercer carril de circulación, contados de derecha a izquierda, o sobre una vía ciclista exclusiva; y

(ADICIONADO, G.O. 4 DE FEBRERO DE 2021)

Los conductores que infrinjan la presente disposición serán sancionados con una multa equivalente a 100, 150 o 200 veces la Unidad de Medida y Actualización vigente y tres puntos a la licencia para conducir.

IV. Utilizar equipos de audio a niveles de volumen que resulten dañinos a la salud o molestos a los pasajeros por rebasar la medición de decibeles permitidos.

(REFORMADO, G.O. 4 DE FEBRERO DE 2021)

Los conductores que infrinjan la presente disposición serán sancionados con una multa equivalente a 10, 15 o 20 veces la Unidad de Medida y Actualización vigente y un punto a la licencia para conducir.

(DEROGADA TABLA, G.O. 4 DE FEBRERO DE 2021)

Artículo 24. Los conductores de vehículos de transporte escolar o de personal deben:

I. Tomar las debidas precauciones para que se realicen las maniobras de ascenso y descenso de usuarios de manera segura, tales como:

a) Realizar maniobras de ascenso o descenso de pasajeros, en el carril de la extrema derecha y sólo en lugares autorizados;

b) Permitir el ascenso o descenso de pasajeros sólo cuando el vehículo esté totalmente detenido; y

c) Poner en funcionamiento las luces intermitentes de advertencia cuando se detengan en la vía pública para efectuar maniobras de ascenso y descenso.

(ADICIONADO, G.O. 4 DE FEBRERO DE 2021)

Los conductores que infrinjan los incisos a) y b) de la presente disposición serán sancionados con una multa equivalente a 100, 150 o 200 veces la Unidad de Medida y Actualización vigente y tres puntos a la licencia para conducir; sin perjuicio de lo dispuesto por la Ley y su Reglamento.

(ADICIONADO, G.O. 4 DE FEBRERO DE 2021)

En caso de infringir lo dispuesto en el inciso c) de esta fracción, serán sancionados con una multa equivalente a 10, 15 o 20 veces la Unidad de Medida y Actualización vigente y un punto a la licencia para conducir; sin perjuicio de lo dispuesto por la Ley y su Reglamento.

II. Circular con las luces interiores encendidas en horario nocturno; y

(ADICIONADO, G.O. 4 DE FEBRERO DE 2021)

Los conductores que infrinjan la presente disposición serán sancionados con una multa equivalente a 5, 7 o 10 veces la Unidad de Medida y Actualización vigente y un punto a la licencia para conducir, sin perjuicio de lo dispuesto por la Ley y su Reglamento.

III. En casos en los que el sentido de circulación implique un cruce de escolares sobre la vía, éstos deberán ser asistidos por el auxiliar que viaja en el vehículo, hasta confirmar que el escolar se encuentra en la acera.

(REFORMADO, G.O. 4 DE FEBRERO DE 2021)

Los conductores que infrinjan la presente disposición serán sancionados con una multa equivalente a 10, 15 o 20 veces la Unidad de Medida y Actualización vigente y tres puntos a la licencia para conducir, sin perjuicio de lo dispuesto por la Ley y su Reglamento.

(DEROGADA TABLA, G.O. 4 DE FEBRERO DE 2021)

Como parte del Programa de Reordenamiento Vial los centros educativos y laborales que cuenten con servicio de transporte, deben de contar con bahías o estacionamiento.

CAPÍTULO VI
DE LA CIRCULACIÓN DE VEHÍCULOS DE TRANSPORTE DE CARGA Y DE SUSTANCIAS TÓXICAS Y PELIGROSAS

Artículo 25. Además de lo dispuesto en el capítulo II de este Título, los conductores de vehículos de transporte de carga deben:

I. Circular en las vías y horarios establecidos mediante aviso de la Secretaría;

(ADICIONADO, G.O. 4 DE FEBRERO DE 2021)

Los conductores que infrinjan la presente disposición serán sancionados con una multa equivalente a 40, 50 o 60 veces la Unidad de Medida y Actualización vigente y tres puntos a la licencia para conducir, sin perjuicio de lo dispuesto por la Ley.

II. Circular por el carril de la extrema derecha y usar el izquierdo sólo para rebasar o dar vuelta a la izquierda; y

(ADICIONADO, G.O. 4 DE FEBRERO DE 2021)

Los conductores que infrinjan la presente disposición serán sancionados con una multa equivalente a 10, 15 o 20 veces la Unidad de Medida y Actualización vigente y un punto a la licencia para conducir, sin perjuicio de lo dispuesto por la Ley.

III. Realizar maniobras de carga y descarga en lugares seguros, sin afectar o interrumpir el tránsito vehicular.

(REFORMADO, G.O. 4 DE FEBRERO DE 2021)

Los conductores que infrinjan la presente disposición serán sancionados con una multa equivalente a 100, 150 o 200 veces la Unidad de Medida y Actualización vigente y tres puntos a la licencia para conducir, sin perjuicio de lo dispuesto por la Ley.

(DEROGADA TABLA, G.O. 4 DE FEBRERO DE 2021)

(DEROGADO ÚLTIMO PÁRRAFO, G.O. 4 DE FEBRERO DE 2021)

Artículo 26. Queda prohibido a los conductores de vehículos de transporte de carga:

I. Circular por carriles centrales y segundos niveles de las vías de acceso controlado cuando se trate de vehículos de peso bruto vehicular de diseño superior a 3,857 Kg o donde el señalamiento restrictivo así lo indique, y

(ADICIONADO, G.O. 4 DE FEBRERO DE 2021)

Los conductores que infrinjan la presente disposición serán sancionados con una multa equivalente a 100, 200 o 300 veces la Unidad de Medida y Actualización vigente y tres puntos a la licencia para conducir, sin perjuicio de lo dispuesto por la Ley.

II. Hacer base o estacionar su vehículo fuera de un lugar autorizado o de los sitios de encierro o guarda correspondientes.

(REFORMADO, G.O. 4 DE FEBRERO DE 2021)

Los conductores que infrinjan la presente disposición serán sancionados con una multa equivalente a 100, 150 o 200 veces la Unidad de Medida y Actualización vigente y seis puntos a la licencia para conducir, sin perjuicio de lo dispuesto por la Ley.

(DEROGADA TABLA, G.O. 4 DE FEBRERO DE 2021)

Artículo 27. Además de las obligaciones contenidas en los artículos que anteceden, los conductores de vehículos que transporten sustancias tóxicas o peligrosas deben:

I. Sujetarse estrictamente a circular por las rutas, horarios y los itinerarios de carga y descarga autorizados y dados a conocer por la Secretaría y por Seguridad Pública;

(ADICIONADO, G.O. 4 DE FEBRERO DE 2021)

Los conductores que infrinjan la presente disposición serán sancionados con una multa equivalente a 40, 50 o 60 veces la Unidad de Medida y Actualización vigente y tres puntos a la licencia para conducir, sin perjuicio de lo dispuesto por la Ley.

II. Abstenerse de realizar paradas que no estén señaladas en la operación del servicio;

(ADICIONADO, G.O. 4 DE FEBRERO DE 2021)

Los conductores que infrinjan la presente disposición serán sancionados con una multa equivalente a 40, 50 o 60 veces la Unidad de Medida y Actualización vigente y tres puntos a la licencia para conducir, sin perjuicio de lo dispuesto por la Ley.

III. En caso de congestionamiento vehicular que interrumpa la circulación, el conductor deberá solicitar a los agentes prioridad para continuar su marcha, mostrándoles la documentación que ampare el riesgo sobre el producto que transporta, con el propósito de salvaguardar la integridad física de las personas y bienes.;

IV. Deberán ir señalizados y balizados de conformidad con lo establecido en las normas oficiales mexicanas con relación a este tipo de transporte; y

(ADICIONADO, G.O. 4 DE FEBRERO DE 2021)

Los conductores que infrinjan la presente disposición serán sancionados con una multa equivalente a 100, 150 o 200 veces la Unidad de Medida y Actualización vigente y tres puntos a la licencia para conducir, sin perjuicio de lo dispuesto por la Ley.

V. Cumplir con los lineamientos en materia de sustancias peligrosas que para tal efecto expidan las autoridades competentes.

(REFORMADO, G.O. 4 DE FEBRERO DE 2021)

Los conductores que infrinjan la presente disposición serán sancionados con una multa equivalente a 100, 150 o 200 veces la Unidad de Medida y Actualización vigente y tres puntos a la licencia para conducir, sin perjuicio de lo dispuesto por la Ley.

(DEROGADA TABLA, G.O. 4 DE FEBRERO DE 2021)

Artículo 28. Se prohíbe a los conductores de vehículos que transporten sustancias tóxicas o peligrosas:

I. Estacionar los vehículos en la vía pública o en la proximidad de fuente de riesgo, independientemente de la observancia de las condiciones y restricciones impuestas por las autoridades federales en materia ambiental y de transporte; y

(ADICIONADO, G.O. 4 DE FEBRERO DE 2021)

Los conductores que infrinjan la presente disposición serán sancionados con una multa equivalente a 500, 550 o 600 veces la Unidad de Medida y Actualización vigente y tres puntos a la licencia para conducir, sin perjuicio de lo dispuesto por la Ley.

II. Realizar maniobras de carga y descarga en lugares no destinados para tal fin.

(REFORMADO, G.O. 4 DE FEBRERO DE 2021)

Los conductores que infrinjan la presente disposición serán sancionados con una multa equivalente a 80, 100 o 130 veces la Unidad de Medida y Actualización vigente y seis puntos a la licencia para conducir, sin perjuicio de lo dispuesto por la Ley.

(DEROGADA TABLA, G.O. 4 DE FEBRERO DE 2021)

TÍTULO TERCERO
DEL USO DE LA VÍA PÚBLICA

CAPÍTULO I
DEL ESTACIONAMIENTO

Artículo 29. Al estacionarse u ocupar la vía pública, se deberá hacer de forma momentánea, provisional o temporal, sin que represente una afectación al desplazamiento de peatones y circulación de vehículos, o se obstruya la entrada o salida de una cochera. En zonas en las que existan sistemas de cobro por estacionamiento en vía pública el conductor de un vehículo con placas de matrícula para persona con discapacidad tiene preferencia en la utilización de los espacios disponibles.

Al estacionar un vehículo motorizado en la vía pública, los conductores deberán observar las siguientes disposiciones:

I. El vehículo deberá quedar orientado en el sentido de la circulación;

(ADICIONADO, G.O. 4 DE FEBRERO DE 2021)

Los conductores que infrinjan la presente disposición serán sancionados con una multa equivalente a 10, 15 o 20 veces la Unidad de Medida y Actualización vigente y un punto a la licencia para conducir.

II. En zonas urbanas, deberá quedar a menos de 30 centímetros del límite del arroyo vehicular;

(ADICIONADO, G.O. 4 DE FEBRERO DE 2021)

Los conductores que infrinjan la presente disposición serán sancionados con una multa equivalente a 10, 15 o 20 veces la Unidad de Medida y Actualización vigente y un punto a la licencia para conducir.

III. En zonas suburbanas, el vehículo deberá quedar cuando menos un metro fuera de la superficie de rodadura;

(ADICIONADO, G.O. 4 DE FEBRERO DE 2021)

Los conductores que infrinjan la presente disposición serán sancionados con una multa equivalente a 10, 15 o 20 veces la Unidad de Medida y Actualización vigente y un punto a la licencia para conducir.

IV. Cuando el vehículo quede estacionado en una pendiente descendente, además de aplicar el freno de estacionamiento, las ruedas delanteras deberán quedar dirigidas hacia la acera;

(ADICIONADO, G.O. 4 DE FEBRERO DE 2021)

Los conductores que infrinjan la presente disposición serán sancionados con una multa equivalente a 10, 15 o 20 veces la Unidad de Medida y Actualización vigente y un punto a la licencia para conducir.

V. Cuando el vehículo quede en una pendiente ascendente, sus ruedas delanteras se colocarán en posición inversa a la acera; y

(ADICIONADO, G.O. 4 DE FEBRERO DE 2021)

Los conductores que infrinjan la presente disposición serán sancionados con una multa equivalente a 10, 15 o 20 veces la Unidad de Medida y Actualización vigente y un punto a la licencia para conducir.

VI. Cuando un vehículo, cuyo peso sea mayor a tres toneladas, se estacione en pendientes, deberán colocarse cuñas apropiadas en las ruedas traseras.

(REFORMADO, G.O. 4 DE FEBRERO DE 2021)

Los conductores que infrinjan la presente disposición serán sancionados con una multa equivalente a 10, 15 o 20 veces la Unidad de Medida y Actualización vigente y un punto a la licencia para conducir.

(DEROGADA TABLA, G.O. 4 DE FEBRERO DE 2021)

(REFORMADO, G.O. 16 DE FEBRERO DE 2018)

Artículo 30. Se prohíbe estacionar cualquier vehículo:

I. Sobre vías peatonales, especialmente banquetas y cruces peatonales, así como vías ciclistas exclusivas, para ello es suficiente que cualquier parte del vehículo se encuentre sobre estos espacios;

(ADICIONADO, G.O. 4 DE FEBRERO DE 2021)

Los conductores de vehículos motorizados que infrinjan la presente disposición serán sancionados con una multa equivalente a 10, 15 o 20 veces la Unidad de Medida y Actualización vigente y tres puntos a la licencia para conducir.

II. En las vías primarias;

(ADICIONADO, G.O. 4 DE FEBRERO DE 2021)

Los conductores de vehículos motorizados que infrinjan la presente disposición serán sancionados con una multa equivalente a 10, 15 o 20 veces la Unidad de Medida y Actualización vigente y un punto a la licencia para conducir.

III. Sobre o debajo de cualquier puente o estructura elevada de una vía pública o en el interior de un túnel;

(ADICIONADO, G.O. 4 DE FEBRERO DE 2021)

Los conductores de vehículos motorizados que infrinjan la presente disposición serán sancionados con una multa equivalente a 15, 17 o 20 veces la Unidad de Medida y Actualización vigente y tres puntos a la licencia para conducir.

IV. En el costado izquierdo de la vía cuando existan camellones centrales, laterales o islas, así como en las glorietas, salvo que las marcas en el pavimento y el señalamiento lo permita (sic);

(ADICIONADO, G.O. 4 DE FEBRERO DE 2021)

Los conductores de vehículos motorizados que infrinjan la presente disposición serán sancionados con una multa equivalente a 10, 15 o 20 veces la Unidad de Medida y Actualización vigente y un punto a la licencia para conducir.

(REFORMADA, G.O. 19 DE MARZO DE 2019)

V. En donde exista señalamiento restrictivo, o la guarnición de la acera o las marcas de pavimento sean de color amarillo, que indica el área donde está prohibido el estacionamiento.

(ADICIONADO, G.O. 4 DE FEBRERO DE 2021)

Los conductores de vehículos motorizados que infrinjan la presente disposición serán sancionados con una multa equivalente a 10, 15 o 20 veces la Unidad de Medida y Actualización vigente y un punto a la licencia para conducir.

VI. En los carriles exclusivos, confinados y/o prioritarios de transporte público;

(ADICIONADO, G.O. 4 DE FEBRERO DE 2021)

Los conductores de vehículos motorizados que infrinjan la presente disposición serán sancionados con una multa equivalente a 20, 25 o 30 veces la Unidad de Medida y Actualización vigente y seis puntos a la licencia para conducir.

VII. En áreas de circulación, accesos y salidas de estaciones y terminales del transporte público colectivo, sitios de taxi, así como en zonas de ascenso y descenso de pasaje de transporte público;

(ADICIONADO, G.O. 4 DE FEBRERO DE 2021)

Los conductores de vehículos motorizados que infrinjan la presente disposición serán sancionados con una multa equivalente a 20, 25 o 30 veces la Unidad de Medida y Actualización vigente y seis puntos a la licencia para conducir.

VIII. En espacios para servicios especiales autorizados por la Secretaría o cualquier otro sitio indicado por la señalización vial correspondiente, cuando éste no sea su fin;

(ADICIONADO, G.O. 4 DE FEBRERO DE 2021)

Los conductores de vehículos motorizados que infrinjan la presente disposición serán sancionados con una multa equivalente a 15, 17 o 20 veces la Unidad de Medida y Actualización vigente y tres puntos a la licencia para conducir.

IX. En espacios de servicios especiales destinados al ascenso y descenso de pasajeros cuando la permanencia del vehículo supere el tiempo indicado en la señalización vial, excepto cuando se trate de pasajeros con discapacidad o movilidad limitada;

(ADICIONADO, G.O. 4 DE FEBRERO DE 2021)

Los conductores de vehículos motorizados que infrinjan la presente disposición serán sancionados con una multa equivalente a 5, 7 o 10 veces la Unidad de Medida y Actualización vigente y un punto a la licencia para conducir.

X. Frente a:

a) Establecimientos bancarios;
b) Hidrantes para uso de los bomberos;
c) Entradas y salidas de vehículos de emergencia;
d) Entradas o salidas de estacionamientos públicos y gasolineras;

(REFORMADO, G.O. 19 DE MARZO DE 2019)

e) Accesos peatonales o vehiculares y salidas de emergencia de centros escolares y demás centros de concentración masiva que determine la Secretaría;
f) Rampas peatonales;

(REFORMADO, G.O. 19 DE MARZO DE 2019)

g) Rampas vehiculares para el acceso a cocheras, salvo que se trate del domicilio del propio conductor, siempre y cuando no se invada la acera, el tránsito de peatones, cajones de estacionamiento, o áreas de estacionamiento restringido;
h) En entradas y salidas peatonales de instalaciones de hospitales o centros de salud.

(ADICIONADO, G.O. 4 DE FEBRERO DE 2021)

Los conductores de vehículos motorizados que infrinjan la presente disposición serán sancionados con una multa equivalente a 15, 17 o 20 veces la Unidad de Medida y Actualización vigente y tres puntos a la licencia para conducir.

XI. En lugares donde se obstruya la visibilidad de la señalización vial;

(ADICIONADO, G.O. 4 DE FEBRERO DE 2021)

Los conductores de vehículos motorizados que infrinjan la presente disposición serán sancionados con una multa equivalente a 10, 15 o 20 veces la Unidad de Medida y Actualización vigente y un punto a la licencia para conducir.

XII. Sobre las vías en doble o más filas;

(ADICIONADO, G.O. 4 DE FEBRERO DE 2021)

Los conductores de vehículos motorizados que infrinjan la presente disposición serán sancionados con una multa equivalente a 10, 15 o 20 veces la Unidad de Medida y Actualización vigente y tres puntos a la licencia para conducir.

XIII. En batería, con excepción de bicicletas y motocicletas o que un señalamiento así lo permita;

(ADICIONADO, G.O. 4 DE FEBRERO DE 2021)

Los conductores de vehículos motorizados que infrinjan la presente disposición serán sancionados con una multa equivalente a 10, 15 o 20 veces la Unidad de Medida y Actualización vigente y un punto a la licencia para conducir.

XIV. En un tramo menor a:

a) Siete metros y medio a partir de la guarnición de la vía transversal;

b) Seis metros de la entrada de una estación de bomberos y de vehículos de emergencia; y en un espacio de 25 metros a cada lado del eje de entrada en la acera opuesta a ella; y

c) Diez metros de cualquier cruce de vía férrea.

(ADICIONADO, G.O. 4 DE FEBRERO DE 2021)

Los conductores de vehículos motorizados que infrinjan la presente disposición serán sancionados con una multa equivalente a 10, 15 o 20 veces la Unidad de Medida y Actualización vigente y un punto a la licencia para conducir.

(REFORMADA, G.O. 19 DE MARZO DE 2019)

XV. En cajones de estacionamiento exclusivos para personas con discapacidad debidamente identificados por marcas en el pavimento, guarnición y señalamiento vertical informativo, salvo por aquellos vehículos que cuenten con placas de matrícula para personas con discapacidad y vehículos que realicen el ascenso o descenso de personas con discapacidad por una permanencia máxima de 20 minutos.

(ADICIONADO, G.O. 4 DE FEBRERO DE 2021)

Los conductores de vehículos motorizados que infrinjan la presente disposición serán sancionados con una multa equivalente a 20, 25 o 30 veces la Unidad de Medida y Actualización vigente y seis puntos a la licencia para conducir.

XVI. En carreteras de no más de dos carriles y con doble sentido de circulación, en un tramo menor a:

a) Cincuenta metros de un vehículo estacionado en el lado opuesto; y

b) Cien metros de una curva o cima sin visibilidad;

(ADICIONADO, G.O. 4 DE FEBRERO DE 2021)

Los conductores de vehículos motorizados que infrinjan la presente disposición serán sancionados con una multa equivalente a 10, 15 o 20 veces la Unidad de Medida y Actualización vigente y tres puntos a la licencia para conducir.

XVII. En sentido contrario a la circulación;

(ADICIONADO, G.O. 4 DE FEBRERO DE 2021)

Los conductores de vehículos motorizados que infrinjan la presente disposición serán sancionados con una multa equivalente a 5, 7 o 10 veces la Unidad de Medida y Actualización vigente y un punto a la licencia para conducir.

XVIII. En los cajones exclusivos debidamente autorizados y que cuenten con marcas de color azul que así lo indique, a menos que se trate del vehículo para el cual están destinados estos espacios;

(ADICIONADO, G.O. 4 DE FEBRERO DE 2021)

Los conductores de vehículos motorizados que infrinjan la presente disposición serán sancionados con una multa equivalente a 15, 17 o 20 veces la Unidad de Medida y Actualización vigente y tres puntos a la licencia para conducir.

(REFORMADA, G.O. 19 DE MARZO DE 2019)

XIX. En vías ciclistas, como ciclovías y ciclocarriles, con excepción de los vehículos no motorizados para los cuales están destinados estos espacios;

(ADICIONADO, G.O. 4 DE FEBRERO DE 2021)

Los conductores de vehículos motorizados que infrinjan la presente disposición serán sancionados con una multa equivalente a 15, 17 o 20 veces la Unidad de Medida y Actualización vigente y tres puntos a la licencia para conducir.

(ADICIONADA, G.O. 19 DE MARZO DE 2019)

XIX Bis. En los carriles de circulación frente a cicloestaciones de bicicleta pública y biciestacionamientos de corta estancia que se encuentren ubicados en la franja de estacionamiento, con excepción de los vehículos destinados para la operación del sistema de bicicleta pública, siempre y cuando se encuentren en servicio;

(ADICIONADO, G.O. 4 DE FEBRERO DE 2021)

Los conductores de vehículos motorizados que infrinjan la presente disposición serán sancionados con una multa equivalente a 15, 17 o 20 veces la Unidad de Medida y Actualización vigente y tres puntos a la licencia para conducir.

XX. En los demás lugares que la Secretaría y Seguridad Pública determinen; y

(ADICIONADO, G.O. 4 DE FEBRERO DE 2021)

Los conductores de vehículos motorizados que infrinjan la presente disposición serán sancionados con una multa equivalente a 10, 15 o 20 veces la Unidad de Medida y Actualización vigente y un punto a la licencia para conducir.

(REFORMADA, G.O. 10 DE AGOSTO DE 2023)

XXI. Cuando se estacionen vehículos matriculados en la Ciudad de México, en lugares autorizados para tal fin, e infrinjan alguna de las hipótesis contempladas en los incisos de la fracción II del artículo 33, se impondrá la multa señalada en este artículo.

(REFORMADO, G.O. 4 DE FEBRERO DE 2021)

Los conductores de vehículos motorizados que infrinjan la presente disposición serán sancionados con una multa equivalente a 5, 7 o 10 veces la Unidad de Medida y Actualización vigente y un punto a la licencia para conducir.

(REFORMADO, G.O. 10 DE AGOSTO DE 2023)

En los casos a que hacen referencia las fracciones I, II, III, V, VI, VIII, IX, X, XI, XII, XIV incisos b) y c), XV, XVI y XIX del presente artículo se usará grúa para que el vehículo sea remitido al depósito vehicular.

Artículo 31. Las bicicletas podrán estacionarse sobre las aceras siempre y cuando permitan el libre tránsito de los peatones.

(REFORMADO, G.O. 4 DE FEBRERO DE 2021)

Artículo 32. La Secretaría y Seguridad Ciudadana podrán sujetar a determinados horarios y días de la semana la aprobación o prohibición para estacionarse en la vía pública y el establecimiento de espacios de servicios especiales, mediante la señalización vial respectiva. Asimismo, la Secretaría está facultada para solicitar apoyo a la Secretaría de Obras y Servicios y/o a las Alcaldías para retirar los señalamientos respectivos cuando se efectúen modificaciones con objeto de garantizar un uso eficiente de la vía.

(REFORMADO PRIMER PÁRRAFO, G.O. 4 DE FEBRERO DE 2021)

Artículo 33. Aun cuando se encuentre presente el conductor o alguna otra persona, los vehículos motorizados estacionados serán inmovilizados por el agente autorizado para infraccionar, cuando:

(REFORMADA, G.O. 10 DE AGOSTO DE 2023)

I. Los vehículos que se encuentren estacionados en lugares prohibidos según lo establecido en el artículo 30 fracciones IV, VII, XIII y XVIII de este ordenamiento, imponiéndose la multa que señale el referido artículo;

(REFORMADO [N. DE E. ESTE PÁRRAFO], G.O. 19 DE MARZO DE 2019)

II. Los vehículos con placas foráneas que se encuentren estacionados en zonas en las que existan sistemas de cobro por estacionamiento en vía pública, en los siguientes casos:

a) No se haya cubierto la cuota de estacionamiento en el momento de la revisión;

b) Haya concluido el tiempo pagado;

c) En caso de haber comprobante de pago, éste no sea visible desde el exterior del vehículo, el número de placas de matrícula no coincida o la fecha del comprobante sea distinta;

(REFORMADO, G.O. 19 DE MARZO DE 2019)

d) El vehículo esté estacionado fuera de un cajón y/o zona marcada para el estacionamiento, o esté invadiendo u obstruyendo otro cajón o acceso a cochera, con excepción de vehículos que por sus dimensiones rebasen el espacio del cajón marcado y hayan cubierto la cuota de estacionamiento por los espacios utilizados;

e) El vehículo estacionado no coincida, por sus dimensiones o naturaleza, con el tipo de vehículo al que está destinado el cajón, de acuerdo a lo indicado por el señalamiento, incluidas las motocicletas que deben ser estacionadas en los lugares especiales para ese tipo de vehículo;

f) El permiso renovable para residentes haya perdido vigencia, no sea visible desde el exterior del vehículo o no coincida con la placa de matrícula del vehículo, o el polígono para el cual fue autorizado;

(REFORMADO, G.O. 31 DE MARZO DE 2022)

Los conductores de vehículos motorizados que infrinjan la presente disposición serán sancionados con una multa equivalente a 5, 7 o 10 veces la Unidad de Medida y Actualización vigente y un punto a la licencia para conducir.

Si el inmovilizador fue colocado por lo previsto en la fracción I de este artículo y hay disponibilidad de grúa dentro de los primeros 15 minutos posteriores a la hora registrada en la boleta de infracción, el vehículo se remitirá al depósito sin la aplicación de la sanción económica por retiro del inmovilizador.

(REFORMADO, G.O. 4 DE FEBRERO DE 2021)

Transcurridas más de dos horas de haber sido inmovilizado el vehículo por infringir lo previsto en la fracción II de este artículo, si el interesado no cubre las sanciones económicas presentadas con motivo de infracciones al presente Reglamento, registradas en el sistema de infracciones del Gobierno de la Ciudad; así como los derechos establecidos en el artículo 230 fracción III del Código Fiscal de la Ciudad de México, por retiro de inmovilizador, se procederá a la remisión del mismo al depósito correspondiente, debiéndose cubrir los derechos por el arrastre establecidos en las fracciones I o II del artículo 230 del mismo ordenamiento.

(REFORMADO, G.O. 4 DE FEBRERO DE 2021)

Cuando el usuario del servicio de estacionamiento en vía pública (sic) en zonas con sistemas de cobro impida, dificulte o se niegue a que se ejerzan las facultades de revisión, de elaboración de boletas de infracción, de inmovilización, insulte o denigre al personal autorizado, será presentado ante la autoridad competente.

El vehículo será liberado hasta que se hayan cubierto las sanciones económicas y los derechos establecidos en el Código Fiscal, por retiro de inmovilizador correspondientes.

(ADICIONADO, G.O. 4 DE FEBRERO DE 2021)

O bien, en caso de que el personal dependiente del tercero autorizado por la Secretaría para la administración y operación del Sistema de control y cobro de estacionamiento en vía pública, sea quien promueva una conducta ilícita que pueda dar lugar a la tipificación de un delito, será puesto a disposición del Ministerio Público.

(ADICIONADO, G.O. 19 DE MARZO DE 2019)

El vehículo con placa foránea será liberado cuando no cuente con adeudos motivo de infracciones registradas en el sistema de infracciones del Gobierno de la Ciudad de México y haya cubierto las sanciones económicas, así como los derechos establecidos en el Código Fiscal de la Ciudad de México, por retiro de inmovilizador correspondientes.

(REFORMADO, G.O. 4 DE FEBRERO DE 2021)

Seguridad Ciudadana puede auxiliarse de terceros para la inmovilización de vehículos, previo convenio, permiso o autorización que haya celebrado para ello.

(ADICIONADO, G.O. 4 DE FEBRERO DE 2021)

Aquella persona que retire inmovilizadores sin que el interesado hubiese cubierto los adeudos con motivo de infracciones registradas en el sistema de infracciones del Gobierno de la Ciudad de México, o previa autorización expresa de Seguridad Ciudadana, será sancionada con una multa de 40 veces la Unidad de Medida y Actualización vigente.

CAPÍTULO II
DE LA UTILIZACIÓN DE LA INFRAESTRUCTURA VIAL

Artículo 34. En la vía pública está prohibido:

I. Efectuar reparaciones a vehículos, salvo en casos de emergencia;

(ADICIONADO, G.O. 4 DE FEBRERO DE 2021)

Los conductores que infrinjan la presente disposición serán sancionados con una multa equivalente a 1, 5 o 10 veces la Unidad de Medida y Actualización vigente o (sic) seis a doce horas de arresto administrativo.

II. Organizar o participar en competencias vehiculares de alta velocidad, acrobacias y demás maniobras riesgosas;

(ADICIONADO, G.O. 4 DE FEBRERO DE 2021)

Los conductores que infrinjan la presente disposición serán sancionados con una multa equivalente a 21, 25 o 30 veces la Unidad de Medida y Actualización vigente, arresto administrativo inconmutable de 20 a 36 horas y seis puntos a la licencia para conducir.

III. Colocar, instalar, arrojar o abandonar objetos o residuos que puedan entorpecer la libre circulación de peatones y vehículos;

(ADICIONADO, G.O. 4 DE FEBRERO DE 2021)

Los conductores que infrinjan la presente disposición serán sancionados con una multa equivalente a 11, 15 o 20 veces la Unidad de Medida y Actualización vigente o arresto administrativo de 13 a 24 horas y el retiro de los elementos incorporados.

IV. Utilizar inadecuadamente, obstruir, limitar, dañar, colocar, deteriorar o destruir la señalización vial;

(ADICIONADO, G.O. 4 DE FEBRERO DE 2021)

Los conductores que infrinjan la presente disposición serán sancionados con una multa equivalente a 21, 25 o 30 veces la Unidad de Medida y Actualización vigente o arresto administrativo de 25 a 36 horas y el retiro de los elementos incorporados.

V. Colocar o instalar cualquier objeto o señalización para reservar espacios de estacionamiento en la vía pública sin la autorización correspondiente;

(ADICIONADO, G.O. 4 DE FEBRERO DE 2021)

Los conductores que infrinjan la presente disposición serán sancionados con una multa equivalente a 11, 15 o 20 veces la Unidad de Medida y Actualización vigente o arresto administrativo de 13 a 24 horas y el retiro de los elementos incorporados.

VI. Cerrar u obstruir la circulación con vehículos, plumas, rejas o cualquier otro objeto, a menos que se cuente con la debida autorización para la restricción temporal de la circulación de vehículos por la realización de algún evento;

(ADICIONADO, G.O. 4 DE FEBRERO DE 2021)

Los conductores que infrinjan la presente disposición serán sancionados con una multa equivalente a 1, 5 o 10 veces la Unidad de Medida y Actualización vigente o arresto administrativo de 6 a 12 horas.

VII. Que los particulares instalen dispositivos para el control del tránsito que obstaculicen o afecten la vía, a menos que se cuente con la autorización debida o se trate de mecanismos o artefactos colocados momentáneamente para facilitar el ascenso o descenso de las personas con discapacidad o señalamientos de advertencia de hechos de tránsito o emergencias;

(ADICIONADO, G.O. 4 DE FEBRERO DE 2021)

Los conductores que infrinjan la presente disposición serán sancionados con una multa equivalente a 1, 5 o 10 veces la Unidad de Medida y Actualización vigente o arresto administrativo de 6 a 12 horas.

VIII. Que los particulares utilicen símbolos y leyendas característicos de la señalización vial para fines publicitarios;

(ADICIONADO, G.O. 4 DE FEBRERO DE 2021)

Los conductores que infrinjan la presente disposición serán sancionados con una multa equivalente a 1, 5 o 10 veces la Unidad de Medida y Actualización vigente o arresto administrativo de 6 a 12 horas.

IX. Colocar luces, dispositivos o cualquier objeto que confundan, desorienten o distraigan a peatones o conductores y

(ADICIONADO, G.O. 4 DE FEBRERO DE 2021)

Los conductores que infrinjan la presente disposición serán sancionados con una multa equivalente a 1, 5 o 10 veces la Unidad de Medida y Actualización vigente o arresto administrativo de 6 a 12 horas.

X. Efectuar trabajos en la vía pública sin contar con los dispositivos de desvío y protección de obra, así como la señalización en materia de protección civil.

(ADICIONADO, G.O. 4 DE FEBRERO DE 2021)

Los conductores que infrinjan la presente disposición serán sancionados con una multa equivalente a 1, 5 o 10 veces la Unidad de Medida y Actualización vigente o arresto administrativo de 6 a 12 horas.

XI. Mantener un vehículo estacionado, una vez que sea requerido su retiro por la autoridad, cuando se realice obra pública o trabajos de servicios urbanos en la vía.

(ADICIONADO, G.O. 4 DE FEBRERO DE 2021)

Los conductores que infrinjan la presente disposición serán sancionados con una multa equivalente a 1, 5 o 10 veces la Unidad de Medida y Actualización vigente.

(REFORMADO, G.O. 31 DE MARZO DE 2022)

En caso de que los responsables se nieguen a retirar los elementos incorporados a la vialidad que obstaculicen, impidan la circulación o el estacionamiento de vehículos a que se refieren las fracciones III, IV, V, VI, VII, VIII, IX y XI; Seguridad Ciudadana y las Alcaldías deberán retirarlos de la vía a la brevedad para evitar un hecho de tránsito.

(REFORMADO, G.O. 4 DE FEBRERO DE 2021)

Cuando se cometa alguna de las infracciones contenidas en las fracciones II, III, IV, V, VI, VII, VIII, IX y X el agente y/o agente autorizado para infraccionar remitirá al probable infractor al Juez Cívico para que se inicie el procedimiento respectivo.

Artículo 35. Está prohibido abandonar en la vía pública un vehículo o remolque que se encuentre inservible, destruido o inutilizado. Se entiende por estado de abandono, los vehículos que:

(REFORMADA, G.O. 16 DE ABRIL DE 2019)

I. Que no sean movidos por más de 15 días, o acumulen residuos que generen un foco de infección, malos olores o fauna nociva ó

(ADICIONADO, G.O. 4 DE FEBRERO DE 2021)

El incumplimiento a la presente disposición, se sancionará con una multa equivalente a 10, 15 o 20 veces la Unidad de Medida y Actualización vigente.

(REFORMADA, G.O. 16 DE ABRIL DE 2019)

II. No están en posibilidades de circular, o participaron en un hecho de tránsito y no cuentan con el permiso correspondiente

(REFORMADO, G.O. 4 DE FEBRERO DE 2021)

El incumplimiento a la presente disposición, se sancionará con una multa equivalente a 10, 15 o 20 veces la Unidad de Medida y Actualización vigente.

(DEROGADA TABLA, G.O. 4 DE FEBRERO DE 2021)

(REFORMADO, G.O. 4 DE FEBRERO DE 2021)

Para estar en posibilidad de hacer la remisión del vehículo al depósito, previamente los agentes y/o el personal asignado por la alcaldía donde se encuentre dicho vehículo, dejará adherido al mismo, apercibimiento por escrito debidamente fundado y motivado, en el que haga de conocimiento al propietario, poseedor y/o responsable del vehículo que cuenta con un término de tres días hábiles contados a partir del día siguiente, para que lo retire con sus propios medios y ante su omisión, la autoridad lo hará con cargo a éste.

(REFORMADO, G.O. 4 DE FEBRERO DE 2021)

Si el día señalado para tal efecto, continúa abandonado el vehículo y no estuviera presente el propietario, poseedor o responsable o estándolo se negará a cumplir el acto, se procederá a la imposición de la respectiva infracción por parte del agente autorizado para infraccionar, y a la remisión inmediata del vehículo al depósito correspondiente.

Artículo 36. Los conductores de vehículos motorizados que accedan a vías concesionadas o permisionadas están obligados a realizar el pago correspondiente de acuerdo a las tarifas establecidas, salvo que:

I. Exista algún anuncio por parte de la autoridad que indique el libre acceso a causa de alguna contingencia o por necesidades de interés público;

(ADICIONADO, G.O. 4 DE FEBRERO DE 2021)

El incumplimiento del pago de las tarifas establecidas por parte de los conductores, se sancionará con una multa equivalente a 10, 15 o 20 veces la Unidad de Medida y Actualización vigente.

II. Se trate de vehículos de transporte público de pasajeros cuyas rutas incluyan tramos en estas vías; y

(ADICIONADO, G.O. 4 DE FEBRERO DE 2021)

El incumplimiento del pago de las tarifas establecidas por parte de los conductores, se sancionará con una multa equivalente a 10, 15 o 20 veces la Unidad de Medida y Actualización vigente.

III. Se trate de vehículos de emergencia que se dirijan a atender alguna incidencia.

(REFORMADO, G.O. 4 DE FEBRERO DE 2021)

El incumplimiento del pago de las tarifas establecidas por parte de los conductores, se sancionará con una multa equivalente a 10, 15 o 20 veces la Unidad de Medida y Actualización vigente.

(DEROGADA TABLA, G.O. 4 DE FEBRERO DE 2021)

TÍTULO CUARTO
DE LAS NORMAS DE SEGURIDAD PARA LA CONDUCCIÓN DE VEHÍCULOS

CAPÍTULO I
DE LAS DISPOSICIONES DE SEGURIDAD

Artículo 37. Los conductores y ocupantes de los vehículos deben de cumplir con las disposiciones de seguridad indicadas en el presente artículo de acuerdo a la naturaleza propia de cada vehículo.

I. Los conductores de vehículos no motorizados deben:

a) Usar aditamentos luminosos, bandas fluorescentes o reflejantes en horario nocturno o circunstancias de poca visibilidad; y

b) En caso de llevar a acompañantes menores de 5 años que tengan la capacidad de sentarse por cuenta propia y mantener erguida la cabeza, los menores deberán de ser transportados en: remolques o cabinas que tengan estructura de protección lateral, bandas reflejantes y cinturones que aseguren el torso del menor; o sillas especiales, con cinturones que aseguren el torso del menor y cuya estructura proteja la cabeza y las piernas del menor, que deberá portar casco.

II. Los conductores de vehículos motorizados deben:

a) Sujetar firmemente con ambas manos, el control de dirección y no permitir que otro pasajero lo tome parcial o totalmente;

(REFORMADO, G.O. 4 DE FEBRERO DE 2021)

b) Asegurarse que todos los pasajeros utilicen correctamente el cinturón de seguridad, además de colocarse el propio.

c) Circular con las portezuelas cerradas y, antes de abrirlas, verificar que no se interfiera en el flujo de peatones u otros vehículos; en su caso, no la mantendrán abierta por mayor tiempo que el estrictamente necesario para su ascenso o descenso;

d) Encender las luces cuando disminuya sensiblemente la visibilidad por cualquier factor ambiental o por las características de la infraestructura vial, evitando deslumbrar a quienes transitan en sentido opuesto; y

e) Colocar dispositivos de advertencia cuando por caso fortuito o de fuerza mayor se detenga en vías primarias. Si la vía es de doble sentido, los dispositivos de advertencia se colocarán 20 metros atrás del vehículo y 20 metros adelante en el carril opuesto.

(REFORMADO, G.O. 10 DE AGOSTO DE 2023)

Los conductores de vehículos motorizados que infrinjan los incisos a), b), d) y e) de la presente disposición serán sancionados con una multa equivalente a 5, 7 o 10 veces la Unidad de Medida y Actualización vigente y un punto de penalización a la licencia para conducir o en caso de infracciones captadas a través de sistemas tecnológicos se sancionará con un punto de penalización a la matrícula vehicular.

(REFORMADO [N. DE E. ADICIONADO], G.O. 4 DE FEBRERO DE 2021)

En caso de infringir lo dispuesto en el inciso c) de esta fracción, serán sancionados con una multa equivalente a 10, 15 o 20 veces la Unidad de Medida y Actualización vigente y tres puntos a la licencia para conducir o en caso de infracciones captadas a través de sistemas tecnológicos se sancionará con tres puntos a la matrícula vehicular.

III. Adicionalmente, los motociclistas deben:

a) Circular todo tiempo con las luces traseras y delanteras encendidas;

(REFORMADO, G.O. 10 DE AGOSTO DE 2023)

b) Llevar a bordo sólo la cantidad de personas que señale la tarjeta de circulación;

c) Usar aditamentos luminosos o bandas reflejantes en horario nocturno;

(REFORMADO [N. DE E. ESTE PÁRRAFO], G.O. 10 DE AGOSTO DE 2023)

d) Utilizar casco protector, diseñado exclusivamente para la conducción de motocicleta, que cuente con especificaciones de seguridad, y asegurarse que la persona acompañante también lo porte; el casco deberá encontrarse debidamente colocado en la cabeza y abrochado, sin muestras de deterioro ni con fracturas visibles; asimismo, deberá contar con la certificación aplicable y/o con los siguientes elementos de seguridad:

(ADICIONADO, G.O. 10 DE AGOSTO DE 2023)

1. Armazón: barrera rígida que le da forma estructural y brinda protección;

(ADICIONADO, G.O. 10 DE AGOSTO DE 2023)

2. Relleno amortiguador: relleno de 3 a 4 centímetros de espesor para absorber impactos;

(ADICIONADO, G.O. 10 DE AGOSTO DE 2023)

3. Relleno de confort: parte del casco que está en contacto con la cabeza del usuario y contribuye a que el casco se ajuste correctamente a la cabeza;

(ADICIONADO, G.O. 10 DE AGOSTO DE 2023)

4. Sistema de retención: mecanismo que mantiene el casco en la cabeza durante una colisión, donde por acción de la inercia el mismo tiende a salirse de su lugar. Consta de correas, anclajes y mecanismo de cierre o abrochado; y,

(ADICIONADO, G.O. 10 DE AGOSTO DE 2023)

5. Visor: debe asegurar la correcta visibilidad y ser resistente ante el impacto de objetos.

e) Preferentemente portar visores, chamarra o peto para protección con aditamentos rígidos para cobertura de hombros, codos y torso específicos para motociclista, guantes y botas, todos de diseño específico para conducción de este tipo de vehículo.

(REFORMADO, G.O. 31 DE MARZO DE 2022)

Los conductores de vehículos motorizados que infrinjan los incisos a), c) y e) de la presente disposición serán sancionados con una multa equivalente a 5, 7 o 10 veces la Unidad de Medida y Actualización vigente, y un punto a la licencia para conducir.

(ADICIONADO, G.O. 4 DE FEBRERO DE 2021)

En caso de infringir lo dispuesto en el inciso b) y d) de esta fracción, serán sancionados con una multa equivalente a 10, 15 o 20 veces la Unidad de Medida y Actualización vigente, y tres puntos a la licencia para conducir.

IV. Adicionalmente, los conductores de vehículos de transporte carga deben circular con la carga debidamente asegurada por tensadores para sujetar carga, cintas y/o lonas, que evite tirar objetos o derramar sustancias que obstruyan el tránsito o pongan en riesgo la integridad física de las personas; y

(ADICIONADO, G.O. 4 DE FEBRERO DE 2021)

Los conductores de vehículos motorizados que infrinjan la presente disposición serán sancionados con una multa equivalente a 40, 50 o 60 veces la Unidad de Medida y Actualización vigente y tres puntos a la licencia para conducir.

V. Los conductores de vehículos de transporte de sustancias tóxicas o peligrosas deben asegurarse de que la carga esté debidamente protegida y señalizada de conformidad con las normas oficiales mexicanas.

(REFORMADO, G.O. 31 DE MARZO DE 2022)

Los conductores de vehículos motorizados que infrinjan la presente disposición serán sancionados con una multa equivalente a 5, 7 o 10 veces la Unidad de Medida y Actualización vigente y tres puntos a la licencia para conducir.

Cuando por alguna circunstancia de emergencia se requiera estacionar el vehículo en la vía pública, a fin de evitar que personas ajenas a la transportación manipulen el equipo o la carga. Cuando lo anterior suceda, el conductor deberá colocar triángulos de seguridad o señalamientos de advertencia tanto en la parte delantera como trasera de la unidad, a una distancia que permita a otros conductores tomar las precauciones necesarias.

Los conductores de vehículos no motorizados, que no cumplan con lo dispuesto en este artículo, serán amonestados verbalmente por los agentes y orientados a conducirse de conformidad a las disposiciones aplicables.

(REFORMADO, G.O. 16 DE FEBRERO DE 2018)

Artículo 38. Los conductores de vehículos son responsables de evitar realizar acciones que pongan en riesgo su integridad física y la de los demás usuarios de la vía, por lo que se prohíbe:

I. A los conductores de vehículos no motorizados:

a) Llevar objetos que obstruyan la visibilidad del conductor o lo distraigan;

b) Transportar carga que impida mantener ambas manos sobre el manubrio, y un debido control del vehículo;

c) Sujetarse a otros vehículos en movimiento;

d) Manipular un teléfono celular o cualquier dispositivo de comunicación o de audio mientras el vehículo esté en movimiento, cualquier manipulación deberá hacerse con el vehículo detenido; y

e) Transportar a un pasajero apoyado en el cuadro de la bicicleta, en el espacio intermedio entre el sillín y el manubrio; excepto cuando se cuente con una silla para transportar niños y haya sido diseñada específicamente para tal propósito.

(REFORMADO [N. DE E. ADICIONADO], G.O. 4 DE FEBRERO DE 2021)

Los conductores de vehículos no motorizados que no cumplan con lo estipulado en el presente artículo, serán amonestados verbalmente por los agentes y/o agentes autorizados para infraccionar, y orientados a conducirse de conformidad con lo establecido por las disposiciones aplicables.

II. A los conductores de vehículos motorizados:

a) Llevar objetos que obstruyan la visibilidad del conductor o lo distraigan;

b) Llevar objetos de gran tamaño entre la portezuela del vehículo y su costado izquierdo;

c) Sostener, cargar o colocar personas o animales entre sus brazos y piernas;

d) Utilizar objetos que representen un distractor para la conducción segura; tratándose de dispositivos de apoyo a la conducción como mapas y navegadores GPS, cualquier manipulación deberá hacerse con el vehículo detenido;

e) Utilizar teléfono celular o cualquier dispositivo de comunicación mientras el vehículo esté en movimiento, cualquier manipulación deberá hacerse con el vehículo detenido;

f) Utilizar parlantes o producir ruido excesivo con aparatos para la reproducción de música;

g) Transportar mayor número de personas que el señalado en la tarjeta de circulación;

h) Transportar personas en la parte exterior de la carrocería, con excepción del transporte de cargadores o estibadores cuando la finalidad del transporte requiera de ellos y en número y en condiciones tales que garanticen la integridad física de los mismos;

i) Instalar o utilizar televisores o pantallas de proyección de cualquier tipo de video o sistemas de entretenimiento en la parte delantera del vehículo; y

j) Utilizar luces auxiliares de niebla delanteras y/o traseras de día o cuando no existan condiciones adversas que limiten la visibilidad.

(REFORMADO [N. DE E. ADICIONADO], G.O. 4 DE FEBRERO DE 2021)

Los conductores de vehículos motorizados que infrinjan los incisos a), b), f), g) y j) de la presente disposición serán sancionados con una multa equivalente a 5, 7 o 10 veces la Unidad de Medida y Actualización vigente y un punto de penalización a la licencia de conducir.

(ADICIONADO, G.O. 4 DE FEBRERO DE 2021)

En caso de infringir lo dispuesto en los incisos c), d) y h) de esta fracción, serán sancionados con una multa equivalente a 10, 15 o 20 veces la Unidad de Medida y Actualización vigente, tres puntos a la licencia para conducir y un punto a la matrícula vehicular.

(ADICIONADO, G.O. 4 DE FEBRERO DE 2021)

Por infringir lo previsto en el inciso e) de esta fracción serán sancionados con una multa equivalente a 30, 32 o 35 veces la Unidad de Medida y Actualización vigente, tres puntos a la licencia para conducir y un punto a la matrícula vehicular.

(ADICIONADO, G.O. 4 DE FEBRERO DE 2021)

El incumplimiento a lo previsto en el inciso i) de esta fracción será sancionado con una multa equivalente a 20, 25 o 30 veces la Unidad de Medida y Actualización vigente, tres puntos a la licencia para conducir y un punto a la matrícula vehicular.

III. Adicionalmente, a los motociclistas:

a) Transportar carga que impida mantener ambas manos sobre el manubrio, y un debido control del vehículo;

b) Sujetarse a otros vehículos en movimiento;

c) Transportar pasajeros menores de doce años de edad;

d) Transportar a un pasajero entre el conductor y el manubrio; y

e) Transportar un menor de edad, cuando este no pueda sujetarse por sí mismo a la motocicleta y, estando correctamente sentado, no pueda colocar adecuada y firmemente los pies en los estribos o posa pies, excepto que cuente con los aditamentos especialmente diseñados para su seguridad.

(ADICIONADO, G.O. 4 DE FEBRERO DE 2021)

Los conductores de vehículos motorizados que infrinjan los incisos a) y b) de la presente disposición serán sancionados con una multa equivalente a 5, 7 o 10 veces la Unidad de Medida y Actualización vigente y un punto a la licencia para conducir.

(ADICIONADO, G.O. 4 DE FEBRERO DE 2021)

En caso de infringir lo dispuesto en los incisos c), d) y e) de esta fracción, serán sancionados con una multa equivalente a 10, 15 o 20 veces la Unidad de Medida y Actualización vigente y tres puntos a la licencia para conducir.

IV. Adicionalmente, a los conductores de vehículos de transporte público, escolar y de personal:

a. Cargar combustible llevando pasajeros a bordo; y

b. Llevar vidrios polarizados, obscurecidos o con aditamentos u objetos distintos a las calcomanías reglamentarias.

(ADICIONADO, G.O. 4 DE FEBRERO DE 2021)

Los conductores de vehículos motorizados que infrinjan los incisos a) y b) de la presente disposición serán sancionados con una multa equivalente a 10, 15 o 20 veces la Unidad de Medida y Actualización vigente y tres puntos a la licencia para conducir.

V. Adicionalmente, a los conductores de vehículos de carga:

a. Circular con pasajeros que viajen en el área de carga; y

b. Circular con carga que exceda el peso bruto vehicular máximo permitido establecido en las normas aplicables o en el señalamiento restrictivo, obstruya la vista frontal o los espejos frontales laterales o que sobresalga de la parte delantera, posterior o de los costados, salvo cuando se obtenga el permiso correspondiente de la Secretaría, debiendo indicar con elementos reflejantes el perímetro de la carga.

(ADICIONADO, G.O. 4 DE FEBRERO DE 2021)

Los conductores de vehículos motorizados que infrinjan el inciso a) de la presente disposición serán sancionados con una multa equivalente a 10, 15 o 20 veces la Unidad de Medida y Actualización vigente y tres puntos a la licencia para conducir.

(ADICIONADO, G.O. 4 DE FEBRERO DE 2021)

En caso de infringir lo dispuesto en el inciso b) de esta fracción, serán sancionados con una multa equivalente a 40, 50 o 60 veces la Unidad de Medida y Actualización vigente y tres puntos a la licencia para conducir.

VI. Adicionalmente, a los conductores de vehículos de transporte de sustancias tóxicas o peligrosas:

a) Llevar a bordo personas ajenas a su operación; y

b) Arrojar o descargar en la vía, así como ventear innecesariamente cualquier tipo de sustancia tóxica o peligrosa.

(REFORMADO, G.O. 4 DE FEBRERO DE 2021)

Los conductores de vehículos motorizados que infrinjan el inciso a) de la presente disposición serán sancionados con una multa equivalente a 10, 15 o 20 veces la Unidad de Medida y Actualización vigente y tres puntos a la licencia para conducir.

(ADICIONADO, G.O. 4 DE FEBRERO DE 2021)

En caso de infringir lo dispuesto en el inciso b) de esta fracción, serán sancionados con una multa equivalente a 400, 500 o 600 veces la Unidad de Medida y Actualización vigente y seis puntos a la licencia para conducir.

(DEROGADO PENÚLTIMO PÁRRAFO, G.O. 4 DE FEBRERO DE 2021)

(DEROGADA TABLA, G.O. 4 DE FEBRERO DE 2021)

(DEROGADO ÚLTIMO PÁRRAFO, G.O. 4 DE FEBRERO DE 2021)

Artículo 39. Los conductores de automóviles que viajen con pasajeros menores de doce años de edad o que midan menos de 1.45 metros de altura, deberán asegurarse que éstos ocupen una de las plazas traseras sobre la hilera inmediatamente posterior a los asientos del conductor o del copiloto que cuente con cinturón de seguridad de tres puntos.

Los menores deberán ser transportados en un sistema de retención infantil o asiento elevador debidamente colocado, que cumpla con certificación estandarizada, con un sistema de anclaje adecuado y que se ajuste a las características indicadas en el anexo correspondiente de este Reglamento.

Únicamente si el vehículo no cuenta con asiento trasero, los niños podrán viajar en el asiento delantero, siempre y cuando cuenten con espacio suficiente para instalar un sistema de retención infantil acordes a su peso o talla y se desactive el sistema de bolsas de aire.

(REFORMADO, G.O. 4 DE FEBRERO DE 2021)

Los conductores que no cumplan con lo establecido en el presente artículo serán sancionados con una multa equivalente a 5, 7 o 10 veces la Unidad de Medida y Actualización vigente un punto de penalización a la placa de matrícula y un punto a la licencia para conducir.

(DEROGADA TABLA, G.O. 4 DE FEBRERO DE 2021)

CAPÍTULO II
DE LAS CARACTERÍSTICAS DE LOS VEHÍCULO

(REFORMADO, G.O. 16 DE FEBRERO DE 2018)

Artículo 40. Los conductores de vehículos deben cerciorarse de que su vehículo esté provisto de los siguientes elementos, de acuerdo a la naturaleza propia de cada vehículo.

I. Conductores de vehículos no motorizados:

a) Contar con reflejantes rojos atrás, reflejantes blancos adelante o luces traseras y delanteras en los colores antes indicados.

II. Conductores de todo vehículo motorizado:

a) Combustible y lubricante suficiente para su buen funcionamiento;

b) Cuartos delanteros, de luz amarilla o blanca y cuartos traseros de luz roja;

c) Faros delanteros, que cumplan con las Normas Oficiales Mexicanas, dotados de un mecanismo para cambio de intensidad;

d) Luces indicadoras de frenos en la parte trasera; direccionales y luces de parada de destello intermitente delanteras y traseras; luces para indicar movimiento en reversa; luces que iluminen la placa de matrícula posterior;

e) Neumáticos en condiciones que garanticen la seguridad;

f) Parabrisas en óptimas condiciones que permita la visibilidad al interior y exterior del vehículo;

g) Ambas defensas;

h) Dos espejos retrovisores laterales y uno interior los vehículos de transporte de carga y de pasajeros cuya carrocería impida la visión central sólo tendrán los espejos laterales;

i) Una bocina que emita un sonido audible desde una distancia de sesenta metros en circunstancias normales;

j) Un dispositivo silenciador en el escape que amortigüe las explosiones del motor;

k) Cinturones de seguridad para cada ocupante del vehículo, y

l) Extintor, dos señalamientos de advertencia reflejantes o luminosos, neumático de refacción y la herramienta adecuada para el cambio o reparación de la misma; o en su caso, neumáticos que permitan la circulación sin presión o el sistema auxiliar que permita rodar con seguridad, con un neumático ponchado.

(ADICIONADO, G.O. 4 DE FEBRERO DE 2021)

El incumplimiento de las obligaciones previstas en esta fracción, se sancionarán con una multa equivalente a 5, 7 o 10 veces la Unidad de Medida y Actualización vigente.

III. En caso de vehículos para enseñanza, adicionalmente deben contar con:

a) Un sistema de doble control de frenos, embragues y retrovisores, que permita al instructor controlar el vehículo cuando sea necesario con absoluta independencia del aprendiz;

b) La leyenda "VEHÍCULO DE ENSEÑANZA" en los costados y la parte posterior; y

c) Las demás características que determine la Secretaría.

(REFORMADO [N. DE E. ADICIONADO], G.O. 4 DE FEBRERO DE 2021)

El incumplimiento de las obligaciones previstas en esta fracción, se sancionarán con una multa equivalente a 30, 35 o 40 veces la Unidad de Medida y Actualización vigente.

IV. Vehículos de transporte público, transporte de personal y escolar:

a) Bandas reflejantes de color blanco y rojo en los costados laterales y posterior y bandas reflejantes amarillas en la parte frontal;

b) Contar con un botiquín de primeros auxilios; y

c) Tratándose de taxis preferentes los sistemas para la sujeción de pasajeros que viajen en silla de ruedas, deben ser de acuerdo con el anexo de este reglamento.

(ADICIONADO, G.O. 4 DE FEBRERO DE 2021)

El incumplimiento de las obligaciones previstas en esta fracción, se sancionará con una multa equivalente a 10, 15 o 20 veces la Unidad de Medida y Actualización vigente.

V. Vehículos de transporte de carga:

a) Bandas reflejantes de color blanco y rojo en los costados laterales y posterior y bandas reflejantes amarillas en la parte frontal;

b) Cuando se trate de un vehículo con doble remolque, deberá contar con leyendas de advertencia "PRECAUCIÓN DOBLE SEMI REMOLQUE"; y

c) Salvaguardas laterales de acuerdo con el anexo correspondiente de este ordenamiento.

(REFORMADO, G.O. 4 DE FEBRERO DE 2021)

El incumplimiento de las obligaciones previstas en esta fracción, se sancionarán con una multa equivalente a 10, 15 o 20 veces la Unidad de Medida y Actualización vigente.

(DEROGADA TABLA, G.O. 4 DE FEBRERO DE 2021)

Adicionalmente, las escuelas de manejo que incumplan lo dispuesto en la fracción III serán sancionadas de acuerdo a lo que establezca la autorización respectiva de funcionamiento.

Artículo 41. Los siguientes vehículos deberán contar en la parte superior con luces destellantes de color ámbar, previa autorización de la Secretaría:

I. Vehículos particulares que realicen trabajos de servicios en la vía en horario nocturno;

(ADICIONADO, G.O. 4 DE FEBRERO DE 2021)

El incumplimiento a lo previsto en la presente disposición por parte de conductores de vehículos motorizados, se sancionará con una multa equivalente a 10, 15 o 20 veces la Unidad de Medida y Actualización vigente.

II. Vehículos de transporte público de pasajeros con un largo mayor a diez metros;

(ADICIONADO, G.O. 4 DE FEBRERO DE 2021)

El incumplimiento a lo previsto en la presente disposición por parte de conductores de vehículos motorizados, se sancionará con una multa equivalente a 10, 15 o 20 veces la Unidad de Medida y Actualización vigente.

III. Vehículos de transporte de carga de doble remolque;

(ADICIONADO, G.O. 4 DE FEBRERO DE 2021)

El incumplimiento a lo previsto en la presente disposición por parte de conductores de vehículos motorizados, se sancionará con una multa equivalente a 10, 30 o 40 veces la Unidad de Medida y Actualización vigente.

IV. Grúas; y

(ADICIONADO, G.O. 4 DE FEBRERO DE 2021)

El incumplimiento a lo previsto en la presente disposición por parte de conductores de vehículos motorizados, se sancionará con una multa equivalente a 10, 30 o 40 veces la Unidad de Medida y Actualización vigente.

V. Vehículos con dimensiones excesivas, maquinaria agrícola o de construcción y los vehículos que sean utilizados para su abanderamiento.

(REFORMADO, G.O. 4 DE FEBRERO DE 2021)

El incumplimiento a lo previsto en la presente disposición por parte de conductores de vehículos motorizados, se sancionará con una multa equivalente a 10, 30 o 40 veces la Unidad de Medida y Actualización vigente.

(DEROGADA TABLA, G.O. 4 DE FEBRERO DE 2021)

Artículo 42. Los vehículos motorizados que tengan adaptados dispositivos de acoplamiento para tracción de remolques y semirremolques deberán cumplir con lo siguiente:

I. Un mecanismo giratorio o retráctil que no rebase la defensa del mismo; los vehículos que no cumplan con este requisito deberán ser modificados por el propietario;

(ADICIONADO, G.O. 4 DE FEBRERO DE 2021)

El incumplimiento de las obligaciones señaladas en la presente disposición, se sancionará con una multa equivalente a 5, 7 o 10 veces la Unidad de Medida y Actualización vigente.

II. Los remolques deben contar con bandas reflejantes de color blanco y rojo en los costados laterales y posterior y bandas reflejantes amarillas en la parte frontal, así como de dos lámparas indicadoras de frenado; y

(ADICIONADO, G.O. 4 DE FEBRERO DE 2021)

El incumplimiento de las obligaciones señaladas en la presente disposición, se sancionará con una multa equivalente a 5, 7 o 10 veces la Unidad de Medida y Actualización vigente.

IV (SIC). Las luces de freno deben ser visibles en la parte posterior de los remolques.

(REFORMADO, G.O. 4 DE FEBRERO DE 2021)

El incumplimiento de las obligaciones señaladas en la presente disposición, se sancionará con una multa equivalente a 5, 7 o 10 veces la Unidad de Medida y Actualización vigente.

(DEROGADA TABLA, G.O. 4 DE FEBRERO DE 2021)

Artículo 43. Se prohíbe instalar o utilizar en vehículos motorizados:

I. Bandas de oruga, ruedas o neumáticos metálicas u otros mecanismos de tracción que dañen la superficie de rodadura;

(ADICIONADO, G.O. 4 DE FEBRERO DE 2021)

El incumplimiento de las obligaciones señaladas en la presente disposición, se sancionará con una multa equivalente a 20, 25 o 30 veces la Unidad de Medida y Actualización vigente.

II. Faros deslumbrantes que no cumplan con las Normas Oficiales Mexicanas y pongan en riesgo la seguridad de conductores o peatones;

(ADICIONADO, G.O. 4 DE FEBRERO DE 2021)

El incumplimiento de las obligaciones señaladas en la presente disposición, se sancionará con una multa equivalente a 10, 15 o 20 veces la Unidad de Medida y Actualización vigente.

III. Luces de neón y/o porta placas que obstruyan la visibilidad de la información contenida en las placas de matrícula del vehículoy/o (sic) micas, láminas transparentes u obscuras sobre las mismas placas;

(ADICIONADO, G.O. 4 DE FEBRERO DE 2021)

El incumplimiento de las obligaciones señaladas en la presente disposición, se sancionará con una multa equivalente a 10, 15 o 20 veces la Unidad de Medida y Actualización vigente.

IV. Sistemas antirradares o detector de radares de velocidad;

(ADICIONADO, G.O. 4 DE FEBRERO DE 2021)

El incumplimiento de las obligaciones señaladas en la presente disposición, se sancionará con una multa equivalente a 40, 45 o 50 veces la Unidad de Medida y Actualización vigente.

V. Modificaciones al sistema de escape de gases del vehículo con objeto de provocar ruido excesivo;

(ADICIONADO, G.O. 4 DE FEBRERO DE 2021)

El incumplimiento de las obligaciones señaladas en la presente disposición, se sancionará con una multa equivalente a 20, 25 o 30 veces la Unidad de Medida y Actualización vigente.

VI. Bocinas (claxon) que produzca ruido excesivo o un sonido diverso al que producía la bocina original de fábrica; y

(ADICIONADO, G.O. 4 DE FEBRERO DE 2021)

El incumplimiento de las obligaciones señaladas en la presente disposición, se sancionará con una multa equivalente a 20, 25 o 30 veces la Unidad de Medida y Actualización vigente.

VII. Películas de control solar (polarizado) u oscurecimiento de vidrios laterales o traseros en un porcentaje mayor al 20%. Cuando así se requiera por razones médicas, debidamente acreditadas ante la Secretaría, y deberá constar en la tarjeta de circulación.

(REFORMADO, G.O. 4 DE FEBRERO DE 2021)

El incumplimiento de las obligaciones señaladas en la presente disposición, se sancionará con una multa equivalente a 20, 25 o 30 veces la Unidad de Medida y Actualización vigente.

(DEROGADA TABLA, G.O. 4 DE FEBRERO DE 2021)

TÍTULO QUINTO
DE LA REGULACIÓN, INSPECCIÓN Y VIGILANCIA

CAPITULO I
DE LOS REQUISITOS LEGALES PARA LA CONDUCCIÓN DE VEHÍCULOS

Artículo 44. Los conductores de vehículos motorizados deben cumplir con los requisitos legales especificados por cada tipo de vehículo del que se trate:

(REFORMADO [N. DE E. ESTE PÁRRAFO], G.O. 10 DE AGOSTO DE 2023)

I. Conductores de vehículos motorizados de uso particular, deberán:

(REFORMADO, G.O. 10 DE AGOSTO DE 2023)

a) Cuando sean menores de edad, portar permiso para conducir automóviles. Las motocicletas no podrán ser conducidas por menores de edad;

(REFORMADO, G.O. 10 DE AGOSTO DE 2023)

b) Cuando sean mayores de edad, portar licencia vigente en formato físico o digital, correspondiente al tipo de vehículo. Tratándose de motociclistas deberán portar la licencia tipo A1, A2 o permanente;

(ADICIONADO, G.O. 4 DE FEBRERO DE 2021)

El incumplimiento de las obligaciones señaladas en los incisos a) y b) de la presente disposición, se sancionará con una multa equivalente a 10, 15 o 20 veces la Unidad de Medida y Actualización vigente, sin menoscabo de lo estipulado por la Ley y su reglamento respectivo.

II. Conductores de vehículos de transporte público de pasajeros deben:

a) Conducir con licencia vigente correspondiente al tipo de vehículo;

b) Portar el tarjetón a la vista del pasajero;

c) Portar el engomado de la concesión; y

d) Utilizar la cromática autorizada por la Secretaría.

(ADICIONADO, G.O. 4 DE FEBRERO DE 2021)

El incumplimiento de las obligaciones señaladas en los incisos a), b), c) y d) de la presente disposición, se sancionará con una multa equivalente a 80, 90 o 100 veces la Unidad de Medida y Actualización vigente, sin menoscabo de lo estipulado por la Ley y su reglamento respectivo.

III. Tratándose de ciclotaxis:

a) Portar el permiso expedido por autoridad correspondiente;

b) Utilizar la cromática autorizada por la Secretaría; y

c) Portar el número económico que identifique a la unidad.

(ADICIONADO, G.O. 4 DE FEBRERO DE 2021)

El incumplimiento de las obligaciones señaladas en los incisos a), b) y c) de la presente disposición, se sancionará con una multa equivalente a 40, 50 o 60 veces la Unidad de Medida y Actualización vigente, sin menoscabo de lo estipulado por la Ley y su reglamento respectivo.

(REFORMADO [N. DE E. ESTE PÁRRAFO], G.O. 10 DE AGOSTO DE 2023)

IV. Los conductores de vehículos de transporte escolar, de personal y turístico deberán:

a) Conducir con licencia vigente correspondiente al tipo de vehículo;

b) Utilizar la cromática autorizada por la Secretaría; y,

c) Contar con el permiso o concesión correspondiente.

(ADICIONADO, G.O. 4 DE FEBRERO DE 2021)

El incumplimiento de las obligaciones señaladas en los incisos a) y b) de la presente disposición, se sancionará con una multa equivalente a 60, 70 o (sic) 80 veces la Unidad de Medida y Actualización vigente, sin menoscabo de lo estipulado por la Ley y su reglamento respectivo.

V. Los conductores de vehículos de transporte de carga deben:

a) Conducir con licencia vigente correspondiente al tipo de vehículo;

b) Contar con el permiso o concesión correspondiente.

(ADICIONADO, G.O. 4 DE FEBRERO DE 2021)

El incumplimiento de las obligaciones señaladas en el inciso a) de la presente disposición será sancionado con una multa equivalente a 60, 70 o (sic) 80 veces la Unidad de Medida y Actualización vigente.

(ADICIONADO, G.O. 4 DE FEBRERO DE 2021)

En caso de infringir lo dispuesto en el inciso b) de esta fracción, serán sancionados con una multa equivalente a 80, 90 o 100 veces la Unidad de Medida y Actualización vigente, sin menoscabo de lo estipulado por la Ley y su reglamento respectivo.

VI. Los conductores de vehículos que transporten sustancias tóxicas o peligrosas, adicionalmente deben contar con:

a) El sistema de identificación de unidades destinadas al transporte de substancias, materiales y residuos peligrosos de acuerdo a la norma vigente;

b) El permiso correspondiente para transportar esas sustancias; y

c) Contar con protocolos de actuación en casos de emergencia.

(REFORMADO, G.O. 4 DE FEBRERO DE 2021)

El incumplimiento de las obligaciones señaladas en los incisos a), b) y c) de la presente disposición, se sancionará con una multa equivalente a 80, 90 o 100 veces la Unidad de Medida y Actualización vigente, sin menoscabo de lo estipulado por la Ley y su reglamento respectivo.

(DEROGADA TABLA, G.O. 4 DE FEBRERO DE 2021)

Los requisitos y procedimiento (sic) para la obtención de permisos y licencias de conducir, tarjetones y demás documentos para la conducción de vehículos se establecen en la Ley y en el Reglamento respectivo.

(REFORMADO PRIMER PÁRRAFO, G.O. 10 DE AGOSTO DE 2023)

Artículo 45. Los vehículos motorizados que circulen en el territorio de la Ciudad de México deberán de contar con:

I. Placas de matrícula frontal y posterior, o permiso provisional vigentes correspondiente al tipo de vehículo, o en su defecto, la copia certificada de la denuncia de la pérdida de las placas de matrícula ante el agente del Ministerio Público o la constancia de hechos ante el Juez Cívico, la cual no deberá exceder del término de 10 días hábiles a partir de la fecha de su expedición; mismos que deberán:

a) Estar colocadas en el lugar destinado por el fabricante del vehículo;

b) Encontrarse libres de cualquier objeto o sustancia que dificulte u obstruya su visibilidad o su registro, así como luces de neón alrededor;

(REFORMADO, G.O. 4 DE FEBRERO DE 2021)

c) Coincidir con la calcomanía permanente de circulación, con la tarjeta de circulación y con los registros del control vehicular, en caso de no ser así, el agente autorizado para infraccionar deberá retener las placas de circulación frontal y posterior, lo cual hará constar en la boleta de sanción. Las placas de circulación retenidas por no coincidir con el vehículo en circulación le serán devueltas a la persona que acredite su legítima propiedad en las oficinas de Seguridad Ciudadana; mientras que el vehículo será remitido al depósito vehicular.

d) Tener la dimensión y características que especifique la Norma Oficial Mexicana respectiva; y

e) En el caso de motocicletas, la placa deberá estar colocada en un lugar visible, con la lectura en dirección hacia la parte trasera del vehículo, con una inclinación entre 60° y 120°, con base en su eje horizontal.

II. La calcomanía de circulación permanente;

(REFORMADA, G.O. 4 DE FEBRERO DE 2021)

III. El holograma y constancia de verificación vehicular vigente con excepción de motocicletas. Los vehículos motorizados de los Estados que conforman la Comisión Ambiental de la Megalópolis y que circulen en el territorio de la Ciudad de México están obligados a portar su holograma y constancia de verificación vehicular vigente respectiva.

(REFORMADA, G.O. 10 DE AGOSTO DE 2023)

IV. Tarjeta de circulación vigente, en formato físico o digital.

Tratándose de vehículos con placas de matrícula extranjera, portar los documentos oficiales en los que se describan las características del vehículo y se acredite la legal estancia en el país.

Los requisitos y procedimiento para la obtención de la placa de matrícula y tarjeta de circulación se establecen en la Ley y su Reglamento.

(REFORMADO, G.O. 4 DE FEBRERO DE 2021)

El incumplimiento de las obligaciones señaladas en el presente artículo, se sancionarán con una multa equivalente a 20, 25 o 30 veces la Unidad de Medida y Actualización vigente.

(DEROGADA TABLA, G.O. 4 DE FEBRERO DE 2021)

(REFORMADO PRIMER PÁRRAFO, G.O. 4 DE FEBRERO DE 2021)

Artículo 46. Los vehículos motorizados deberán contar con póliza de seguro de responsabilidad civil vigente, expedida por una institución autorizada por la Comisión Nacional de Seguros y Fianzas; que ampare al menos la responsabilidad civil por daños a terceros en su persona y en su patrimonio.

En el caso de las unidades que prestan el servicio de transporte público de pasajeros o de carga, deberá contar con póliza de seguro de responsabilidad civil vigente, que ampare la responsabilidad civil por daños y perjuicio que con motivo de la prestación del servicio pudiese ocasionar a los usuarios o terceros en su persona o patrimonio, dependiendo de la modalidad de transporte a la que corresponda y de acuerdo a lo que establezca el reglamento de la Ley. Sin perjuicio de las sanciones establecidas en este reglamento, serán sancionados de acuerdo a lo estipulado en la Ley y su reglamento.

(REFORMADO, G.O. 4 DE FEBRERO DE 2021)

En caso de no portar la póliza vigente, el propietario del vehículo particular será sancionado con una multa equivalente a 20, 30 o 40 veces la Unidad de Medida y Actualización vigente.

(DEROGADA TABLA, G.O. 4 DE FEBRERO DE 2021)

(ADICIONADO, G.O. 4 DE FEBRERO DE 2021)

El incumplimiento de la presente disposición por parte del concesionario de (sic) unidad de transporte de carga se sancionará con una multa equivalente a 40, 50 o 60 veces la Unidad de Medida y Actualización vigente.

(ADICIONADO, G.O. 4 DE FEBRERO DE 2021)

Tratándose del incumplimiento por parte del concesionario de (sic) unidad de transporte público de pasajeros se sancionará con una multa equivalente a 60, 70 o (sic) 80 veces la Unidad de Medida y Actualización vigente.

(REFORMADO [N. DE E. ESTE PÁRRAFO], G.O. 4 DE FEBRERO DE 2021)

El propietario del vehículo particular tendrá 45 días naturales contados a partir del día en que se encuentre publicada la boleta de sanción correspondiente en la dirección electrónica https://estrados.cdmx.gob.mx/, para solicitar la cancelación de la multa, al presentar ante Seguridad Ciudadana los siguientes requisitos:

(ADICIONADA, G.O. 4 DE FEBRERO DE 2021)

I. Solicitud por escrito a través del Formato autorizado para tal efecto;

(ADICIONADA, G.O. 4 DE FEBRERO DE 2021)

II. Identificación Oficial (Credencial para Votar, Pasaporte, Cédula Profesional o Cartilla del Servicio Militar);

(ADICIONADA, G.O. 4 DE FEBRERO DE 2021)

III. Tratándose de personas morales, documentos de Acreditación de Personalidad Jurídica (Acta Constitutiva, Poder Notarial, Identificación Oficial del Representante o Apoderado);

(ADICIONADA, G.O. 4 DE FEBRERO DE 2021)

IV. Tarjeta de Circulación;

(ADICIONADA, G.O. 4 DE FEBRERO DE 2021)

V. Póliza de Seguro Vigente;

(ADICIONADA [N. DE E. CON SUS INCISOS], G.O. 4 DE FEBRERO DE 2021)

VI. En caso de que el vehículo no se encuentre a nombre de la persona que realiza el trámite, deberá presentarse:

a) Carta Poder con copia de identificación de quien otorga el poder y testigos, o Factura endosada a nombre de la persona que realiza el trámite;

b) Identificación oficial del titular de la tarjeta de circulación.

Artículo 47. Los conductores de vehículos motorizados deberán acatar los programas ambientales y no circular en vehículos que tengan restricciones y/o en las ecozonas o zonas de movilidad sustentable, los días y horas correspondientes.

Quedan exceptuados los siguientes vehículos:

I. Los de emergencia;

II. Los que utilizan tecnologías sustentables;

III. Los de transporte escolar;

IV. Los de servicios funerarios;

V. Los de servicio particular que transporten o que sean conducidos por personas con discapacidad que cuenten con la autorización o placa de matrícula expedidos por la Secretaría;

VI. Aquellos en que sea manifiesta o que se acredite una emergencia médica; y

VII. Los demás que determinen las disposiciones jurídicas y administrativas aplicables.

(REFORMADO, G.O. 4 DE FEBRERO DE 2021)

Aquellos conductores de vehículos motorizados que incumplan con lo establecido en este artículo o emitan humo ostensiblemente contaminante sea cual fuere la entidad federativa en la que fueron matriculados, serán sancionados con una multa equivalente a 20, 25 o 30 veces la Unidad de Medida y Actualización vigente.

(DEROGADA TABLA, G.O. 4 DE FEBRERO DE 2021)

Artículo 48. Se prohíbe utilizar o instalar en vehículos:

I. Dispositivos luminosos o acústicos similares a los utilizados por vehículos de emergencia;

(ADICIONADO, G.O. 4 DE FEBRERO DE 2021)

La infracción a las prohibiciones previstas en la presente disposición, se sancionará con una multa equivalente a 5, 7 o 10 veces la Unidad de Medida y Actualización vigente.

II. Anuncios publicitarios no autorizados por la Secretaría; y

(ADICIONADO, G.O. 4 DE FEBRERO DE 2021)

La infracción a las prohibiciones previstas en la presente disposición, se sancionará con una multa equivalente a 10, 15 o 20 veces la Unidad de Medida y Actualización vigente.

(REFORMADA, G.O. 4 DE FEBRERO DE 2021)

III. Los vehículos de uso particular no podrán contar con cromáticas iguales o similares a las del transporte público de pasajeros matriculados en la Ciudad de México, vehículos de emergencia y de los destinados a la Secretaría de la Defensa Nacional o de la Secretaría de Marina.

(REFORMADO, G.O. 4 DE FEBRERO DE 2021)

La infracción a las prohibiciones previstas en la presente disposición, se sancionará con una multa equivalente a 20, 25 o 30 veces la Unidad de Medida y Actualización vigente.

(DEROGADA TABLA, G.O. 4 DE FEBRERO DE 2021)

(REFORMADO PRIMER PÁRRAFO, G.O. 4 DE FEBRERO DE 2021)

Artículo 49. Sólo se permite la circulación de maquinaria agrícola o de construcción en la vía de la Ciudad de México cuando cuenten con autorización por parte de la Secretaría. Su circulación se limitará al traslado del vehículo al lugar donde será utilizado.

Al transitar por la vía, la maquinaria agrícola o de construcción deberá contar con las medidas de seguridad necesarias, tales como señales de advertencia reflejantes o luminosas. Cuando su velocidad de circulación sea menor a 20 kilómetros por hora o cuente con dimensiones excesivas deberá contar con el apoyo de un vehículo que lo abandere para prevenir a los demás conductores de su presencia.

(REFORMADO, G.O. 4 DE FEBRERO DE 2021)

La infracción a las prohibiciones dispuestas en este artículo, se sancionará con una multa equivalente a 20, 25 o 30 veces la Unidad de Medida y Actualización vigente.

(DEROGADA TABLA, G.O. 4 DE FEBRERO DE 2021)

CAPÍTULO II
DE LA CONDUCCIÓN DE VEHÍCULOS BAJO LOS EFECTOS DEL ALCOHOL Y NARCÓTICOS, ESTUPEFACIENTES o PSICOTRÓPICOS

(REFORMADO PRIMER PÁRRAFO, G.O. 4 DE FEBRERO DE 2021)

Artículo 50. Queda prohibido conducir vehículos motorizados cuando se tenga una cantidad de alcohol en la sangre superior a 0.8 gramos por litro o de alcohol en aire espirado superior a 0.4 miligramos por litro, así como bajo el influjo de narcóticos, estupefacientes o psicotrópicos.

Los conductores de vehículos destinados al servicio de transporte público de pasajeros, transporte escolar o de personal, vehículos de emergencia, de transporte de carga o de transporte de sustancias tóxicas o peligrosas, no deben presentar ninguna cantidad de alcohol en la sangre o en aire espirado, síntomas simples de aliento alcohólico o de estar bajo los efectos de narcóticos, estupefacientes o psicotrópicos al conducir.

(REFORMADO, G.O. 4 DE FEBRERO DE 2021)

Los conductores de vehículos motorizados a quienes se les encuentre cometiendo actos que violen las disposiciones del presente Reglamento o que muestren síntomas de que conducen bajo los efectos de alcohol o narcóticos, estupefacientes o psicotrópicos, están obligados a someterse a las pruebas de detección de ingestión de alcohol o de narcóticos, estupefacientes o psicotrópicos, cuando lo solicite la autoridad competente.

(REFORMADO, G.O. 4 DE FEBRERO DE 2021)

En caso de que se certifique que el conductor sobrepase el límite de alcohol permitido, se encuentre en estado de ebriedad o de intoxicación de alcohol, narcóticos, estupefacientes o psicotrópicos al conducir, se sancionará con arresto administrativo inconmutable de 20 a 36 horas, y seis puntos de penalización a la licencia para conducir, sin menoscabo de lo estipulado en la

Ley y demás reglamentos aplicables, en tanto que el vehículo será remitido al depósito vehicular, salvo que se encuentre dentro de los supuestos previstos en el primer párrafo del artículo 68 de este Reglamento.

(DEROGADA TABLA, G.O. 4 DE FEBRERO DE 2021)

(REFORMADO [N. DE E. ADICIONADO], G.O. 4 DE FEBRERO DE 2021)

Para la devolución del vehículo en los depósitos, se deberá comprobar el cumplimiento total de la sanción impuesta al infractor, además de cubrir los derechos y requisitos establecidos en los párrafos sexto y séptimo del artículo 67 del Reglamento.

(REFORMADO [N. DE E. ADICIONADO], G.O. 4 DE FEBRERO DE 2021)

En caso de que el infractor no sea el propietario del vehículo remitido al depósito y el conductor no hubiere dentro de los treinta días posteriores a la imposición de la infracción, cumplido la sanción impuesta en su totalidad, el propietario deberá cubrir una multa de 60 veces la Unidad de Medida y Actualización Vigente, para solicitar que le sea entregada la unidad.

(REFORMADO PRIMER PÁRRAFO, G.O. 4 DE FEBRERO DE 2021)

Artículo 51. Para verificar si el conductor del vehículo motorizado maneja bajo los efectos del alcohol, narcóticos, estupefacientes o psicotrópicos, los integrantes de Seguridad Ciudadana pueden detener la marcha de un vehículo motorizado en:

(REFORMADO [N. DE E. ESTE PÁRRAFO], G.O. 4 DE FEBRERO DE 2021)

I. Puntos de revisión establecidos por Seguridad Ciudadana en los que opere el Programa de Control y Prevención de Ingesta de Alcohol a Conductores de Vehículos en la Ciudad de México, procediéndose de la siguiente manera, sin menoscabo de lo establecido en el Protocolo de actuación policial de la Secretaría de Seguridad Ciudadana de la Ciudad de México para este programa:

(REFORMADO, G.O. 4 DE FEBRERO DE 2021)

a) Los integrantes de Seguridad Ciudadana comisionados a los puntos de revisión encauzarán a los conductores para que ingresen su vehículo al carril confinado;

(REFORMADO, G.O. 4 DE FEBRERO DE 2021)

b) El conductor será sujeto a una entrevista por parte de los integrantes de Seguridad Ciudadana en la que se le pregunte si ha ingerido bebidas alcohólicas, procurando estar a una distancia adecuada que le permita percibir algún indicio de que ha consumido bebidas alcohólicas; asimismo solicitará al conductor la licencia para conducir vigente en formato físico o digital y/o el permiso correspondiente, así como la tarjeta de circulación del vehículo y la póliza de seguro de responsabilidad civil por daños a terceros vigente, en caso de no contar con alguno de estos, se procederá a levantar la infracción correspondiente por el agente autorizado para tal efecto;

(REFORMADO, G.O. 4 DE FEBRERO DE 2021)

c) Si derivado de la entrevista, el integrante de Seguridad Ciudadana se percata que el conductor no presenta ningún signo de haber ingerido bebidas alcohólicas, le permitirá continuar su recorrido;

(REFORMADO, G.O. 4 DE FEBRERO DE 2021)

d) Si derivado de la entrevista, el integrante de Seguridad Ciudadana se percata que el conductor muestra signos de haber ingerido bebidas alcohólicas, el personal técnico comisionado por Seguridad Ciudadana practicará el examen respectivo con el apoyo de los aparatos autorizados para tales efectos; mientras tanto el agente solicitará al conductor la licencia para conducir vigente en formato físico o digital y/o el permiso correspondiente, así como la tarjeta de circulación del vehículo y la póliza de seguro de responsabilidad civil vigente, prevista en el artículo 46 del presente ordenamiento. En caso de que el conductor no presente los documentos solicitados se procederá a levantar la infracción correspondiente por el agente autorizado para tal efecto; si éste no sobrepasará los límites establecidos en el artículo 50 de este ordenamiento y el vehículo cuenta con matrícula vehicular expedida por la Ciudad de México, se le permitirá continuar su recorrido;

(REFORMADO, G.O. 4 DE FEBRERO DE 2021)

e) Cuando el conductor sobrepase los límites de ingesta de alcohol establecidos en el artículo 50 de este Reglamento, el personal técnico de Seguridad Ciudadana llenará y firmará conjuntamente con el conductor el documento oficial denominado: "Formato de control y cadena de custodia para prueba de detección de alcohol en aire espirado", mismo que deberá estar foliado y contener los datos de identificación necesarios que sirvan de base a la autoridad competente para la aplicación de las sanciones que procedan, entregando una copia de la Tirilla de resultados técnicos al conductor. En caso de que éste se niegue o no sepa firmar, hará prueba plena la constatación de dos testigos de asistencia.

Cuando el vehículo sea remitido a un depósito vehicular el conductor deberá cubrir los respectivos derechos por concepto del servicio de arrastre y almacenaje del vehículo, conforme lo determine las fracciones I o II del artículo 230 del Código Fiscal de la Ciudad de México.

f) (DEROGADO, G.O. 4 DE FEBRERO DE 2021)

(REFORMADO, G.O. 4 DE FEBRERO DE 2021)

g) El integrante de Seguridad Ciudadana presentará al conductor ante el Juez Cívico para que se inicie el procedimiento respectivo y se sancionará con arresto administrativo inconmutable de 20 a 36 horas, y seis puntos de penalización a la licencia para conducir, mientras que el vehículo será remitido al depósito salvo que se encuentre dentro de los supuestos previstos en el primer párrafo del artículo 68 de este Reglamento.

II. Cualquier vía, ante la conducción errática del vehículo.

(REFORMADO PRIMER PÁRRAFO, G.O. 4 DE FEBRERO DE 2021)

Artículo 52. Cuando en cualquier vía y debido a la conducción errática de vehículos motorizados, un agente o agente autorizado para infraccionar, se percate que el conductor muestre signos de haber ingerido o consumido bebidas alcohólicas, narcóticos, estupefacientes o psicotrópicos, procederá como sigue:

a) Indicará al conductor detener la marcha de su vehículo;

b) Se identificará con su nombre y número de placa;

(REFORMADO, G.O. 4 DE FEBRERO DE 2021)

c) Realizará una entrevista al conductor en la que le preguntará si ha ingerido bebidas alcohólicas, narcóticos, estupefacientes o psicotrópicos, procurando estar a una distancia adecuada que le permita percibir algún indicio de que ha ingerido o, consumido alcohol, narcóticos, estupefacientes o psicotrópicos; asimismo se le solicitará licencia para conducir vigente en formato físico o digital y/o el permiso correspondiente, la tarjeta de circulación y la póliza de seguro de responsabilidad civil por daños a terceros vigente. En caso de no contar con alguno de estos, se procederá a levantar la infracción correspondiente por el agente autorizado para tal efecto.

(REFORMADO, G.O. 4 DE FEBRERO DE 2021)

d) Si el conductor no muestra ningún signo de haber ingerido bebidas alcohólicas o consumido, inhalado o aspirado narcóticos, estupefacientes o psicotrópicos, se le permitirá continuar su recorrido;

(REFORMADO, G.O. 4 DE FEBRERO DE 2021)

e) En caso de que el conductor muestre signos de haber ingerido bebidas alcohólicas o consumido, inhalado o aspirado narcóticos, estupefacientes o psicotrópicos, será remitido al Juzgado Cívico para que se inicie el procedimiento administrativo respectivo, y

(REFORMADO, G.O. 4 DE FEBRERO DE 2021)

f) Si el médico del Juzgado Cívico certifica que el conductor se encuentra en estado de ebriedad o de intoxicación por consumo de bebidas alcohólicas, narcóticos, estupefacientes o psicotrópicos, será sancionado conforme a las sanciones previstas en el artículo 50 de este Reglamento, es decir, con arresto administrativo inconmutable de 20 a 36 horas, y seis puntos de penalización a la licencia para conducir.

(REFORMADO, G.O. 4 DE FEBRERO DE 2021)

Independientemente de lo anterior, si el conductor es detenido por haber cometido alguna infracción al presente Reglamento y se percibe que éste conduce bajo los efectos del alcohol, o muestra signos de haber ingerido, consumido, inhalado o aspirado narcóticos, estupefacientes o psicotrópicos, se estará a lo dispuesto por los incisos e) y f) de este artículo, sin perjuicio de la sanción que corresponda por la infracción por la que fue detenido.

CAPÍTULO III
DE LOS HECHOS DE TRÁNSITO Y DE LA RESPONSABILIDAD CIVIL RESULTANTE

Artículo 53. Cuando ocurra un hecho de tránsito en el que se produzca lesiones o muerte; derrame de combustible, o sustancias tóxicas o peligrosas, las personas involucradas en el incidente o cualquier otra persona que pase por el sitio, deberán:

I. Informar inmediatamente a los servicios de emergencia, procurando proporcionar la ubicación del accidente lo más detallado posible, el número de posibles lesionados y si hay derrame de combustibles o químicos peligrosos. Si la persona implicada en el incidente no tuviera los medios para informar a las autoridades, deberá valerse de terceros para realizar esta acción;

II. Instalar señalamientos que se tengan a la mano, a efecto de que se disminuya la velocidad de otros vehículos y se haga la desviación de la circulación;

Los peatones y conductores que pasen por el sitio de un hecho de tránsito sin estar implicados en el mismo, deberán continuar su marcha, de manera que no entorpezcan las acciones de auxilio, a menos que las autoridades competentes soliciten su colaboración.

Artículo 54. Si como resultado de un hecho de tránsito únicamente se ocasionan daños a bienes, se procederá de la siguiente forma:

(REFORMADA, G.O. 4 DE FEBRERO DE 2021)

I. Los involucrados deberán detenerse inmediatamente en el lugar del incidente o tan cerca de él como sea posible, y permanecer en el sitio hasta que algún agente o Integrante de Seguridad Ciudadana tome el conocimiento que corresponda;

II. Encender de inmediato las luces intermitentes y colocar los señalamientos que se requieran a efecto de que se disminuya la velocidad de otros vehículos y se haga la desviación de la circulación para evitar otro posible hecho de tránsito;

III. Llamar a la aseguradora para hacer uso de su póliza de seguro de responsabilidad civil por daños a terceros vigente;

IV. En caso de que en un hecho de tránsito sólo hubiere daños materiales a propiedad privada:

(REFORMADO, G.O. 17 DE MAYO DE 2023)

a) Si todos los vehículos están en condiciones de circular, ninguno de los conductores presenta síntomas de estar bajo el influjo de alcohol o narcóticos, estupefacientes o psicotrópicos y no hubiera daños en bienes públicos, invariablemente, las partes moverán sus vehículos con el objeto de liberar el tránsito en las vías afectadas a fin de no obstruir la circulación, así como salvaguardar su integridad física, y la seguridad vial de las demás personas usuarias de la vía. Asimismo, las Instituciones de Seguros contribuirán a informar a sus asegurados por los medios que consideren adecuados, la obligación de cumplir con esta disposición, sin que esto afecte su derecho de reclamación por daños, en caso de que las partes no acaten la disposición, se sancionará de conformidad con el artículo 34 fracción VI de este Reglamento; y

b) Si las partes no estuvieran de acuerdo con la forma de reparación de los daños, el agente procederá a remitir a los involucrados y sus vehículos ante la autoridad correspondiente.

(REFORMADA, G.O. 4 DE FEBRERO DE 2021)

V. Cuando los daños sean en bienes públicos, los implicados serán responsables del pago de los mismos, independientemente de lo que establezcan otras disposiciones jurídicas. Las autoridades de la Ciudad de México, en el caso de que se ocasionen daños a bienes de la Federación, darán aviso a las autoridades competentes, a efecto de que procedan de conformidad con las disposiciones legales aplicables; y

VI. En todos los casos, el agente de tránsito llenará un reporte en el que se detallen las causas y las características de hecho de tránsito.

Si alguno de los conductores de los vehículos motorizados involucrados no contara con póliza de seguro de responsabilidad civil por daños a terceros vigente, se aplicará la sanción correspondiente, establecida en el artículo 46 del presente Reglamento.

Asimismo, independientemente de que exista un acuerdo entre las partes, si alguno de los conductores implicados se encuentra bajo los efectos del alcohol o narcóticos, estupefacientes o psicotrópicos, se aplicará lo dispuesto en el párrafo tercero del artículo 50 y será remitido a la autoridad competente, según corresponda.

Artículo 55. Los conductores de vehículos involucrados en un hecho de tránsito en el que se produzcan lesiones o se provoque la muerte de una persona, siempre y cuando se encuentren en condiciones físicas que no requieran de atención médica inmediata, deben proceder de la manera siguiente:

I. Deberán detenerse inmediatamente y permanecer en el lugar del incidente para prestar asistencia a los lesionados, procurando que se dé aviso a la autoridad competente y a los servicios de emergencia, para que tomen conocimiento de los hechos y actúen en consecuencia;

II. Colocar de inmediato las señales que se requieran, a efecto de que se disminuya la velocidad de otros vehículos y se desvíe la circulación con objeto de evitar otro posible hecho de tránsito.

Las señales deberán ser reflejantes y se ubicaran cuando menos a veinticinco pasos o veinte metros aproximadamente del lugar donde se encuentre el vehículo, el cual deberá tener encendidas las luces intermitentes, si es posible;

III. Mover o desplazar a las personas lesionadas del lugar en donde se encuentren, únicamente cuando no se disponga de atención médica inmediata, o cuando exista un peligro inminente que pueda agravar su estado de salud;

IV. Llamar a la aseguradora para hacer uso de su póliza de seguro de responsabilidad civil por daños a terceros vigente;

V. En caso de fallecimiento, los cuerpos y vehículos no deberán ser removidos del lugar del incidente, hasta que la autoridad competente así lo indique, con objeto de determinar la posible responsabilidad de los participantes; y

VI. Retirar los vehículos accidentados para despejar la vía, una vez que las autoridades competentes así lo determinen.

(REFORMADO, G.O. 4 DE FEBRERO DE 2021)

En caso de lesiones o fallecimiento, el agente o Integrante de Seguridad Ciudadana remitirá a los conductores de vehículos involucrados ante el Agente del Ministerio Público para que éste deslinde responsabilidades.

Artículo 56. Al conductor de un vehículo motorizado que embista con el vehículo al conductor de un vehículo no motorizado o a un peatón, sin ocasionar lesiones; o al conductor de un vehículo no motorizado que embista con su vehículo a un peatón sin ocasionar lesiones, se le remitirá ante el Juez Cívico a petición de la parte agraviada.

(REFORMADO, G.O. 4 DE FEBRERO DE 2021)

La infracción a lo establecido en este artículo, se sancionará con una multa equivalente a 11, 15 o 20 veces la Unidad de Medida y Actualización vigente, o arresto administrativo de 13 a 24 horas, y tres puntos de penalización a la licencia de conducir.

(DEROGADA TABLA, G.O. 4 DE FEBRERO DE 2021)

El Juez Cívico informará sobre la sanción a la Secretaría para que ésta aplique la penalización de puntos en la licencia del conductor.

(REFORMADO, G.O. 4 DE FEBRERO DE 2021)

Asimismo, cuando cualquier usuario de la vía maltrate física o verbalmente a cualquier otra persona, se le remitirá ante el Juez Cívico a petición de la parte agraviada y se estará a lo dispuesto en la Ley de Cultura Cívica de la Ciudad de México

Artículo 57. Cuando la causa del hecho de tránsito sea la falta de mantenimiento de la vía, señalización vial inadecuada o alguna otra causa imputable a las autoridades de la Administración Pública del Distrito Federal, los implicados no serán responsables de los daños causados y pueden efectuar reclamación ante la autoridad que corresponda para que ésta, a través de las dependencias u organismos y procedimientos legales correspondientes, repare los daños causados a las persona y/o a su patrimonio.

(REFORMADO PRIMER PÁRRAFO, G.O. 4 DE FEBRERO DE 2021)

Artículo 58. Ante la ocurrencia de algún hecho de tránsito, los agentes o Integrante (sic) de Seguridad Ciudadana procederán de la siguiente manera:

I. Cuando el hecho de tránsito implique lesiones, muerte o daños materiales en bienes públicos:

(REFORMADO, G.O. 4 DE FEBRERO DE 2021)

a) El agente y/o agente autorizado para infraccionar, procederá a solicitar los servicios de emergencia a su base para la atención de los lesionados, la evaluación de la zona siniestrada cuando se trate de materiales sumamente peligrosos que pongan en riesgo la integridad física de las personas o incendios o en caso de muerte, la presencia del Agente del Ministerio Público;

b) Establecerá un perímetro de seguridad, mediante la colocación de señales o el estacionamiento de su vehículo de manera estratégica a efecto de que se disminuya la velocidad de otros vehículos y se desvíe la circulación para evitar otro posible percance;

c) Asistir en lo posible a los lesionados en tanto se presentan en el sitio los servicios de emergencia; únicamente cuando no se disponga de atención médica inmediata o exista un peligro inminente desplazará a las personas lesionadas del lugar en donde se encuentren a una zona segura;

d) Les requerirá a los involucrados la licencia, tarjeta de circulación y póliza de seguros (sic),

(REFORMADO, G.O. 4 DE FEBRERO DE 2021)

e) En caso de que haya lesionados los Agentes o Integrante (sic) de Seguridad Ciudadana asegurará (sic) a los conductores involucrados siempre y cuando no estén lesionados y los remitirá con sus vehículos ante la autoridad competente; en caso de que se haya producido la muerte de alguna persona, procederá de la misma manera solo que no podrá mover los vehículos involucrados hasta que se presente el Ministerio Público y así lo determine;

(REFORMADO, G.O. 4 DE FEBRERO DE 2021)

f) De ser necesario, los Agentes o Integrante (sic) de Seguridad Ciudadana debe (sic) asistir en sus tareas al Agente del Ministerio Público; y

(REFORMADO, G.O. 4 DE FEBRERO DE 2021)

g) Los Agentes o Integrante (sic) de Seguridad Ciudadana tomarán los datos de los servicios de emergencia que acudan al lugar, de los vehículos involucrados, personas lesionadas y del Ministerio Público en caso de muerte, así como la demás información que determine la Secretaría y Seguridad Ciudadana que se harán de conocimiento a su base de radio y se registrarán en el formato de hechos de tránsito.

(REFORMADA, G.O. 4 DE FEBRERO DE 2021)

II. Cuando el hecho de tránsito únicamente provoque daños materiales en bienes públicos, los Agentes o Integrante (sic) de Seguridad Ciudadana asegurarán a los conductores involucrados y los remitirán con sus vehículos ante la Autoridad competente.

III. Cuando el hecho de transito únicamente provoque daños materiales en bienes privados:

a) Les requerirá a los involucrados la licencia, tarjeta de circulación y póliza de seguro;

b) Marcará en el piso la posición final en la que quedaron los vehículos participantes para lo cual podrá utilizar cualquier medio que le permita fotografiar o grabar los vehículos involucrados de manera clara y fehaciente;

c) Indicará a los involucrados, que deberán mover sus vehículos a una zona segura con el fin de liberar el tránsito de las vías afectadas, siempre y cuando todos los vehículos estén en posibilidad de circular, caso contrario, se solicitará auxilio de una grúa para mover lo más pronto posible los vehículos;

d) Indicará a los involucrados que deberán dar aviso a sus aseguradoras para seguir las indicaciones que estos les hagan;

e) Con el fin de establecer las circunstancias de tiempo, modo y lugar llenará el formato de hechos de tránsito y registrará los indicios localizados en el lugar y cualquier otro dato que sea necesarios (sic) para determinar la responsabilidad de los que intervienen en el hecho de tránsito;

(REFORMADO, G.O. 4 DE FEBRERO DE 2021)

f) Los Agentes o Integrante (sic) de Seguridad Ciudadana esperarán a verificar que las aseguradoras acuerden la reparación de los daños;

(REFORMADO, G.O. 4 DE FEBRERO DE 2021)

g) En caso de existir un acuerdo entre las aseguradoras, el agente o agente autorizado para infraccionar, llenará la boleta de hechos de tránsito en el que se señale la falta que causó el hecho de tránsito;

(REFORMADO, G.O. 4 DE FEBRERO DE 2021)

h) En caso de no existir un acuerdo entre las aseguradoras, los Agentes o Integrante (sic) de Seguridad Ciudadana mediarán entre las partes a efecto de que lleguen a un acuerdo que garantice la reparación de los daños; y

(REFORMADO, G.O. 4 DE FEBRERO DE 2021)

i) Si las partes involucradas no lograrán llegar a un acuerdo, los Agentes o Integrante (sic) de Seguridad Ciudadana procederán a remitir a los involucrados y sus vehículos ante el Juez Cívico, a quien entregará copia del Formato de hecho de tránsito y todos los medios de prueba existentes a fin de facilitar el deslinde de responsabilidades.

(REFORMADO, G.O. 4 DE FEBRERO DE 2021)

En todos los casos, los Agentes o Integrante (sic) de Seguridad Ciudadana guiará (sic) su actuación dentro de los principios de respeto a los derechos humanos, a la igualdad y no discriminación, transparencia y legalidad.

CAPÍTULO IV
DE LAS FUNCIONES DE LOS AGENTES

(REFORMADO PRIMER PÁRRAFO, G.O. 4 DE FEBRERO DE 2021)

Artículo 59. Cuando algún usuario de la vía cometa una infracción a lo dispuesto en este Reglamento y demás disposiciones aplicables, los agentes procederán de la manera siguiente:

I. Cuando se trate de peatones y ciclistas:

a) Les indicará que se detengan;

b) Se identificará con su nombre y número de placa;

c) Le indicará al infractor la falta cometida y le mostrará el artículo del Reglamento que lo fundamenta;

d) Amonestará verbalmente al infractor por la conducta riesgosa y lo conminará a transitar de acuerdo a lo estipulado en este Reglamento; y

(REFORMADO, G.O. 4 DE FEBRERO DE 2021)

e) En caso de que el infractor insulte o denigre a los agentes, procederá su remisión ante el Juez Cívico.

II. Cuando se trate de conductores de vehículos motorizados:

(REFORMADO, G.O. 4 DE FEBRERO DE 2021)

a) El agente y/o agente autorizado para infraccionar, indicará al conductor que detenga la marcha de su vehículo, en un lugar adecuado y preferentemente cercano a cámaras de video vigilancia, de ser posible;

(REFORMADO, G.O. 4 DE FEBRERO DE 2021)

b) Reportará inmediatamente, vía radio el motivo por el cual detiene al conductor, así como la matrícula y/o las placas del vehículo, en busca de reporte de robo del mismo; en caso de que éste no se encuentre autorizado para infraccionar solicitará el apoyo por esta misma vía, de un agente autorizado para infraccionar;

c) Se identificará con su nombre y número de placa;

(REFORMADO, G.O. 4 DE FEBRERO DE 2021)

d) Señalará al conductor la infracción que cometió y le mostrará el artículo del Reglamento que lo fundamenta, así como la sanción que proceda por la infracción; de la misma manera informará al conductor la sanción mínima, media y máxima para dicha conducta y que el monto será determinado por el sistema con base en el criterio de reincidencia establecido en el artículo 64 de este ordenamiento.

e) Solicitará al conductor del vehículo motorizado la licencia para conducir, la tarjeta de circulación y en su caso la póliza de seguro de responsabilidad civil por daños a terceros vigente, documentos que serán entregados para su revisión. En caso de que el conductor no presente para su revisión alguno de los documentos, el agente procederá a imponer a (sic) la sanción correspondiente;

f) En caso de no proceder la aplicación de sanción económica, amonestará al infractor por la falta cometida y lo conminará a transitar de acuerdo a lo estipulado en este Reglamento;

(REFORMADO, G.O. 4 DE FEBRERO DE 2021)

g) El agente autorizado para infraccionar procederá a llenar la boleta de sanción, la cual podrá ser consultada a través de los medios electrónicos disponibles para tal efecto. En caso de no contar con medios electrónicos para el acceso a las boletas lo podrá hacer a través de los Módulos de Atención Ciudadana (sic) de Seguridad Ciudadana.

h) Le devolverá la documentación entregada para revisión, si esta se encuentra vigente y corresponde al vehículo y al conductor, de lo contrario se aplicará la sanción prevista en este ordenamiento.

i) (DEROGADO, G.O. 6 DE DICIEMBRE DE 2018)

(REFORMADO, G.O. 4 DE FEBRERO DE 2021)

j) En caso de que el infractor insulte o denigre a los agentes, se impondrá la multa señalada en la fracción I del artículo 7 de este Reglamento y de continuar con una conducta inadecuada se procederá su remisión ante el Juez Cívico.

(REFORMADO PRIMER PÁRRAFO, G.O. 4 DE FEBRERO DE 2021)

Artículo 60. Las sanciones en materia de tránsito, señaladas en este Reglamento y demás disposiciones jurídicas, serán impuestas por el agente autorizado para infraccionar que tenga conocimiento de su comisión y se harán constar a través de boletas seriadas autorizadas por la Secretaría y por Seguridad Ciudadana o recibos emitidos por el equipo electrónico, que para su validez contendrán:

a) Artículos de la Ley o del presente Reglamento que prevén la infracción cometida y artículos que establecen la sanción impuesta;

b) Fecha, hora, lugar y descripción del hecho de la conducta infractora;

c) Placas de matrícula del vehículo o, en su caso, número del permiso de circulación del vehículo;

d) Cuando esté presente el conductor: nombre y domicilio, número y tipo de licencia o permiso de conducir; y

(REFORMADO, G.O. 4 DE FEBRERO DE 2021)

e) Nombre, número de placa, adscripción y firma del agente autorizado para infraccionar que tenga conocimiento de la infracción, la cual debe ser en forma autógrafa o electrónica, en cuyo caso se estará a lo previsto en la Ley de la materia.

(REFORMADO, G.O. 19 DE MARZO DE 2019)

Seguridad Ciudadana coadyuvará con la Secretaría para la aplicación de sanciones por el incumplimiento a la Ley y a este Reglamento cuando exista flagrancia.

(REFORMADO [N. DE E. ADICIONADO CON SUS FRACCIONES], G.O. 16 DE ABRIL DE 2019)

Cuando se trate de infracciones detectadas a través de sistemas tecnológicos, adicionalmente a lo indicado en los incisos a) al e) del presente artículo, las boletas señalarán:

I. Tecnología utilizada para captar la comisión de la infracción y el lugar en que se encontraba el equipo tecnológico al momento de ser detectada la infracción cometida; y

II. Formato expedido por el propio instrumento tecnológico que captó la infracción o copia de la imagen y/o sonidos y su trascripción en su caso, con la confirmación de que los elementos corresponden en forma auténtica y sin alteración de ningún tipo a lo captado por el instrumento tecnológico utilizado.

(ADICIONADO, G.O. 16 DE ABRIL DE 2019)

La información obtenida con equipos y sistemas tecnológicos, con base en la cual se determine la imposición de la sanción, hará prueba plena en términos de lo que dispone el artículo 34 de la Ley que Regula el Uso de Tecnología para la Seguridad Pública del Distrito Federal.

Artículo 61. (DEROGADO, G.O. 6 DE DICIEMBRE DE 2018)

TÍTULO SEXTO
DE LAS SANCIONES LEGALES Y MEDIOS DE IMPUGNACIÓN

CAPÍTULO I
DE LAS SANCIONES

Artículo 62. El pago de la multa se puede realizar en:

(REFORMADA, G.O. 4 DE FEBRERO DE 2021)

I. Oficinas de la Administración Tributaria de la Tesorería de la Ciudad de México de la Secretaría de Administración y Finanzas;

II. Centros autorizados para este fin, incluyendo medios electrónicos de pago; o

III. (DEROGADA, G.O. 4 DE FEBRERO DE 2021)

(REFORMADO, G.O. 10 DE AGOSTO DE 2023)

El infractor tendrá un plazo de treinta días naturales contados a partir de la fecha de notificación de la boleta de sanción para realizar el pago, teniendo derecho a que se le descuente un 50% del monto de la misma, con excepción de la sanción que establecen los artículos 30, fracción XXI, y 33, fracción II, de este Reglamento; vencido el plazo señalado sin que se realice el pago, deberá cubrir los demás créditos fiscales que establece el Código Fiscal de la Ciudad de México vigente.

(DEROGADO TERCER PÁRRAFO, G.O. 4 DE FEBRERO DE 2021)

(REFORMADO, G.O. 4 DE FEBRERO DE 2021)

Cuando la infracción sea cometida por conductores que manejan un vehículo con placas de matrícula de otra entidad federativa o país, el agente autorizado para infraccionar deberá retirar la placa delantera o retener la licencia de conducir o la tarjeta de circulación, e indicar en la boleta de infracción que se procedió de esa forma. La placa de circulación o documentación retenida le será devuelta al conductor en las oficinas de Seguridad Ciudadana, una vez realizado el pago de la infracción y los adeudos registrados en el sistema de la Secretaría de Administración y Finanzas de la Ciudad de México.

(REFORMADO, G.O. 10 DE AGOSTO DE 2023)

Al detectar una infracción, con fundamento en los artículos 50 o 51 de este ordenamiento, el agente deberá retener la licencia de conducir; tratándose de licencias de conducir expedidas por la Secretaría, Seguridad Ciudadana informará a la Secretaría para que proceda conforme a los artículos 67 y 68 de la Ley.

(REFORMADO, G.O. 10 DE AGOSTO DE 2023)

Artículo 63. La Secretaría del Medio Ambiente de la Ciudad de México podrá expedir las disposiciones necesarias para que los Centros de Verificación Vehicular de la Ciudad de México constaten que no existen adeudos por multas derivadas de infracciones al presente Reglamento, previamente a que se inicien las pruebas correspondientes al procedimiento de verificación vehicular.

(REFORMADO, G.O. 4 DE FEBRERO DE 2021)

Artículo 64. Las sanciones impuestas a los infractores por agentes autorizados para infraccionar con apoyo de equipos electrónicos portátiles serán siempre de carácter monetario, en tanto que las infracciones captadas a través de sistemas tecnológicos de la Ciudad consistirán en amonestaciones, cursos en línea, taller de sensibilización presencial y trabajo en favor de la comunidad, según corresponda a la penalización por puntos a la matrícula. Cada matrícula cuenta con diez puntos iniciales, mismos que se verán reflejados en los sistemas de la Secretaría de Movilidad, Secretaría de Seguridad Ciudadana y la Secretaría del Medio Ambiente, los cuales se restarán según las infracciones registradas.

(REFORMADO, G.O. 10 DE AGOSTO DE 2023)

Las sanciones que se impongan por invasión de carriles confinados, así como las impuestas a matrículas vehiculares de personas morales, matrículas vehiculares de transporte público, matrículas vehiculares de transporte de carga, matrículas vehiculares de taxis y matrículas vehiculares de otra entidad federativa o país que circulen en el territorio de la Ciudad de México, y que sean captadas por sistema tecnológico, serán siempre de carácter monetario.

Cada infracción registrada por sistemas tecnológicos equivale a un punto menos en el esquema de penalización por puntos a la matrícula, con excepción de las infracciones contempladas en el último párrafo del artículo 9 del presente Reglamento, que tendrá una penalización de cinco puntos cuando se rebase el límite de velocidad por más de (sic) 40% de la velocidad máxima autorizada, de acuerdo con la información captada por el sistema tecnológico.

(REFORMADO, G.O. 10 DE AGOSTO DE 2023)

Para infracciones con penalización de 5 puntos, las matrículas vehiculares tendrán amonestación en la primera infracción que registren en cada ciclo de verificación vehicular, conforme a la primera sanción contemplada en la tabla del esquema de contabilidad de puntos.

El esquema de contabilidad de puntos se rige por la siguiente tabla:

(REFORMADA, G.O. 10 DE AGOSTO DE 2023)

Puntos restantes	**Sanción**
9 o primera infracción	Amonestación
8 o segunda infracción	Curso en línea básico
7	Curso en línea intermedio
6	Curso en línea avanzado
5	Taller de sensibilización presencial
4	2 horas de trabajo en favor de la comunidad
3	2 horas de trabajo en favor de la comunidad
2	2 horas de trabajo en favor de la comunidad
1	2 horas de trabajo en favor de la comunidad

El cumplimiento de las sanciones referidas en la tabla anterior sigue una lógica acumulativa (sic) cada ciclo de verificación vehicular.

En los casos en que se exceda el demérito de los 10 puntos, las sanciones seguirán contabilizando horas de trabajo en favor de la comunidad, las cuales no podrán exceder de 36 horas y cuyo cumplimiento será en términos de la Ley de Cultura Cívica de la Ciudad de México.

El infractor ingresará a la dirección electrónica http://www.tramites.cdmx.gob.mx/infracciones/ para consultar el esquema de contabilidad de puntos y la forma en que deberá dar cumplimiento a las sanciones correspondientes.

Para el caso de los vehículos que se encuentren exentos del programa de verificación obligatoria, los puntos acumulados por infracción serán registrados por la Secretaría de Seguridad Ciudadana, y el cumplimiento de las sanciones estará a cargo de la Consejería Jurídica y de Servicios Legales de manera semestral en cada ejercicio anual.

El trabajo en favor de la comunidad será supervisado por la Dirección Ejecutiva de Justicia Cívica de la Consejería Jurídica y de Servicios Legales, y consistirá de manera enunciativa más no limitativa en las siguientes actividades:

I. Limpieza, pintura o restauración de centros públicos educativos, de salud o de servicios;

II. Limpieza, pintura o restauración de los bienes dañados por el infractor o semejantes a los mismos;

III. Realización de obras de ornato en lugares de uso común;

IV. Realización de obras de balizamiento, limpia o reforestación en lugares de uso común,

V. Impartición de pláticas a vecinos o educandos de la comunidad en que hubiera cometido la infracción, relacionadas con la convivencia ciudadana o realización de actividades relacionadas con la profesión, oficio u ocupación del infractor;

VI. Participación en talleres, exposiciones, muestras culturales, artísticas y/o deportivas en espacios públicos que organicé la Alcaldía en donde se haya cometido la infracción; y;

VII. Las demás que determine la persona titular de la Jefatura de Gobierno en coordinación con la Secretaría.

Para el cumplimiento del trabajo en favor de la comunidad, los infractores se presentarán ante la unidad administrativa competente de la Consejería Jurídica y de Servicios Legales, para que inicie su procedimiento administrativo conforme a la Ley de Cultura Cívica de la Ciudad de México. Para ello, consultarán actividades, horarios, espacios disponibles y agendarán cita en la dirección electrónica http://www.tramites.cdmx.gob.mx/infracciones/

Cumplidas las sanciones correspondientes, se restituirán los puntos mediante el sistema que para tal efecto se implemente.

La imposición de sanciones de carácter monetario por infringir las disposiciones del presente Reglamento estará basada en el criterio de Reincidencia, el cual tiene por objeto establecer sanciones incrementales al acumular infracciones pendientes de cumplimiento.

(DEROGADO DÉCIMO CUARTO PÁRRAFO, G.O. 10 DE AGOSTO DE 2023)

La aplicación del criterio anteriormente descrito no podrá llevarse a cabo directamente por los Agentes, sino que se realizará de forma automatizada a través del Sistema Integral de Administración de Infracciones, dicho sistema determinará la imposición de la sanción mínima, media o máxima establecida para cada hipótesis normativa prohibitiva establecida en este Reglamento, de acuerdo a las siguientes reglas:

1. Se impondrá la sanción mínima, cuando el infractor transgreda alguna de las disposiciones previstas en el presente Reglamento, y tenga cero o una sanción pendiente de cumplimiento;

2. Se impondrá la sanción media, cuando el infractor transgreda alguna de las disposiciones previstas en el presente Reglamento, y tenga de dos a tres sanciones pendientes de cumplimiento;

3. Se impondrá la sanción máxima, en los siguientes casos:

(REFORMADO, G.O. 31 DE MARZO DE 2022)

a) Cuando el infractor transgreda alguna de las disposiciones previstas en el presente Reglamento y tenga cuatro o más sanciones pendientes de cumplimiento;

b) Cuando la infracción sea cometida por conductores que manejan un vehículo con placas de matrícula de otra entidad federativa o país.

Los ciudadanos podrán simular el monto de una potencial infracción a través de la aplicación móvil que para ello implemente la Secretaría de Seguridad Ciudadana, así como la página electrónica de la misma.

Dichos incrementos a las sanciones con base en este principio se describen en cada artículo del presente ordenamiento.

(REFORMADO, G.O. 10 DE AGOSTO DE 2023)

Cuando se trate de sanciones por infracciones a este Reglamento impuestas por el Agente autorizado para infraccionar y emitidas mediante equipos electrónicos portátiles, la boleta de infracción se dará a conocer a los interesados, a través del número de teléfono celular o el correo electrónico que el ciudadano haya proporcionado para tales efectos, de conformidad con lo dispuesto en la Ley de Protección de Datos Personales en Posesión de Sujetos Obligados de la Ciudad de México. En caso de negativa se hará constar dicha situación y será notificada vía electrónica.

(REFORMADO, G.O. 10 DE AGOSTO DE 2023)

Las sanciones impuestas por sistemas tecnológicos se notificarán vía electrónica, a través de la página http://www.tramites.cdmx.gob.mx/infracciones/.

Artículo 65. Sin perjuicio de las sanciones que correspondan, los conductores de vehículos que cometan alguna infracción a las normas de este Reglamento que pueda dar lugar a la tipificación de un delito, serán puestos a disposición del Ministerio Público.

(REFORMADO PRIMER PÁRRAFO, G.O. 10 DE AGOSTO DE 2023)

Artículo 66. Las licencias para conducir se cancelarán al acumular doce puntos de penalización

(REFORMADO, G.O. 10 DE AGOSTO DE 2023)

La Secretaría realizará el cómputo de los puntos de penalización con base en las boletas de sanción expedidas por Seguridad Ciudadana, que hubieran sido impuestas con información de la licencia del conductor presente en el momento de la conducta infractora.

(REFORMADO, G.O. 4 DE FEBRERO DE 2021)

Los puntos de penalización se acumularán de acuerdo a lo indicado en las sanciones de cada artículo del presente Reglamento.

Cuando una boleta de sanción sea anulada, los puntos se descontarán por la Secretaría con base en copia de la resolución judicial o administrativa respectiva.

La acumulación de puntos no eximirá al titular de la licencia de cumplir con la sanción económica que corresponda a la infracción cometida.

Los puntos de penalización tendrán una vigencia de un año a partir de la fecha de la expedición de la boleta de sanción.

La reexpedición de una licencia que se haya extinguido por penalización procederá sólo después de transcurridos tres años.

(REFORMADO, G.O. 10 DE AGOSTO DE 2023)

Las personas cuya licencia haya sido cancelada y conduzcan algún vehículo en el lapso a que se refiere el párrafo anterior, serán sancionadas con la remisión del vehículo al depósito y una multa de ciento ochenta veces la Unidad de Medida y Actualización vigente.

(REFORMADO PRIMER PÁRRAFO [N. DE E. CON SUS FRACCIONES], G.O. 4 DE FEBRERO DE 2021)

Artículo 67. Sólo procederá la remisión de vehículos al depósito en los siguientes casos:

I. El vehículo sea detenido por la comisión de alguna de las infracciones previstas en este Reglamento, y (sic) de la consulta efectuada en el sistema integral de administración de infracciones del Gobierno de la Ciudad de México, se detecte que cuenta con sanciones económicas no cubiertas, motivo de infracciones registradas con más de 30 días de anterioridad;

(REFORMADA, G.O. 10 DE AGOSTO DE 2023)

I Bis. Vehículos de conductores que contravengan lo dispuesto en las fracciones III inciso b) y X inciso a) y d) del artículo 11 de este Reglamento.

(REFORMADA, G.O. 10 DE AGOSTO DE 2023)

II. Vehículos de conductores que transgredan lo dispuesto en las fracciones I, II, III, V, VI, VIII, IX, X, XI, XII, XIV incisos b) y c), XV, XVI y XIX del artículo 30 y fracciones II y XI del artículo 34 de este Reglamento; siempre y cuando no se encuentre el conductor a bordo del vehículo o éste se negase a retirarlo, inmediatamente después de haberse impuesto la infracción;

III. Vehículos en estado de abandono conforme a lo previsto en las fracciones I y II del artículo 35 de este Reglamento;

(ADICIONADA, G.O. 10 DE AGOSTO DE 2023)

III Bis. Motocicletas que transgredan lo previsto en las fracciones II y III del artículo 21, la fracción III incisos b) y d) del artículo 37 y la fracción III incisos c) y e) del artículo 38 de este Reglamento;

(REFORMADA, G.O. 10 DE AGOSTO DE 2023)

IV. Vehículos de conductores que transgredan lo previsto en las fracciones I incisos a) y b), II inciso a), IV inciso a) y V inciso a) del artículo 44 y todas las fracciones del artículo 45 de este ordenamiento;

V. Vehículos de conductores que contravengan lo dispuesto en la fracción III del artículo 48 de este Reglamento;

VI. Vehículos de conductores que contravengan lo dispuesto en los artículos 50, 51 y 52 de este ordenamiento;

VII. (DEROGADA, G.O. 31 DE MARZO DE 2022)

VIII. (DEROGADA, G.O. 31 DE MARZO DE 2022)

(REFORMADO [N. DE E. ADICIONADO], G.O. 4 DE FEBRERO DE 2021)

En los casos antes referidos, previo a iniciar el arrastre, los Agentes deben sellar el vehículo para garantizar la guarda y custodia de los objetos contenidos en el mismo.

(REFORMADO, G.O. 10 DE AGOSTO DE 2023)

Se procederá a la remisión del vehículo al depósito aun cuando el conductor se encuentre a bordo, si en aquél se encontrasen personas menores de edad, mayores de 65 años, con discapacidad o mascotas. El Agente autorizado para infraccionar impondrá la sanción que corresponda y esperará el arribo de una persona que se haga responsable de las mismas, para proceder de inmediato a la remisión del vehículo, salvo que se encuentre dentro de los supuestos previstos en el artículo 68 primer párrafo de este Reglamento.

Si el conductor o la persona responsable se oponen a la remisión del vehículo y/o se niega a salir de él, será presentado ante el Juez Cívico, para la determinación y aplicación de la sanción correspondiente.

El agente que lleve a cabo la remisión al depósito, informará de inmediato al centro de control correspondiente los datos del depósito al cual se remitió, tipo de vehículo y matrícula, así como el lugar del que fue retirado.

(REFORMADO, G.O. 4 DE FEBRERO DE 2021)

Seguridad Ciudadana puede auxiliarse de terceros para la remisión de vehículos a depósitos propios o de los terceros.

(REFORMADO, G.O. 4 DE FEBRERO DE 2021)

Cuando el vehículo sea remitido a un depósito vehicular, el conductor deberá cubrir los respectivos derechos por concepto del servicio de arrastre y almacenaje del vehículo, conforme lo determine el Código Fiscal para la Ciudad de México.

(REFORMADO, G.O. 31 DE MARZO DE 2022)

Para la devolución del vehículo en los depósitos, será indispensable la comprobación de su propiedad o legal posesión, portar las llaves del vehículo, el cumplimiento de las sanciones de este reglamento y derechos que procedan. Asimismo, Seguridad Ciudadana verificará vía sistema que el vehículo cuente con tarjeta de circulación vigente, comprobará la no existencia de créditos por concepto del Impuesto sobre Tenencia o Uso de Vehículos, federal o local, según corresponda y derechos por servicios de control vehicular, del ejercicio fiscal anterior al de la devolución del vehículo y que esté cuente con una póliza de seguro de responsabilidad civil vigente, en los términos de la Ley y este reglamento. Para el caso de no contar con registro en el sistema, el ciudadano deberá presentarlos de manera física ante el depósito vehicular.

(REFORMADO, G.O. 4 DE FEBRERO DE 2021)

Artículo 68. Los vehículos que transporten sustancias tóxicas o peligrosas o que cuenten con la autorización, calcomanía o distintivo expedido por la autoridad competente para el traslado o conducción de personas con discapacidad, no podrán ser remitidos al depósito por violación a lo establecido en el presente Reglamento. Cuando el conductor muestre síntomas de estar bajo los efectos del alcohol, narcóticos, estupefacientes o psicotrópicos, el agente autorizado para infraccionar llenará la boleta de sanción correspondiente, deberá remitir al conductor al Juez Cívico, debiendo esperar a que llegue otro conductor o persona responsable para permitir que el vehículo continúe su marcha.

Excepto tratándose de vehículos que transporten perecederos, el Agente autorizado para infraccionar impondrá la sanción que corresponda, esperará a que llegue otro conductor o persona responsable para realizar el retiro de los productos, con la finalidad de proceder de inmediato a la remisión del vehículo al depósito.

CAPÍTULO II
DE LOS MEDIOS DE IMPUGNACIÓN Y DEFENSA DE LOS PARTICULARES FRENTE A LOS ACTOS DE AUTORIDAD

(REFORMADO, G.O. 4 DE FEBRERO DE 2021)

Artículo 69. Los particulares afectados por los actos y resoluciones de las autoridades, podrán en los términos establecidos por la Ley de Procedimiento Administrativo de la Ciudad de México, interponer el recurso de inconformidad, ante la autoridad competente o impugnar la imposición de las sanciones ante el Tribunal de Justicia Administrativa de la Ciudad de México, en los términos y formas señalados por la ley que lo rige, sin perjuicio de lo establecido en la Ley de Amparo Reglamentaria de los Artículos 103 y 107 de la Constitución Política de los Estados Unidos Mexicanos.

Tratándose de infracciones en materia de tránsito que atenten contra la seguridad vial de las personas, que sean captadas por los sistemas tecnológicos de la Ciudad de México, el infractor podrá interponer el recurso de revisión vía electrónica a la Consejería Jurídica y de Servicios Legales de la Ciudad de México, a través de la dirección electrónica, en los términos y formas establecidos en la Ley de Cultura Cívica de la Ciudad de México.

(REFORMADO, G.O. 4 DE FEBRERO DE 2021)

Artículo 70. Los Agentes e Integrantes de Seguridad Ciudadana que en el ejercicio de sus funciones infrinjan las disposiciones del presente Reglamento serán sujetos a las responsabilidades y sanciones que correspondan.

Los particulares pueden acudir ante el Ministerio Público, la Secretaría de la Contraloría General de la Ciudad de México, al Órgano Interno de Control o a la Dirección General de Asuntos Internos de la Secretaría de Seguridad Ciudadana a denunciar presuntos actos ilícitos de los agentes e Integrantes de Seguridad Ciudadana.

TRANSITORIOS

Primero. Publíquese en la Gaceta Oficial del Distrito Federal.

Segundo. El presente Reglamento entrará en vigor a los ciento veinte días naturales siguientes de su publicación en la Gaceta Oficial del Distrito Federal.

Tercero. A partir de la entrada en vigor de este Reglamento, se abroga el Reglamento de Tránsito Metropolitano, publicado en la Gaceta Oficial del Distrito Federal, el 20 de junio de 2007.

Cuarto. La obligación contenida en los artículos 39 y 40, fracción V, inciso C, será aplicable a partir del día primero de enero del año dos mil dieciséis.

Quinto. La obligación contenida en el artículo 46 de este reglamento, para los propietarios de vehículos particulares, será aplicable a partir del día primero de enero del año dos mil dieciséis.

Dado en la Residencia Oficial del Jefe de Gobierno del Distrito Federal, en la Ciudad de México, a los diecisiete días del mes de agosto del año dos mil quince. EL JEFE DE GOBIERNO DEL DISTRITO FEDERAL, MIGUEL ÁNGEL MANCE-

RA ESPINOSA. FIRMA. LA SECRETARIA DE GOBIERNO, DORA PATRICIA MERCADO CASTRO. FIRMA. EL SECRETARIO DE MOVILIDAD, HÉCTOR SERRANO CORTÉS. FIRMA. LA SECRETARIA DE MEDIO AMBIENTE, TANYA MÜLLER GARCÍA. FIRMA. EL SECRETARÍO DE OBRAS Y SERVICIOS, EDGAR OSWALDO TUNGÜÍ RODRÍGUEZ. FIRMA. EL SECRETARIO DE SEGURIDAD PÚBLICA, HIRAM ALMEIDA ESTRADA. FIRMA. EL SECRETARIO DE FINANZAS, ÉDGAR ABRAHAM AMADOR ZAMORA. FIRMA.

REGLAMENTO DE TRÁNSITO DEL ESTADO DE MÉXICO

EL C. LIC. IGNACIO PICHARDO PAGAZA, GOBERNADOR CONSTITUCIONAL DEL ESTADO LIBRE Y SOBERANO DE MEXICO A SUS HABITANTES SABED:

EN EJERCICIO DE LAS FACULTADES QUE ME CONFIERE EL ARTICULO 89 FRACCIONES II Y X DE LA CONSTITUCIÓN POLÍTICA LOCAL, HE TENIDO A BIEN EXPEDIR EL SIGUIENTE:

REGLAMENTO DE TRÁNSITO DEL ESTADO DE MÉXICO

TÍTULO PRIMERO
DISPOSICIONES GENERALES

CAPÍTULO I
NORMAS GENERALES

Artículo 1. El presente Reglamento es de orden público e interés social y de aplicación obligatoria en todos los municipios del Estado. Tiene por objeto establecer las normas a las que deberá sujetarse el tránsito de peatones y el de vehículos en vías de jurisdicción estatal y en aquellas de carácter federal, cuya vigilancia y control convengan con la Federación.

Artículo 2. La aplicación del presente reglamento compete a las autoridades estatales y a las municipales que cuenten con la transferencia de tránsito, en las respectivas esferas de su competencia, de acuerdo con lo previsto en la ley de la materia, en este reglamento, en los convenios y acuerdos que se suscriban y demás disposiciones legales.

Artículo 3. Las autoridades de tránsito del Estado, en los términos establecidos en la ley de la materia están facultadas para dictar las disposiciones necesarias a efecto de regular y planear el tránsito de peatones y de vehículos en las vías públicas de la Entidad, con objeto de garantizar al máximo la seguridad de las personas, sus bienes, el medio ambiente y el orden público.

Artículo 4. El Titular del Ejecutivo del Estado podrá suscribir con los Gobiernos municipales, con las autoridades federales y de otras entidades federativas, convenios para la prestación coordinada del servicio público de tránsito.

CAPÍTULO II
DE LAS AUTORIDADES DE TRANSITO

Artículo 5. Son atribuciones del Ejecutivo del Estado en materia de tránsito:

I. Emitir las disposiciones relativas a la regulación y vigilancia del tránsito en las vías públicas del Estado, y en las convenidas y coordinadas con la Federación, y otras entidades federativas;

II. Acordar y ordenar medidas de seguridad para prevenir daños con motivo de la circulación de vehículos;

III. Suscribir convenios de coordinación de funciones y prestación del servicio de tránsito con los municipios del Estado;

IV. Suscribir convenios con las autoridades federales, y de las entidades federativas, para coordinar los sistemas de tránsito, del control de vehículos y conductores de los mismos, cuando se trate de servicios en los que tengan intereses las entidades citadas; y

V. Las demás que determina la ley de la materia, este reglamento y las que se justifiquen por las necesidades públicas.

Artículo 6. Corresponde a la Secretaría de Seguridad en materia de tránsito:

I. Vigilar la observancia y aplicación de la ley de la materia, de este reglamento, de los acuerdos y convenios que se suscriban, así como de las disposiciones de carácter administrativo que emanen de esos ordenamientos;

II. Dictar las medidas conducentes para la administración, vigilancia y control del tránsito en las vías públicas de jurisdicción estatal;

III. Proporcionar asesoría en materia de tránsito a los ayuntamientos que lo soliciten;

IV. Ejecutar, supervisar y controlar las actividades de tránsito;

V. Coordinar y supervisar las actividades de los elementos de tránsito y de vialidad;

VI. Ordenar y supervisar el pago de infracciones y derechos por servicios al público, de su competencia;

VII. Controlar la vigilancia del tránsito vehícular en vías públicas del Estado, así como en las convenidas y coordinadas con la Federación;

VIII. Opinar respecto del señalamiento de tránsito en las vías públicas;

IX. Establecer las restricciones para el tránsito de vehículos en la vía pública, con el propósito de mejorar la circulación, preservar el ambiente y salvaguardar la seguridad de las personas, sus bienes y el orden público;

X. Supervisar el servicio de grúas como auxiliares de los agentes de tránsito;

XI. Proponer los espacios para el depósito de vehículos que por alguna causa deban ser retirados de la circulación;

XII. Apoyar y supervisar la capacitación de los aspirantes y de los agentes de tránsito y de vialidad;

XIII. Programar, apoyar y encauzar la educación vial;

XIV. Auxiliar a las autoridades judiciales y administrativas, tanto federales como estatales y municipales, así como militares, para el cumplimiento de sus determinaciones, siempre que lo requieran y sean procedentes;

XV. Cumplir y hacer cumplir en la esfera de su competencia, los ordenamientos federales y estatales en materia de protección del ambiente, del equilibrio ecológico y para prevención y control de la contaminación generada por vehículos automotores;

XVI. Coordinar y ejecutar las acciones y medidas de auxilio que se adopten en relación con el tránsito de peatones y de vehículos en caso de terremoto, explosión, inundación o cualquier otro siniestro, asalto, actos de vandalismo, manifestaciones y marchas, accidentes graves o cualquier alteración del orden público;

XVII. Autorizar y ordenar el retiro de la vía pública de los vehículos, objetos, personas o animales que obstaculicen o pongan en peligro el tránsito, remitiéndolos a los depósitos correspondientes y presentando a las personas ante las autoridades competentes en caso de delito o falta grave;

XVIII. Atender y resolver las quejas del público, sobre la prestación del servicio;

XIX. Imponer las sanciones por infracciones al presente reglamento, siempre que no correspondan a los ayuntamientos;

XX. Autorizar la transferencia del servicio público de tránsito de acuerdo con los requisitos establecidos para tales efectos;

XXI. Verificar que los municipios que soliciten la transferencia del servicio público de tránsito, previo a su autorización, acrediten que su personal cuenta con los cursos de capacitación correspondientes impartidos por la

Universidad Mexiquense de Seguridad, así como, en los municipios que ya cuenten con la transferencia de referencia, para que los agentes de tránsito que hayan asignado tomen los cursos de capacitación y actualización correspondientes, y

XXII. Las demás que determinen la ley de la materia, este reglamento, y las que se justifiquen por las necesidades públicas.

Artículo 7. Las funciones a que hace referencia el artículo anterior serán realizadas por la Secretaría de Seguridad a través de las unidades administrativas competentes, en términos de las disposiciones jurídicas aplicables.

Artículo 8. Para el mejor cumplimiento de las funciones administrativas y operativas en la materia de tránsito, se establecerán las unidades administrativas que resulten necesarias en las diversas regiones del Estado, las cuales tendrán las facultades que se determinen expresamente en el acuerdo de creación respectivo.

Artículo 9. Las funciones de la unidad administrativa competente en términos del Reglamento Interior de la Secretaría de Seguridad y de las unidades administrativas desconcentradas que se establezcan, podrán ser delegadas por sus titulares, en los servidores públicos que les estén jerárquicamente subordinados.

Artículo 10. Los ayuntamientos tendrán en materia de tránsito las atribuciones que les señalen las leyes, este reglamento y las demás disposiciones jurídicas aplicables y para su ejercicio contarán con las unidades administrativas que requieran y aquellas adicionales que resulten necesarias cuando se celebren convenios con el Ejecutivo Estatal, para la prestación coordinada del servicio o para que éstos asuman total o parcialmente dichas atribuciones.

Artículo 11. Ante las autoridades de tránsito, no procede la gestión de negocios. En los trámites en los que no se requiera la presencia del interesado podrá intervenir quien acredite su personalidad, mediante poder notarial o carta poder, en términos del Código Civil del Estado.

CAPÍTULO III
DE LOS AGENTES DE TRÁNSITO

Artículo 12. Para la vigilancia del cumplimiento de las disposiciones legales, y administrativas en materia de tránsito, el Estado y los ayuntamientos, que cuenten con la transferencia de tránsito autorizada, según corresponda, contarán con sus respectivos cuerpos de tránsito y vialidad, los que tendrán el número de agentes que se requieran de acuerdo con las necesidades del servicio y el presupuesto autorizado.

Artículo 13. Los agentes de tránsito tendrán las obligaciones siguientes:

I. Cumplir las ordenes que reciban de sus superiores jerárquicos en relación con la aplicación de todas y cada una de las disposiciones de la ley de la materia, de éste reglamento y demás disposiciones legales;

II. Portar de manera visible el gáfete de identificación que contenga su nombre completo, grado y adscripción;

III. Esmerarse en aligerar el tránsito de vehículos, especialmente en las horas de intenso tráfico;

IV. Auxiliar de manera inmediata a todos aquellos conductores de vehículos que por alguna falla mecánica, avería o ponchadura de neumático de sus unidades requieran de ayuda para retirarlos hasta los lugares en los que en breve tiempo puedan repararlos sin entorpecer gravemente la circulación. En estos casos los agentes de tránsito se abstendrán de levantar infracción;

V. Orientar y dar aviso a las autoridades correspondientes, para que retiren de la vía pública a animales de cualquier especie atropellados o abandonados para que reparen las fallas en los semáforos y en lámparas de alumbrado público; para que rellenen los baches que por sus dimensiones y profundidades pongan en peligro la integridad física de las personas y la seguridad de los vehículos; para que eviten el uso de sustancias flamables o corrosivas en las aceras o en la vía pública; y

VI. Auxiliar en la prevención y persecución de delitos a los cuerpos policíacos con jurisdicción en el Estado.

Artículo 14. En el ejercicio de sus funciones, los agentes de tránsito del Estado están facultades para:

I. Expedir el documento impreso por la terminal electrónica en el que conste la infracción y la sanción, por violación a los ordenamientos de tránsito y demás disposiciones de observancia general, absteniéndose de amedrentar, extorsionar, injuriar, amenazar o denigrar al infractor, haciéndole entrega con respeto y de buen modo, de la infracción;

II. Amonestar severamente a los peatones que no respeten las señales de tránsito;

III. Detener y remitir a disposición del Ministerio Público, a los conductores de vehículos que presumiblemente manejen en estado de ebriedad o bajo efecto de drogas enervantes o a los que hubiesen cometido hechos configurativos de delito;

IV. En los accidentes de tránsito en los que únicamente se produzcan daños materiales a los vehículos, los agentes tendrán la obligación de exhortar a los afectados, a fin de que lleguen a un arreglo inmediato para evitar el entorpecimiento de la circulación. En caso de que las partes no acepten tal sugerencia, deberán remitirlos a la autoridad competente para los efectos de la intervención legal respectiva. En todo caso, el agente de tránsito levantará la infracción correspondiente;

V. Detener y remitir al depósito más cercano aquellos vehículos cuyos conductores se hagan acreedores a dicha sanción, en los términos de este reglamento;

VI. Solicitar el auxilio del servicio autorizado de grúas, para retirar de la vía pública vehículos u objetos que requieran de este servicio, impidiendo que los operadores de las grúas asuman una actitud de prepotencia, cometan abuso o deterioro a los vehículos u objetos que trasladen; y

VII. Retirar las placas de matriculación de vehículos de uso particular que no estén vigentes, para su envío a la Secretaría de Finanzas, y proceder a la retención y remisión inmediata de vehículos al depósito más cercano, y

VIII. En general, cumplir y hacer cumplir todas y cada una de las disposiciones de este ordenamiento y las que dicten las autoridades correspondientes.

TÍTULO SEGUNDO
DE LOS VEHÍCULOS

CAPÍTULO I
DE LA CLASIFICACIÓN

Artículo 15. Para los efectos de este reglamento, los vehículos automotores se clasifican en:

I. DE USO PARTICULAR: Los que están destinados para transporte de pasajeros, sin lucro alguno;

II. DE USO COMERCIAL: Los destinados al servicio particular de carga o de uso de una negociación mercantil o que en su caso, constituyan un instrumento de trabajo así como los de transporte de personal y escolares; y

III. DE USO O SERVICIO PÚBLICO: El de pasajeros y de carga que opere mediante una concesión, permiso o autorización, con tarifa autorizada.

Los vehículos anteriormente señalados se clasifican en las siguientes modalidades:

a) De alquiler: Los vehículos sin itinerario fijo, autorizados en sitios, bases o rutas determinadas;

b) De pasajeros: Urbano, suburbano y foráneo; de primera y segunda clase y mixto;

c) De carga en general y de carga especializada en: materiales para construcción, de servicios de grúas de arrastre, salvamento y depósito de vehículos y cualquier otra modalidad que requiera de vehículos con características especiales;

d) De turismo: para excursiones, vacaciones, giras y otros similares; y

e) De servicio social: destinados a prestar el servicio de seguridad pública y tránsito, ambulancias, servicios fúnebres, patrullas de rescate, bomberos u otros de naturaleza análoga.

Los vehículos a que se refiere la fracción II de este artículo deberán cumplir con los pesos y dimensiones correspondientes a las vías en que transiten de conformidad con las disposiciones jurídicas aplicables.

CAPÍTULO II
DE LA MATRICULACIÓN Y BAJA

Artículo 16. Corresponde a las Secretarías de Movilidad o de Finanzas, en el ámbito de sus respectivas competencias, la autorización y expedición de placas para automotores de uso particular, uso comercial y de uso o servicio público, en cualquiera de sus modalidades. Los ayuntamientos en términos de los convenios que celebren con el Gobierno del Estado podrán otorgar y expedir placas para automotores de uso particular.

Artículo 17. Todo vehículo deberá estar debidamente registrado y autorizado ante las autoridades correspondientes. En casos extraordinarios se podrá circular únicamente con permiso provisional.

Tratándose de vehículos de servicio particular deberán portar:

I. Placas vigentes y calcomanía de circulación correspondiente al número de éstas y con un color para los efectos ecológicos de circulación restringida;

II. Tarjeta de circulación vigente;

III. Calcomanía de emisión de contaminantes;

IV. Cinturones de seguridad en automóviles y camionetas a partir de modelos 1985; y

V. Extinguidor en buenas condiciones de uso.

Artículo 18. La Secretaría de Finanzas, en el ámbito de su competencia, podrá expedir permisos provisionales para circular sin placas y tarjeta de circulación para vehículos destinados al transporte de uso particular, hasta por treinta días conforme a lo siguiente:

I. Los permisos provisionales para circular sin placas y tarjeta de circulación, requieren:

a) Factura en original y copia, o carta factura;

b) Baja, del vehículo en su caso;

c) Identificación del propietario; y

d) Pago de derechos.

II. Los permisos para el transporte particular de carga se expedirán por una sola vez y por 180 días y cubrirán los siguientes requisitos:

a) Tarjeta de circulación de la unidad, original y copia;

b) Declaración del pago de impuesto sobre el giro o negocio o pago del piso, tratándose de comerciantes ambulantes o tianguistas, en original y copia;

c) Identificación del propietario, en original y copia; y

d) Pago de derechos.

III. Los permisos para agencia se expedirán únicamente a empresas autorizadas de automóviles nuevos, debiendo cumplir con los siguientes requisitos:

a) Por primera ocasión:

1. Acta constitutiva de la empresa o agencia.

2. Carta compromiso en la que se responsabiliza del uso de dichos documentos.

3. Sello de la agencia con el costo de permisos.

4. Identificación oficial vigente.

5. Solicitud de permisos.

b) Subsecuentes:

1. Solicitud de permisos.

2. Comprobación de dotaciones anteriores.

IV. Los permisos para vehículos en demostración y traslado se otorgarán a fabricantes, distribuidores o comerciantes en vehículos. Los interesados, expresaran en la solicitud correspondiente la clase y tipo de vehículos que serán conducidos al amparo del permiso; pagando los derechos correspondientes.

Las personas a que se refiere esta fracción deberán llevar un registro en que se anoten los siguientes datos:

a) Los vehículos que hayan utilizado los permisos para demostración o traslado.

b) El tiempo que cada uno de sus vehículos haya estado amparado por dichos permisos, que en ningún caso podrán exceder de treinta días.

Este registro deberá estar abierto a la inspección oficial de la autoridad competente.

La Secretaría de Movilidad, en el ámbito de su competencia, podrá expedir permisos provisionales para circular sin placas y tarjeta de circulación, para vehículos de transporte de pasajeros colectivo, de alta capacidad o masivo, individual, especializado, de carga, mixto, o el destinado para prestar un servicio a la población por parte de organismos, por los periodos y bajo las condiciones y términos establecidos, para tal efecto, en sus respectivas normas reglamentarias y demás disposiciones jurídicas aplicables.

Artículo 19. Para la matriculación de un vehículo de servicio particular, es necesario cumplir con los siguientes requisitos:

I. Factura o carta factura, en original y copia;

II. Recibo del último pago del impuesto sobre tenencia o uso de vehículos en original y copia;

III. Identificación oficial del propietario en original y copia;

IV. Constancia domiciliaria o recibos de servicios.

V. Pago de derechos.

Para la matriculación o canje de placas de un vehículo de servicio público, el trámite se deberá solicitar ante la Secretaría de Movilidad, presentando la documentación que señalen las disposiciones jurídicas aplicables en materia de movilidad y transporte.

En el caso de expedición de placas a un vehículo que haya sido matriculado en otra entidad federativa, además de los anteriores requisitos deberán presentarse la tarjeta de circulación y las placas correspondientes, llenando el formato de baja que para tal efecto proporciona la autoridad administrativa.

El vehículo que se trate de matricular deberá ser presentado ante la autoridad competente para comprobar su funcionamiento y que cumple con las especificaciones técnicas y reglamentarias señaladas para el tipo de servicio de que se trate.

El cambio de propietario del vehículo deberá acreditarse con el contrato de compra venta respectivo, acompañado de la factura del vehículo debidamente endosada en favor del nuevo propietario, así como de la carta responsiva y copia de las identificaciones de todos los que participen y testifiquen dicho acto jurídico.

Artículo 20. Para el efecto de reposición de tarjeta de circulación, el interesado deberá presentar el documento jurídico, que acredite el robo, pérdida o destrucción de dicha tarjeta. Previa certificación de que el documento no se encuentre infraccionado y pago de derechos correspondientes, se le otorgará la reposición solicitada.

En los casos de deterioro, mutilación o perdida de las placas de matriculación, tarjeta de circulación o calcomanía, el interesado deberá dar de baja la matricula, solicitando nueva matriculación en términos del presente reglamento.

Las placas, tarjeta de circulación o calcomanía por nueva matriculación deberán ser entregadas en forma inmediata al interesado.

Artículo 21. Las bajas definitivas de vehículos se tramitarán exclusivamente ante la autoridad correspondiente donde originalmente se expidieron las placas; previo cumplimiento de los requisitos respectivos en términos de las disposiciones jurídicas y administrativas aplicables y sujeto a la revisión en el archivo de que el solicitante no tiene adeudos pendientes.

Artículo 22. Para su matriculación requerirán de autorización especial, las unidades clasificadas como de servicio social, seguridad pública y tránsito.

Artículo 23. Para la matriculación de motocicletas, se requerirá:

I. Presentar factura o carta factura, en original y copia;

II. Llenar la forma de alta; y

III. Pagar los derechos correspondientes.

Artículo 24. Cuando se cambie la carrocería o el motor de algún vehículo, el propietario del mismo está obligado a notificar a la autoridad correspondiente dicho cambio, en un plazo de 30 días hábiles.

Lo anterior, con excepción de los vehículos afectos al servicio público de transporte en todas sus clases y modalidades, respecto de los cuales no está permitido el cambio de motor, asimismo, por lo que hace a la carrocería, sólo se permitirá su cambio sí este permite la plena identificación del vehículo automotriz original y con ello no se pone en riesgo a los usuarios del servicio.

Artículo 25. Se cancelará la matricula o en su caso cualquier otro trámite cuando se compruebe que la información proporcionada para los fines de registro o trámite no es veraz, o bien que alguno de los documentos o constancias son falsas o apócrifas. En estos casos se dará vista al Ministerio Público para que éste proceda de acuerdo a sus facultades.

Artículo 26. Recibida la solicitud de matriculación de un vehículo debidamente acompañada de los documentos requeridos para cada trámite, la autoridad correspondiente proporcionará al interesado, según sea el caso, la placa de matriculación, la calcomanía y la tarjeta de circulación del vehículo, o la constancia del trámite respectivo.

Artículo 27. Las placas de matriculación se instalarán en el lugar del vehículo destinado para ello por los fabricantes, en la parte media, de manera tal que vaya una en la parte delantera y otra en la parte posterior, excepto en los vehículos que requieran de una sola placa, en cuyo caso esta se colocará en la parte posterior. La calcomanía correspondiente deberá ser adherida en el cristal posterior y a la falta de éste, en el parabrisas, excepto en los trolebuses, vehículos de las fuerzas armadas y vehículos con los colores, distintivos y/o de control oficial adscrito a las corporaciones de policía o de tránsito.

Las placas se mantendrán en buen estado de conservación y libres de objetos y distintivos, de rótulos, micas opacas o dobleces que dificulten o impidan su legibilidad; en caso contrario la autoridad podrá obligar al propietario a su reposición.

En el caso de motocicletas, la placa deberá estar colocada en un lugar visible, con la lectura en dirección hacia la parte trasera del vehículo, con una inclinación entre 60° y 120° con base en su eje horizontal.

Artículo 28. El refrendo de la vigencia de las placas de matriculación de los vehículos, se hará previo el pago de los derechos y el cumplimiento de los requisitos que se indiquen en la convocatoria que para tal efecto se publique con la debida anticipación.

Artículo 29. Derogado.

Artículo 30. El propietario del vehículo registrado en el Estado, que cambie su domicilio, deberá notificarlo por escrito a la autoridad correspondiente, dentro de los treinta días hábiles siguientes a la fecha del cambio.

Lo anterior con excepción de los propietarios de vehículos destinados al servicio público de transporte de pasajeros, quienes deberá informar a la Secretaría de Movilidad el cambio de su domicilio dentro de las 72 horas posteriores al cambio.

Cuando el propietario de un vehículo lo transfiera en propiedad deberá notificar el cambio de propietario, para quedar liberado de cualquier responsabilidad a partir de la fecha en que el vehículo sea transferido de manera preventiva, con las reservas de ley. El adquirente deberá acudir a efectuar su trámite de cambio de propietario en un plazo no mayor de treinta días a fin de que se le entregue su tarjeta de circulación actualizada.

El adquirente será considerado deudor solidario por cuanto a las infracciones cometidas por el anterior propietario del vehículo, y si éste no cubre las multas en su oportunidad o previamente a la transferencia de la propiedad, le serán cobradas al nuevo propietario.

Artículo 31. Para dar de baja un vehículo será necesario, tramitar a costa del interesado un certificado de no adeudos y cumplir con lo siguiente:

I. Llenar la solicitud en las formas autorizadas; y

II. Entregar el juego de placas y tarjeta de circulación, o el documento jurídico que acredite el robo, pérdida o destrucción del vehículo.

Artículo 32. Cuando el propietario de un vehículo registrado en otra entidad federativo establezca su domicilio en el Estado, podrá continuar operando al amparo del registro que posea únicamente durante el período cae vigencia que dá la calcomanía a las placas.

Los vehículos con placas extranjeras podrán transitar libremente en el Estado siempre que los mismos se encuentren internados legalmente en el país.

El conductor deberá en su caso, dar cumplimiento a lo establecido al respecto en este ordenamiento.

Artículo 33. Derogado.

CAPÍTULO III
DEL EQUIPO

Artículo 34. Los vehículos que circulen en las vías públicas del Estado deberán contar con los equipos, sistemas, dispositivos y accesorios de seguridad, que señale este reglamento, el manual que al efecto se expida y demás normas legales, aplicables.

Artículo 35. Los vehículos de uso comercial y público deberán portar extinguidores de fuego en buenas condiciones.

Los automóviles y camionetas, a partir de modelos 1985, contarán, en los asientos delanteros con cinturones de seguridad.

Artículo 36. Queda prohibido que los vehículos porten en los parabrisas y ventanillas, rótulos, carteles y objetos opacos que obstaculicen la visibilidad del conductor. Los cristales no deberán ser obscurecidos o pintados para impedir la visibilidad al interior.

Las calcomanías de circulación o de otra naturaleza deberán ubicarse en lugares que no impidan u obstaculicen la visibilidad del conductor.

Artículo 37. Se prohibe en los vehículos la instalación y el uso de torretas, faros rojos en la parte delantera, o blancos en trasera, sirena y accesorios de uso exclusivo para vehículos policiales, de tránsito y de emergencia.

Artículo 37 Bis. Se prohíbe en los vehículos la instalación y el uso de sistemas antirradares o detector de radares de velocidad.

Artículo 38. Las llantas de los vehículos automotores deberán estar en condiciones suficientes de seguridad. Dichos vehículos contarán con una llanta de refacción en condiciones de garantizar las substituciones de cualquiera de las que se encuentren rodando.

Queda prohibido transitar en vehículos automotores con llantas lisas o con roturas. También queda prohibido el tránsito de vehículos con ruedas metálicas, de madera o de cualquier otro material que dañe el pavimento.

Artículo 38 Bis. Está prohibido remolcar o empujar otros vehículos automotores si no es por medio de una grúa, excepto cuando:

I. Se trate de tráileres, autobuses y cualquier tipo de remolques u otros vehículos expresamente diseñados para este fin.

II. El vehículo se encuentre obstruyendo la circulación.

III. El vehículo represente un peligro para sí o para terceros, en este caso sólo se permitirá hasta ponerlo en un lugar seguro.

IV. Se trate de vehículos de servicio público en cualquiera de sus modalidades, que sólo podrán ser remolcados por una grúa.

Artículo 39. Con el propósito de verificar que cuenten con el equipo reglamentario y cumplan con las condiciones establecidas en este reglamento y demás disposiciones legales aplicables, las autoridades correspondientes efectuarán en cualquier tiempo, la revisión físico-mecánica a los vehículos mecánicos de transporte de pasajeros o de carga, y de los destinados al servicio público de transporte de pasajeros o de carga, con la finalidad de determinar que siguen siendo aptos para la prestación del servicio que realizan.

Cuando los vehículos presentados a la revisión físico-mecánica no tengan el equipo o las condiciones de funcionamiento que prescribe este ordenamiento y demás aplicables, la autoridad correspondiente podrá exigir que se cumplan esos requisitos en un término de veinte días hábiles, entregados al propietario en formatos donde consten las diferencias detectadas en la revisión físico-mecánica.

Al subsanarse las diferencias que en formato se determinen no podrá negarse la aprobación de la revisión físico-mecánica por motivos diferentes a los expresados, salvo que fueran claramente supervenientes.

De no satisfacer dichos requisitos o de no presentarse el vehículo a revisión, las autoridades de tránsito procederán a la aplicación de la sanción respectiva, dando en su caso nuevo plazo de diez días hábiles para aprobar la revisión físico-mecánica. En éste último supuesto, si no se aprueba nuevamente la revisión físico-mecánica o no se presenta el vehículo, se procederá a la cancelación de la matricula correspondiente.

TÍTULO TERCERO
DE LAS LICENCIAS Y PERMISOS PARA CONDUCIR

CAPÍTULO I
GENERALIDADES

Artículo 40. Es competencia de la Secretaría de Movilidad a través de las unidades administrativas correspondientes, la emisión de las licencias para conducir vehículos automotores de servicio particular, permisos provisionales de práctica para conducir vehículos automotores de servicio particular y licencias para conducir vehículos automotores de servicio público en cualquiera de sus diferentes modalidades, expidiendo al efecto, los documentos oficiales correspondientes.

La Secretaría de Movilidad, a través sus áreas administrativas competentes, expedirá, repondrá y renovará las licencias y permisos provisionales de práctica en cualquiera de sus modalidades, lo que se realizará a petición directa de las personas interesadas, quienes deberán cumplir íntegramente los requisitos establecidos para tales efectos en el presente Reglamento y en las disposiciones jurídicas aplicables, según corresponda con el tipo de licencia y permiso de que se trate.

La reposición de licencias y permisos provisionales de práctica será procedente siempre y cuando lo solicite de manera directa la persona interesada, el documento respectivo siga vigente al momento de la solicitud y realización del trámite, y se cumplan los requisitos establecidos en el presente Reglamento y en las disposiciones jurídicas aplicables. Para el caso de los menores de edad, dicha solicitud será realizada por conducto de sus padres, tutores o legítimos representantes jurídicos.

Cuando la vigencia de las licencias en cualquiera de sus modalidades haya expirado, será procedente su renovación, siempre y cuando la persona interesada lo solicite de manera directa y se cumplan de manera íntegra los requisitos establecidos en el presente Reglamento y en las disposiciones jurídicas aplicables. Adicionalmente, será procedente solicitar y conceder la renovación anticipada de las licencias que aún se encuentren vigentes, siempre y cuando la persona interesada que la solicite renuncie de manera expresa y por escrito al plazo de vigencia restante.

Se exceptúan de lo dispuesto en los párrafos anteriores, a las personas que conduzcan bicicletas y vehículos de tracción no mecánica, por lo que únicamente se requerirá su registro ante las autoridades municipales, en los términos que disponga el Reglamento o Bando respectivo.

Artículo 40 Bis. Las licencias para conducir motocicletas y vehículos automotores de servicio particular podrán expedirse en versión digital como documento electrónico adicional al documento físico en términos de la Ley de Gobierno Digital del Estado de México y Municipios, su Reglamento y las disposiciones jurídicas que al efecto emita la Secretaría de Movilidad.

Las personas interesadas podrán solicitar la licencia de conducir en versión digital a través de la aplicación electrónica para dispositivos móviles que al efecto determine la Secretaría de Movilidad, siempre y cuando ya cuenten con una licencia física obtenida en un módulo de expedición de licencias de la Secretaría de Movilidad; previa acreditación de la totalidad de los requisitos señalados para el tipo de documento de que se trate.

En el Estado de México, las licencias de conducir en versión digital tendrán la misma validez que sus versiones físicas para efectos del presente Reglamento, siempre y cuando el conductor la muestre a la autoridad correspondiente a través de la aplicación electrónica para dispositivos móviles que al efecto determine la Secretaría de Movilidad; la autoridad deberá validar dicho documento a través de cualquiera de los medios habilitados en la propia aplicación.

Los trámites de renovación o reposición de la licencia de conducir en versión digital, se podrán realizar a través de la aplicación electrónica para dispositivos móviles que al efecto determine la Secretaría de Movilidad, previa acreditación de los requisitos establecidos y pago de derechos correspondientes, la persona interesada, al realizar dichos trámites, acepta la renovación o reposición de la versión física de la licencia, la cual, a elección del solicitante, podrá ser enviada a su domicilio, a través de correo postal o entregarse en el módulo correspondiente en los plazos que establezca la Secretaría de Movilidad. La licencia de conducir en versión digital se obtendrá de manera inmediata a través de la misma aplicación, pero, cuando así lo haya elegido, su vigencia estará condicionada a que el solicitante acuda a recoger su versión física en el módulo correspondiente en los plazos establecidos.

La licencia de conducir en versión digital y la aplicación electrónica para dispositivos móviles, estarán sujetas a las normas técnicas y demás disposiciones jurídicas que emita la Secretaría de Movilidad.

Artículo 41. Para conducir vehículos automotores de uso particular y motocicletas en el Estado de México, se requiere de licencia o permiso expedido por la Secretaría de Movilidad de la Entidad, o de cualquiera otra autoridad competente de la Federación, de las entidades federativas o del extranjero, conforme al tipo de vehículo que la misma señale, independientemente del lugar en que se haya registrado el vehículo.

Los vehículos destinados al servicio público en sus diferentes modalidades deberán ser conducidos portando con la licencia de chofer para servicio público respectivo y el Certificado Médico Toxicológico, expedidos por el Gobierno del Estado de México a través de la Secretaría de Movilidad.

Las licencias expedidas por la Secretaría de Movilidad, así como la información proporcionada por las personas a cuyo favor se expidan, serán integradas al expediente respectivo e inscritas en Registro Estatal de Transporte Público, dándoles el tratamiento señalado en el aviso de privacidad correspondiente de conformidad con las disposiciones jurídicas aplicables en materia de protección de datos personales.

CAPÍTULO II
DE LA EXPEDICIÓN DE LICENCIAS Y PERMISOS PARA CONDUCIR

Artículo 42. Las licencias y permisos provisionales de práctica que expida la Secretaría de Movilidad serán de los siguientes tipos y autorizan a conducir:

I. Licencia de automovilista, que autoriza a las personas a conducir automóviles particulares;

II. Licencia de motociclista, que autoriza a las personas a conducir motocicletas;

III. Licencia de chofer para servicio particular, que autoriza a las personas a conducir automóviles, camionetas y camiones de servicio particular, y

IV. Permisos provisionales de práctica; los cuales se clasifican en:

a) Permiso provisional de práctica "A", que autoriza a las personas mayores de 15 y menores de 16 años a conducir un automóvil particular, el cual tendrá una vigencia máxima de un año, y no será prorrogable; la persona portadora del permiso deberá ir acompañada en el automóvil por una persona responsable que cuente y porte licencia para conducir vigente, y

b) Permiso provisional de práctica "B", que autoriza a las personas mayores de 16 y menores de 18 años a conducir un automóvil particular, el cual tendrá una vigencia de 1 o 2 años; la persona portadora del permiso deberá ir acompañada en el automóvil por una persona responsable que cuente y porte licencia para conducir vigente.

En caso de que el menor tenga 16 años de edad cumplidos, el permiso con vigencia de un año será prorrogable a juicio de las autoridades, previa solicitud por escrito de la persona interesada y su padre, madre, tutor o representante legal.

V. Licencia de Chofer para servicio público y Certificado Médico Toxicológico, en sus cuatro modalidades:

A) Discrecional (Taxi);

B) Colectivo;

C) Transporte Especializado, Escolar y de Personal, y

D) Vehículos de Servicio a la Comunidad.

Las licencias referidas en las fracciones I, II y III se podrán expedir con vigencia de uno, dos, tres o cuatro años, y las licencias señaladas en la fracción V, se podrán expedir con una vigencia de uno o de dos años, y en este último caso previa acreditación de la capacitación y/o certificación respectiva para operador de transporte público.

Artículo 43. Para la obtención de licencias o el Certificado Médico Toxicológico se requiere lo siguiente:

A) Motociclista y Automovilista:

I. Copia certificada del acta de nacimiento o Carta de naturalización y demostrar ser mayor de 18 años de edad;

II. Clave Única de Registro de Población (CURP);

III. Identificación oficial vigente con fotografía;

IV. Comprobante de domicilio con una antigüedad no mayor a 3 meses a partir de su fecha de emisión, que contemple como mínimo los siguientes datos: Nombre de la calle, número, colonia, municipio, estado y código postal;

V. La persona interesada deberá presentar y aprobar el examen de conocimientos del presente Reglamento de Tránsito del Estado de México, cuando el trámite se realice por primera ocasión en la entidad;

VI. Si es extranjero deberá mostrar su Tarjeta de Residencia, Forma Migratoria, o documento que demuestre su legal estancia en el país;

VII. Comprobante de pago de derechos correspondientes, y

VIII. Suscribir el manifiesto.

B) Chofer para servicio particular:

I. Acta de nacimiento o Carta de naturalización y demostrar ser mayor de 18 años de edad;

II. Clave Única de Registro de Población (CURP);

III. Identificación oficial vigente con fotografía;

IV. Comprobante de domicilio en original o impresión digital con una antigüedad no mayor a 3 meses a partir de su fecha de facturación; que contemple los siguientes datos: Nombre de la calle, número, colonia, municipio, estado y código postal;

V. El interesado deberá presentar y aprobar el examen de conocimientos del presente Reglamento de Tránsito del Estado de México, cuando el trámite se realice por primera ocasión.

VI. Comprobante de pago de derechos correspondientes, y

VII. Suscribir el manifiesto.

C) Licencia de Chofer para servicio público y Certificado Médico Toxicológico, en sus cuatro modalidades:

I. Acta de nacimiento o Carta de naturalización y demostrar ser mayor de 21 años de edad.

Para el caso de que la persona interesada en obtener la licencia a que se refiere el presente inciso sea extranjera, con independencia del cumplimiento de los demás requisitos, deberá exhibir el documento con el que acredite su legal estancia en el país, acompañado, en su caso, del documento con el que acredite que le está permitido laborar dentro del territorio nacional;

II. Clave Única de Registro de Población (CURP);

III. Identificación oficial vigente con fotografía;

IV. Comprobante de domicilio en original o impresión digital con una antigüedad no mayor a 3 meses a partir de su fecha de facturación; que contemple los siguientes datos: Nombre de la calle, número, colonia, municipio, estado y código postal;

V. Certificado y/o constancia de no antecedentes penales vigente;

VI. Aprobar los exámenes de:

1. Conocimientos del Reglamento de Tránsito del Estado de México;
2. Medico Psicométrico, y
3. Toxicológico.

VII. Comprobante de pago de derechos correspondientes;

VIII. Suscribir el manifiesto, y

IX. Documento que acredite estar debidamente capacitado, conforme a los programas autorizados por la Secretaría de Movilidad, en términos de las disposiciones jurídicas que al efecto emita.

Cuando la persona interesada en obtener una licencia o permiso para conducir vehículos, en cualquiera de sus tipos y modalidades de servicio cuente con lesiones temporales o permanentes o padezca alguna de discapacidad que la limite o le impida conducir el vehículo, la autoridad competente podrá expedir, renovar o reponer la misma, siempre y cuando acredite mediante un certificado médico expedido por institución de salud pública que es apto para conducir vehículos automotores, o bien, acreditar mediante opinión del Instituto Mexiquense para la Discapacidad, que el vehículo específico que pretende conducir está provisto con los mecanismos y/o adaptaciones apropiados que permitan su manejo, en correlación con la discapacidad o lesión que padezca.

Para la obtención de la licencia para conducir vehículos o el permiso provisional de práctica "B", es necesario aprobar por única vez, el examen a que hace referencia este Reglamento, no siendo necesario dicho examen en las reexpediciones posteriores.

Artículo 44. Las licencias para conducir vehículos automotores de servicio particular tendrán vigencia máxima de 4 años y en el caso de licencias de chofer de servicio público de 2 años. Para la reposición y renovación de licencias de servicio particular, permisos de práctica provisional y licencias de servicio público, se deberán cumplir los requisitos previamente establecidos y pagar los derechos correspondientes.

Artículo 45. Para la obtención del Permiso Provisional de Práctica "B" se requiere lo siguiente:

I. Copia certificada del acta de nacimiento o carta de naturalización y demostrar ser mayor de 16 y menor de 18 años de edad;

II. Clave Única de Registro de Población (CURP);

III. Identificación oficial vigente con fotografía.

Para efectos de esta fracción se podrán presentar credenciales expedidas por autoridades educativas que cuenten con autorización o con reconocimiento de validez oficial;

IV. Comprobante de domicilio en original o impresión digital con una antigüedad no mayor a 3 meses a partir de su fecha de facturación; que contemple los siguientes datos: Nombre de la calle, número, colonia, municipio, estado y código postal;

V. La persona menor interesada deberá aprobar el examen de conocimientos del Reglamento de Tránsito del Estado de México;

VI. El padre, madre, tutor o representante legal deberá firmar la carta responsiva, o el documento que al efecto le sea proporcionado por la autoridad de movilidad, asumiendo la obligación de las responsabilidades civiles respecto de los daños causados por el menor con motivo de la conducción de vehículos;

Asimismo, el padre, madre, tutor o representante legal del menor deberá suscribir el escrito manifiesto, mediante el cual exprese bajo protesta de decir verdad que los datos proporcionados para la realización del trámite son ciertos, apercibido de las sanciones en que por falsedad pudieran incurrirse y corresponder en términos de la normatividad aplicable.

VII. Identificación oficial vigente con fotografía del padre, madre, tutor o representante legal del menor que suscriba la carta responsiva o el documento referido en la fracción anterior, y

VIII. Comprobante de pago, de derechos correspondientes.

Derogado.

Derogado.

Artículo 46. Para la obtención del Permiso Provisional de Práctica "A" se requiere lo siguiente:

I. Acta de nacimiento o Carta de naturalización y demostrar tener 15 años de edad;

II. Clave Única de Registro de Población (CURP);

III. Identificación oficial vigente con fotografía.

Para efectos de esta fracción se podrán presentar credenciales expedidas por autoridades educativas que cuenten con autorización o con reconocimiento de validez oficial;

IV. Comprobante de domicilio en original o impresión digital con una antigüedad no mayor a 3 meses a partir de su fecha de facturación; que contemple los siguientes datos: Nombre de la calle, número, colonia, municipio, estado y código postal;

V. La persona menor interesada deberá aprobar el examen de conocimientos del Reglamento de Tránsito del Estado de México;

VI. El padre, madre, tutor o representante legal deberá firmar la carta responsiva, o el documento que al efecto le sea proporcionado por la autoridad de movilidad, asumiendo la obligación de las responsabilidades civiles respecto de los daños causados por el menor con motivo de la conducción de vehículos.

Asimismo, el padre, madre, tutor o representante legal del menor deberá suscribir el escrito manifiesto, mediante el cual exprese bajo protesta de decir verdad que los datos proporcionados para la realización del trámite son ciertos, apercibido de las sanciones en que por falsedad pudieran incurrirse y corresponder en términos de la normatividad aplicable;

VII. Identificación oficial vigente con fotografía del padre, madre, tutor o representante legal del menor que suscriba la carta responsiva o el documento referido en la fracción anterior, y

VIII. Comprobante de pago, de derechos correspondientes.

Derogado.

Derogado.

Artículo 47. A ninguna persona se le expedirá, renovará o repondrá una licencia, permiso provisional de práctica para conducir vehículos o Certificado Médico Toxicológico cuando se encuentre en cualquiera de los siguientes casos:

I. Cuando la licencia o permiso provisional de práctica para conducir vehículos se encuentren suspendidos o cancelados;

II. Cuando la autoridad compruebe que el solicitante es adicto a las bebidas alcohólicas o a los estupefacientes, psicotrópicos u otras substancias tóxicas;

III. Cuando la autoridad correspondiente compruebe que el solicitante es una persona con lesiones temporales o permanentes, o discapacidad, que le impide conducir vehículos de motor y que no ha acreditado contar con certificado médico expedido por institución de salud pública en que se señale que es apto para conducir vehículos automotores;

IV. Cuando la documentación exhibida sea falsa o se proporcionen informes falsos en la solicitud correspondiente; y

V. Cuando así lo ordene la autoridad competente, de manera fundada y motivada;

VI. Cuando no apruebe el examen de conocimientos a este Reglamento.

VII. Cuando no se satisfagan los requisitos que para su obtención.

CAPÍTULO III
DE LA SUSPENSIÓN Y CANCELACIÓN DE LICENCIAS Y PERMISOS

Artículo 48. Son motivos de suspensión de la licencia, permiso provisional de práctica o Certificado Médico Toxicológico para conducir vehículos, hasta por seis meses:

I. Cuando el titular cometa en el término de un año, tres infracciones, de las que se sancionen con más de tres veces el valor diario de la Unidad de Medida y Actualización;

II. Cuando el titular permita que su licencia, permiso provisional de práctica para conducir vehículos o Certificado Médico-Toxicológico, según corresponda, sea utilizada por otras personas;

III. Cuando el titular contraiga una enfermedad o le sobrevenga alguna discapacidad o lesión que lo inhabilite temporalmente para conducir y no acredite contar con certificado médico expedido por institución de salud pública en que se señale que es apto para conducir vehículos automotores, y

IV. Cuando así lo determine la autoridad competente, de manera fundada y motivada, por el tiempo que al efecto señale.

Artículo 49. Son causas de cancelación de la licencia o Certificado Médico Toxicológico para operadores de transporte público:

I. Manejar bajo el efecto de drogas enervantes o psicotrópicos;

II. Conducir con una cantidad de alcohol en la sangre superior a 0.8 gramos por litro, o de alcohol en aire espirado superior a 0.4 miligramos por litro. Los conductores de vehículos transporte público de pasajeros, de transporte de carga o de transporte de sustancias tóxicas o peligrosas, no deberán presentar ninguna cantidad de alcohol en la sangre o en aire espirado;

III. Cuando el titular contraiga una enfermedad o le sobrevenga alguna discapacidad o lesión que lo imposibilite permanentemente para conducir y no acredite contar con certificado médico expedido por institución de salud pública en que se señale que es apto para conducir vehículos automotores;

IV. Cuando al titular se le sancione en dos ocasiones con la suspensión de la licencia o permiso provisional de práctica para conducir vehículos;

V. Cuando se compruebe que la información proporcionada para su expedición sea falsa o que alguno de los documentos exhibidos sean falsos o apócrifos; y

VI. Por resolución ejecutoriada de la autoridad competente.

TÍTULO CUARTO
DEL TRANSITO EN LA VÍA PÚBLICA

CAPÍTULO I
DE LA CLASIFICACIÓN DE LAS VÍAS PÚBLICAS

Artículo 50. Para los efectos de este reglamento, por vía pública se entiende, las calles, avenidas, camellones, pasajes y en general todo terreno de dominio público y de uso común que por disposición de la autoridad o por razón del servicio este destinado al tránsito de personas, vehículos o cosas.

Artículo 51. Las vías públicas del Estado, se clasifican en:
I. Vías primarias:
a) Vías de acceso controlado.
1. Anular o periférico.
2. Radial.
3. Viaducto.
b) Arterias principales:
1. Eje vial.
2. Avenida
3. Paseo.
4. Calzada.
II. Vías secundarias:
a) Calle local:
1. Residencial.
2. Industrial.
b) Privada.
c) Terracería.
d) Camino vecinal.
e) Calle peatonal.
f) Andador.
g) Pasaje.
h) Portal.
i) Paso a desnivel
j) Puente peatonal.
III. Ciclovías, y
IV. Áreas de transferencia.

Artículo 52. Las vías públicas estarán debidamente conectadas con las estaciones de transferencia, tales como:

I. Estacionamientos y Bici estacionamientos;

II. Terminales urbanas, suburbanas y foráneas;

III. Estaciones del metro;

IV. Paraderos; y

V. Otras estaciones.

CAPÍTULO II
DE LAS SEÑALES PARA EL CONTROL DEL TRÁNSITO

Artículo 53. Las señales de tránsito se clasifican en: preventivas, restrictivas e informativas. Su significado y características son las siguientes:

I. Las señales preventivas tienen por objeto advertir la existencia y naturaleza de un peligro o cambio de situación en las vías públicas. Los conductores están obligados a tomar las precauciones necesarias que se deriven de ellas;

II. Las señales restrictivas tienen por objeto indicar determinadas limitaciones o prohibiciones que regulen el tránsito. Los conductores y peatones deberán obedecer las restricciones que pueden estar indicadas en textos, en símbolos o en ambos; y

III. Las señales informativas tienen por objeto servir de guía para localizar o identificar calles o carreteras, así como nombres de poblaciones y lugares de interés, con servicios existentes.

Artículo 54. La construcción, colocación, característica, ubicación y en general todo lo relacionado con señales y dispositivos para el control de tránsito en el Estado deben sujetarse a lo dispuesto en el manual, que al efecto se expida. La observancia de este manual es obligatoria para todas las autoridades competentes así como para los particulares.

Artículo 55. Para regular el tránsito en la vía pública, se usarán rayas, símbolos, letras de colores pintadas o aplicadas, sobre el pavimento o en el límite de la acera inmediata al arroyo. Los conductores y peatones están obligados a seguir las indicaciones de éstas Marcas.

I. Marcas en el pavimento.

a) Rayas longitudinales: Delimitan los carriles de circulación y guían a los conductores dentro de los mismos;

b) Raya longitudinal continua sencilla: Indica la prohibición de cruzar, rebasar o cambiar de carril;

c) Raya longitudinal discontinua sencilla: Indican que se puede rebasar para cambiar de carril o adelantar a otros vehículos;

d) Rayas longitudinales dobles, una continua y otra discontinua: Indican que no se debe rebasar si la línea continua está del lado de los vehículos, en caso contrario señala que se puede rebasar sólo durante el tiempo que dure la maniobra;

e) Rayas transversales: Indican el límite de parada de los vehículos o delimitan la zona de cruce de peatones. No deberán ser rebasadas en tanto no cese el motivo de la detención del vehículo;

f) Rayas oblicuas o inclinadas: Advierten de la proximidad de obstáculos e indican a los conductores extremar sus precauciones; y

g) Rayas de estacionamiento: Delimitan el espacio donde está permitido el estacionamiento.

II. Marcas en guarniciones. Indican la prohibición de estacionamiento.

III. Letras y símbolos.

a) Cruce de ferrocarril: El símbolo F.X.C. indica la proximidad de un cruce de ferrocarril, los conductores deben extremar sus precauciones; y

b) Uso de carriles direccionales en intersecciones: Indican al conductor el carril que debe tomar al aproximarse a una intersección.

IV. Marcas en obstáculos.

a) Indicadores de peligro: Indican a los conductores la presencia de obstáculos; y

b) Fantasmas o indicadores de alumbrado: Delimitan la orilla de los acatamientos.

Las isletas ubicadas en los cruceros de las vías de circulación o sus inmediaciones, podrán estar determinadas por guarniciones, tachuelas, rayas, u otros materiales y sirven para canalizar el tránsito o como zona exclusiva de peatones. Sobre estas isletas queda prohibida la circulación y el estacionamiento de vehículos.

Los vibradores son señalamientos transversales al eje de la vía, que advierten la proximidad de peligro. Ante esa advertencia los conductores deben disminuir la velocidad y extremar sus precauciones.

Artículo 56. Quienes ejecuten obras en las vías públicas están obligados a instalar los dispositivos auxiliares para el control de tránsito en el lugar de la obra, así como en su zona de influencia, la que nunca será inferior a 20 metros, cuando los trabajos interfieran o hagan peligrar el tránsito seguro de peatones y vehículos.

Artículo 57. Cuando los agentes dirijan el tránsito lo harán desde un lugar fácilmente visible y a base de posiciones y además combinados con toques reglamentarios de silbato. El significado de estas posiciones, ademanes y toques de silbato es el siguiente:

I. Alto: Cuando el frente o la espalda del agente estén hacia los vehículos de alguna vía. En este caso los conductores deberán detener la marcha en la línea de alto marcada sobre el pavimento; en ausencia de ésta, deberán hacerlo antes de entrar al crucero. Los peatones que transiten en la misma dirección de dichos vehículos deberán abstenerse de cruzar la vía transversal;

II. Siga: Cuando algunos de los costados del agente esté orientado hacia los vehículos de alguna vía. En este caso los conductores podrán seguir de frente o dar vuelta a la derecha, siempre y cuando no exista prohibición, o a la izquierda en vía de un solo sentido siempre que esté permitida. Los peatones que transiten en la misma dirección podrán cruzar con preferencia de paso, respecto de los vehículos que intenten dar vuelta;

III. Preventiva: Cuando el agente se encuentre en posición de siga y levante un brazo horizontalmente con la mano extendida del lado de donde procede la circulación o ambos si esta se verifica en dos sentidos. En este caso los conductores deberán tomar sus precauciones porque esta a punto de hacer el cambio de siga a alto. Los peatones que circulen en la misma dirección de estos vehículos deberán abstenerse de iniciar el cruce y quienes ya lo hayan iniciado deberán apresurar el paso;

IV. Cuando el agente haga el ademán de preventiva con un brazo y de siga con el otro, los conductores a quienes se dirige la primera señal deberán detener la marcha y a los que dirige la segunda, podrán continuar en el sentido de su circulación o dar vuelta a la izquierda; y

V. Alto general: Cuando el agente levante el brazo derecho en posición vertical. En este caso, los conductores y peatones, deberán detener su marcha de inmediato ya que se indica una situación de emergencia o de necesaria protección.

Al hacer las señales a que se refieren los incisos anteriores, los agentes emplearán toques de silbato en la forma siguiente: Alto, un toque corto; siga, dos toques cortos; alto general, un toque largo.

Por las noches, los agentes encargados de dirigir e1 tránsito estarán provistos de aditamentos que faciliten la visibilidad de sus señales.

CAPÍTULO III
DE LOS SEMÁFOROS

Artículo 58. Los semáforos para peatones deberán ser obedecidos por éstos en la forma siguiente:

I. Ante una silueta humana en colores blanco y verde, y en actitud de caminar, los peatones podrán cruzar la intersección;

II. Ante una silueta humana en color rojo en actitud inmóvil, los peatones deben abstenerse de cruzar la intersección, y

III. Ante un silueta humana de colores blanco y verde en actitud de caminar e intermitente, los peatones deberán apresurar el cruce de intersección si ya la iniciaron o detenerse si no lo han hecho.

Artículo 59. Los peatones y conductores de vehículos deberán obedecer las indicaciones de los semáforos para vehículos, de la siguiente manera:

I. Ante una indicación verde, los vehículos podrán avanzar. En los casos de vuelta cederán el paso a los peatones. De no existir semáforos especiales para peatones, éstos avanzarán con la indicación verde del semáforo para vehículos en la misma dirección;

II. Frente a una indicación de flecha verde exhibida sola o combinada con otra señal, los vehículos podrán entrar en la intersección para efectuar el movimiento indicado por la flecha. Los conductores que realicen la maniobra indicada por la flecha verde deberán ceder el paso a los peatones;

III. Ante la indicación ámbar los peatones y conductores no deberán de entrar a la intersección, excepto que el vehículo se encuentre ya en ella, o el detenerlo signifique por su velocidad, peligro a terceros u obstrucción al tránsito, en estos casos el conductor completará el cruce con las precauciones debidas;

IV. Frente a una indicación roja los conductores deberán detener la marcha en la línea de alto marcada sobre la superficie de rodamiento. En ausencia de éste deberán detenerse antes de entrar en dicha zona de cruce de peatones, considerándose ésta la comprendida entre la prolongación imaginaria del perímetro de las construcciones y del limite extremo de la banqueta.

Frente a una indicación roja para vehículos, los peatones no deberán entrar en la vía, salvo que los semáforos para peatones lo permitan;

V. Cuando una lente de color rojo de un semáforo emita destellos intermitentes, los conductores de vehículos deberán detener la marcha en la línea de alto, marcada sobre la superficie de rodamiento; en ausencia de esta, deberán detenerse antes de entrar en la zona de cruce de peatones u otras áreas de control y podrán reanudar su marcha una vez que se hayan cerciorado de que no ponen en peligro a terceros;

VI. Cuando una lente de color ámbar emita destellos intermitentes, los conductores de vehículos deberán disminuir la velocidad y podrán avanzar a través de la intersección o pasar dichas señales después de tomar las precauciones necesarias; y

VII. Los semáforos, campanas y, barreras instalados en intersección de ferrocarriles, deberán ser obedecidos tanto por conductores como por peatones.

CAPÍTULO IV
DE LAS REGLAS GENERALES PARA EL TRANSITO DE VEHÍCULOS

Artículo 60. La circulación de los vehículos en vías de jurisdicción estatal, incluyendo las comprendidas en zonas urbanas y rurales, se regirá por las disposiciones de este reglamento y demás normas jurídicas aplicables.

Los usuarios de las vías públicas están obligados a obedecer las disposiciones de este reglamento, las indicaciones y señales para el control de tránsito y demás normas jurídicas.

Artículo 60 Bis. Se prohíbe insultar, denigrar o golpear a los agentes de tránsito o vialidad; así como proferir vejaciones mediante utilización de señales visuales, audibles o de cualquier otro accesorio adherido al vehículo; así como golpear o realizar maniobras con el vehículo para intimidar o maltratar físicamente a otro usuario de la vía.

En los supuestos mencionados en el párrafo anterior, en caso de configurarse algún delito, los agentes podrán solicitar el apoyo de los elementos de seguridad pública para remitir al infractor ante la autoridad competente.

Artículo 61. Las indicaciones de los dispositivos para el control del tránsito prevalecen sobre las reglas de circulación, excepto cuando éstas indiquen lo contrario. Las indicaciones de los agentes de tránsito, prevalecen sobre las anteriores.

Artículo 62. Los usuarios de la vía pública deberán abstenerse de realizar acto alguno que pueda constituir un obstáculo para el tránsito de peatones y vehículos, poner en peligro a las personas o causar un daño a las propiedades públicas o privadas.

Artículo 62 Bis. Se prohíbe interferir, obstaculizar o impedir, deliberadamente, la circulación de vehículos en las vías públicas del Estado.

Artículo 63. Se prohíbe la circulación en sentido contrario; sólo en caso de emergencia podrán hacerlo las ambulancias, los vehículos del cuerpo de bomberos, así como, de las Instituciones de Seguridad Pública de los distintos niveles de gobierno.

Artículo 64. La velocidad máxima dentro del perímetro de los centros de población será de 50 kilómetros por hora. En las demás vías públicas del Estado, la velocidad máxima será la que se determine en los señalamientos respectivos. En zonas de ubicación de instalación de cualquier centro educativo, oficina pública, unidades deportivas, hospitales, iglesias y demás lugares de reunión cuando haya concurrencia de personas, la velocidad máxima será de 20 kilómetros por hora. La autoridad competente podrá modificar esos limites en las vías y zonas donde sea necesario, instalando las señales correspondientes.

A falta de señalamiento restrictivo específico, en los carriles centrales de las vías de acceso controlado la velocidad máxima será de 80 kilómetros por hora y en las vías primarias de 50 kilómetros por hora.

Artículo 65. La realización en la vía pública, de eventos deportivos y desfiles escolares, así como el tránsito de caravanas de peatones y de vehículos, se sujetará a la obtención de permisos especiales ante las autoridades de tránsito, con una anticipación de cuando menos 3 días hábiles.

En el caso anterior, los agentes de tránsito adoptarán medidas tendientes a procurar la protección de los individuos que intervengan en dichos actos y a evitar congestionamientos viales; avisando con anticipación al público en general para que circule por otras vías.

Artículo 66. Los automóviles particulares y de alquiler, así como las camionetas de uso particular cuyos modelos sean posteriores al año 1984, solo podrán circular si cuentan con los cinturones de seguridad de los asientos delanteros.

Artículo 67. Se prohibe la circulación de vehículos de los que se desprendan materias contaminantes y olores nauseabundos; materiales de construcción; que produzcan ruido excesivo o que estén equipados con banda de oruga metálica.

Artículo 68. Los vehículos automotores destinados al transporte público de pasajeros como autobuses, combis, minibuses y taxis, deberán circular siempre por el carril derecho o por los carriles destinados para ellos, realizando maniobras de ascenso y descenso de pasajeros solamente en las zonas fijadas al efecto, a treinta centímetros de la acera derecha en relación con su sentido de circulación.

Artículo 69. Los vehículos destinados al transporte de carga dentro de los perímetros de las poblaciones únicamente podrán circular en los horarios y rutas que determinen las autoridades competentes, debiendo hacerlo siempre por el carril derecho; asimismo, se abstendrán de realizar maniobras de carga y descarga que entorpezcan el flujo de peatones y automotores.

Artículo 70. Se prohibe la circulación de vehículos de carga cuando ésta rebase las dimensiones laterales del mismo, sobresalga de la parte posterior en más de un metro, dificulte la estabilidad o conducción del vehículo, estorbe la visibilidad lateral del conductor, se derrame o esparza la carga en la vía pública, oculte las luces y placas del vehículo, no se encuentre debidamente cubierta tratándose de materiales a granel y no esté debidamente sujeta con los amarres necesarios.

Los vehículos que transporten perecederos o sustancias tóxicas o peligrosas no pueden ser remitidos al depósito por violación a lo establecido en el presente Reglamento. En todo caso, el agente debe entregar el documento de la infracción correspondiente y retener la tarjeta de circulación, la licencia del conductor o la placa de matrícula del vehículo, únicamente cuando no sea posible realizar el pago inmediato, permitiendo que el vehículo continúe su marcha.

El ancho máximo autorizado para todas las clases de vehículos que transitan en las vías de jurisdicción estatal será de 2.60 metros, este ancho máximo no incluye los espejos retrovisores, los cuales no deben sobresalir más de 20 centímetros por cada lado del vehículo; ese ancho tampoco incluye los elementos de sujeción y demás aditamentos para el aseguramiento de la carga, los que podrán sobresalir como máximo 8 centímetros de cada lado.

Para el caso de aquellos vehículos con configuración cabina sobre motor, el ancho máximo incluyendo los espejos, no deberá rebasar los 3 metros.

La altura máxima autorizada para todos los vehículos que transitan en la entidad mexiquense será de 4.25 metros.

Artículo 71. Los vehículos de transporte de carga de explosivos, de materias inflamables y corrosivas, y en general de materiales peligrosos, solo podrán circular con los contenedores y tanques especiales para cada caso y por las vialidades que se determinen.

Artículo 72. En las vías públicas tienen preferencia de paso las ambulancias, las patrullas de policía y los vehículos del cuerpo de bomberos cuando circulen con la sirena o con la torreta luminosa encendida; los convoyes militares y el ferrocarril. Los peatones y conductores tienen la obligación de cederles el paso. Los conductores, no deberán seguir a los vehículos de emergencia, ni detenerse, ni estacionarse a una distancia que pueda significar riesgo o entorpecimiento de la actividad del personal de dichos vehículos.

Artículo 73. Cuando los semáforos permitan el desplazamiento de vehículos en un crucero, pero en el momento no haya espacio libre en la cuadra siguiente para que los vehículos avancen, queda prohibido continúa, la marcha cuando al hacerlo se obstruya la circulación en la intersección. Se aplica la misma regla cuando el crucero carezca de señalamiento por semáforos.

Artículo 74. En las glorietas donde la circulación no esté controlada por semáforos, los conductores que entren a la misma, deben ceder el paso a los vehículos que ya se encuentran circulando en ella.

Artículo 75. En los cruceros donde no haya semáforo o no esté controlado por un agente de tránsito, se observarán las siguientes disposiciones:

I. El conductor que se acerque al crucero deberá ceder el paso a aquellos vehículos que se encuentren ya dentro del mismo;

II. Cuando al crucero se aproximen en forma simultánea vehículos procedentes de las diferentes vías que confluyen en el mismo, los conductores deberán alternarse el paso, iniciando el cruce aquel que proceda del lado derecho; y

III. Cuando una de las vías que converja en el crucero sea de mayor amplitud que la otra, o tenga notablemente mayor volumen de tránsito, existirá, preferencia de paso para los vehículos que transiten por ella.

Artículo 76. Los conductores que pretendan incorporarse a una vía primaria deberán ceder el paso a los vehículos que circulen por la misma.

Es obligación, para los conductores que, pretendan salir de una vía primaria, pasar con suficiente anticipación al carril de su extrema derecha o izquierda, según sea el caso, y con la debida precaución salir a los carriles laterales.

Los conductores que circulen por las laterales de una primaria, deberán ceder el paso a los vehículos que salen de los carriles centrales para tomar los laterales, aun cuando no exista señalización.

Artículo 77. El conductor que se aproxime a un crucero de ferrocarril deberá hacer alto a una distancia mínima de 5 metros del riel más cercano, con excepción hecha de vías férreas paralelas o convergentes a las vías de circulación continua, en donde disminuirá la velocidad y se pasará con precaución. Atendiendo en este caso a la señalización instalados, el conductor podrá cruzar las vías de ferrocarril, una vez que se haya cerciorado de que no se aproxima ningún vehículo sobre los rieles.

Artículo 78. Los conductores de vehículos de motor, de cuatro o más ruedas, deberán respetar el derecho que tienen los motociclistas para usar un carril de tránsito.

Ningún vehículo podrá ser conducido sobre una isleta, camellón o sus marcas de aproximación, ya sean pintadas o realzadas.

En vías primarias en las que exista restricción expresa para el tránsito de cierto tipo de vehículos y no obstante transiten, se les aplicará a los conductores la sanción correspondiente.

Artículo 79. El conductor de vehículos que circule en el mismo sentido que otro, por una vía de dos carriles y doble circulación, para rebasarlo por la izquierda, observar las reglas siguientes:

I. Deberá cerciorarse de que ningún conductor que le siga haya iniciado la misma maniobra; y

II. Una vez anunciada su intersección con luz direccional o en su defecto con el brazo, lo adelantará por la izquierda a una distancia segura, debiendo reincorporarse al carril de la derecha, tanto le sea posible y haya alcanzado una distancia suficiente para no obstruir la marcha del vehículo rebasado.

El conductor de un vehículo al que se intente adelantar por la izquierda deberá conservar su derecha y no aumentar la velocidad de su vehículo.

Artículo 80. El conductor de un vehículo sólo, podrá rebasar o adelantar a otro que transite en el mismo sentido, en los casos siguientes:

I. Cuando el vehículo al que pretende rebasar o adelantar esté a punto de dar vuelta a la izquierda; y

II. En vías de dos o más carriles de circulación en el mismo sentido, cuando el carril de la derecha permita circular con mayor rapidez.

Queda prohibido rebasar vehículos por el acotamiento.

Artículo 81. Los vehículos que transiten por vías angostas deberán ser conducidos a la derecha del eje de las vías, salvo en los siguientes casos:

I. Cuando se rebase a otro vehículo;

II. Cuando en una vía de doble sentido de circulación el carril derecho esté obstruido, y con ello haga necesario transitar por la izquierda de la misma. En este caso, los conductores deberán ceder el paso a los vehículos que. se acerquen en sentido contrario por la parte no obstruida;

III. Cuando se trate de una vía de un solo sentido; y

IV. Cuando se circule en la glorieta de una calle, con un solo sentido de circulación.

Artículo 82. Queda prohibido al conductor de un vehículo rebasar a otro por el carril de tránsito opuesto en los siguientes casos:

I. Cuando sea posible rebasarlos en el mismo sentido de su circulación;

II. Cuando el carril de circulación contrario no ofrezca una clara visibilidad o cuando no esté libre de tránsito en una longitud suficiente para permitir efectuar la maniobra sin riesgo;

III. Cuando se acerque a la cima de una pendiente o en curva;

IV. Cuando se encuentre a 30 metros o menos de distancia de un crucero o de un paso de ferrocarril;

V. Para adelantar hileras de vehículos;

VI. Cuando la raya en el pavimento sea continua; y

VII. Cuando el vehículo que lo precede haya iniciado una maniobra de rebase.

Artículo 83. En las vías de dos o más carriles de un mismo sentido, todo conductor deberá mantener su vehículo en un solo carril y podrá cambiar a otro con la precaución debida haciéndolo de forma escalonada, de carril en carril y utilizando sus direccionales.

Las luces direccionales deberán emplearse para indicar cambios de direcciones, y durante paradas momentáneas o estacionamientos de emergencia, también podrá usarse como advertencia, debiendo preferirse en estas últimas situaciones las luces intermitentes de destello.

Artículo 84. El conductor que pretenda reducir la velocidad de su vehículo, detenerse, cambiar de dirección o de carril, solo podrá iniciar la maniobra después de cerciorarse de que pueda efectuarla con la precaución debida, y avisar a los vehículos que le sigan en la siguiente forma:

I. Para detener la marcha o reducir la velocidad hará uso de la luz de freno y podrá, además, sacar por el lado izquierdo del vehículo el brazo extendido horizontalmente. En caso de contar con luces de destello intermitente o de emergencia podrán utilizarse; y

II. Para cambiar de dirección deberá usar la luz, direccional correspondiente o en su defecto deberá sacar el brazo izquierdo extendido hacia arriba, si el cambio es a la derecha y extendiéndolo hacia abajo si éste va a ser hacia la izquierda.

Artículo 85. Para dar vuelta en un crucero, los conductores de vehículos deberán hacerlo con precaución, ceder el paso a los peatones que se encuentran en el arroyo y proceder de la manera siguiente:

I. Al dar vuelta a la derecha tomarán oportunamente el carril extremo derecho y cederán el paso a los vehículos que circulen por la calle a la que se incorporen;

II. Al dar vuelta a la izquierda en los cruceros donde el tránsito sea permitido en ambos sentidos, la aproximación de los vehículos deberá hacerse sobre el extremo izquierdo de su sentido de circulación, junto al camellón o raya central. Después de entrar al crucero deberán ceder el paso a los vehículos que circulen en sentido opuesto, al completar la vuelta a la izquierda deberán quedar colocados a la derecha de la raya. central de la calle a la que se incorporen;

III. En las calles de un solo sentido de circulación los conductores deberán tomar el carril extremo izquierdo y cederán el paso a los vehículos que circulen por la calle a la que se incorporen;

IV. De una calle de un solo sentido a otra de doble sentido, se aproximarán tomando el carril extremo izquierdo y, después de entrar al crucero, darán vuelta a la izquierda y cederán el paso a los vehículos; al salir del crucero cederán el paso a los vehículos y quedando colocados a la derecha de la raya central de la calle a la que se incorporen; y

V. De una vía de doble sentido a otra de un solo sentido, la aproximación se hará por el carril extremo izquierdo de su sentido de circulación, junto al camellón o raya central, y deberán ceder el paso a los vehículos que circulen en sentido opuesto, así como a los que circulen por la calle a la que se incorporen.

Artículo 86. La vuelta continua, a la derecha y a la izquierda, está prohibida, excepto cuando exista un señalamiento que expresamente lo permita, en cuyo caso deberá cederse el paso a los peatones que estén cruzando y a los vehículos que transiten por la vía a la que se pretende incorporar.

I. Circular por el carril derecho desde una cuadra o 50 metros, aproximadamente, antes de realizar la vuelta derecha continua;

II. Al llegar a la intersección, si tiene la luz roja el semáforo, detenerse y observar a ambos lados, para ver si no existe la presencia de peatones o vehículos que estén cruzando en ese momento, antes de proceder a dar la vuelta;

III. En el caso de que existan peatones o vehículos, darles el derecho de preferencia de paso, según sea el caso; y

IV. Al finalizar la vuelta a la derecha, deberá tomarse el carril derecho.

La vuelta a la izquierda será igualmente continua, cuando la vía que se aborde sea de un solo sentido, debiendo el conductor, con las precauciones del caso, sujetarse a los lineamientos que se establecen en la presente disposición.

Artículo 87. EL conductor de un vehículo podrá retroceder hasta 20 metros, siempre que tome las precauciones necesarias y no interfiera al tránsito. En vías de circulación continua o intersecciones se prohibe retroceder los vehículos, excepto por una obstrucción de la vía por accidente o causa de fuerza mayor, que impida continuar la marcha.

Artículo 88. En la noche, o cuando no haya suficiente visibilidad en el día, los conductores al circular llevarán encendidos los faros delanteros y luces posteriores reglamentarios, evitando que el haz luminoso deslumbre a quienes transitan en sentido opuesto o en la misma dirección.

Artículo 89. Los conductores de motocicletas con o sin carro anexo, podrán hacer uso de todas las vialidades del Estado, sujetándose a las siguientes reglas:

I. Solo podrán viajar, además del conductor, el número de personas autorizadas en la tarjeta de circulación;

II. Cuando viaje otra persona, además del conductor o transporte carga, el vehículo deberá circular por la extrema derecha de la vía sobre la que circulen y proceda con cuidado al rebasar vehículos estacionados;

III. No deberán transitar sobre las aceras y áreas reservadas al uso exclusivo de peatones;

IV. Transitar por un carril de circulación de vehículos automotores, mismo que deberán respetar los conductores de vehículos de motor. Por tal motivo, no deberán transitar dos o más motocicletas en posición paralela en un mismo carril;

V. Para rebasar un vehículo de motor deberán utilizar un carril diferente del que ocupa el que va a ser adelantado;

VI. Los conductores de motocicletas deberán usar durante la noche o cuando no hubiere suficiente visibilidad durante el día, el sistema de alumbrado, tanto en la parte delantera como en la posterior;

VII. Los conductores de motocicletas y, en su caso, sus acompañantes deberán usar casco y anteojos protectores;

VIII. No asirse o sujetar su vehículo a otros que transiten por la vía pública;

IX. Señalar de manera anticipada cuando vayan a efectuar una vuelta;

X. No llevar carga que dificulte su visibilidad, equilibrio, adecuada operación o constituya un peligro para si u otros usuarios de la vía pública;

XI. Tomar oportunamente el carril correspondiente al dar la vuelta a la izquierda o a la derecha; y

XII. Abstenerse de transportar pasajeros menores de doce años de edad.

XIII. Abstenerse de transportar a un pasajero entre el conductor y el manubrio.

XIV. Abstenerse de transportar menores de edad, pero mayores de doce años, cuando este no pueda sujetarse por sí mismo a la motocicleta y, estando correctamente sentado, no pueda colocar adecuada y firmemente los pies en los estribos o posa pies, excepto que cuente con los aditamentos especialmente diseñados para su seguridad.

XV. Acatar estrictamente las disposiciones establecidas por el presente reglamento.

Artículo 90. Son obligaciones de los conductores de vehículos automotores:

I. Manejar siempre con precaución, en uso de sus facultades físicas y mentales sin disminución alguna que le impida manejar adecuadamente el vehículo de que se trate en términos de la licencia respectiva y sin llevar en los brazos a personas, animales u objeto alguno;

II. Revisar las condiciones mecánicas de la unidad que manejen; comprobar el buen funcionamiento de las llantas, limpiadores, luces y frenos, así como verificar que se cuenta con llanta de refacción, extinguidor, y herramienta;

III. Traer consigo la licencia y/o el permiso vigente para conducir el vehículo de que se trate expedida por la Secretaría de Movilidad, así como la documentación que autorice la circulación del vehículo;

IV. Asegurarse que todos los pasajeros utilicen correctamente el cinturón de seguridad además de colocarse el propio, excepto los ocupantes de vehículos de emergencia.

V. Cumplir con las disposiciones relativas a las señales preventivas y restrictivas; de estacionamiento, sobre contaminación ambiental; y límites de velocidad;

VI. Abstenerse de molestar a los peatones y demás conductores con el uso irracional de bocinas y escapes;

VII. Respetar los carriles, derecho de circulación y de contraflujo o confinado, para los vehículos de transporte público, masivo o de alta capacidad.

VIII. Abstenerse de formarse en segunda fila;

IX. Levantar y bajar pasaje únicamente en los lugares autorizados para tal fin;

X. Evitar el ascenso y descenso de pasajeros sobre el arroyo de la vialidad;

XI. Extremar las precauciones respecto a las preferencias de paso, al incorporarse a cualquier vía, al pasar cualquier crucero; al rebasar; al cambiar de carril; al dar vuelta a la izquierda, a la derecha o en "U"; al circular en reversa; cuando esté lloviendo; y en lo casos de accidente o de emergencia;

XII. Hacer alto total a una distancia mínima de 5 metros del riel más cercano del cruce del ferrocarril;

XIII. Derogada.

XIV. Abstenerse de rebasar el cupo de pasajeros autorizados;

XV. Abstenerse de conducir un vehículo que no cuente con holograma de verificación vehicular vigente, que sea ostensiblemente contaminante o que circule cuando por restricción de carácter ambiental no le corresponda.

XVI. Abstenerse, de conducir bajo el efecto de drogas o psicotrópicos;

XVII. Abstenerse de conducir en estado de ebriedad;

XVIII. En caso procedente, hacer entrega a los agentes de tránsito que lo soliciten de la licencia y/o permiso para conducir vehículos, de la tarjeta de identificación personal para operadores de transporte público, de la tarjeta de circulación y, en su caso de la placa para que procedan a la formulación del documento impreso por la terminal electrónica en el que conste la infracción y la sanción que el agente de tránsito expida al infractor.

XIX. Abstenerse de retroceder en vías de circulación continua o intersecciones, excepto por una obstrucción en la vía que impida continuar la marcha;

XX. Abstenerse de encender fósforos o encendedores o fumar en el área de carga de combustible;

XXI. Abstenerse de cargar combustible con el vehículo en marcha;

XXII. No efectuar carreras o arrancones en la vía pública;

XXIII. Abstenerse de obstaculizar los pasos destinados para peatones;

XXIV. Abstenerse de pasarse las señales rojas o ámbar de los semáforos; y

XXV. Abstenerse de utilizar objetos que representen un distractor para la conducción segura; tratándose de dispositivos de apoyo a la conducción como mapas y navegadores GPS, cualquier manipulación deberá hacerse con el vehículo detenido.

XXVI. Abstenerse de utilizar el teléfono celular o cualquier dispositivo de comunicación mientras el vehículo esté en movimiento, cualquier manipulación deberá hacerse con el vehículo detenido.

XXVII. Abstenerse de transportar personas en la parte exterior de la carrocería, con excepción del transporte de cargadores o estibadores cuando la finalidad del transporte requiera de ellos en número y en condiciones tales que garanticen la integridad física de los mismos.

XXVIII. Abstenerse de instalar o utilizar televisores o pantallas de proyección de cualquier tipo de video o sistemas de entretenimiento en la parte delantera del vehículo.

XXIX. Cuando decidan transitar por la infraestructura vial de cuota que se encuentran en la Entidad, deben pagar el monto del peaje en las casetas determinadas para esto.

No se aplicará multa alguna, cuando el conductor deje de cubrir el pago correspondiente en las casetas instaladas para tal efecto, por el entorpecimiento del tránsito ocasionado por personas ajenas a las autorizadas por la concesionaria correspondiente, y

XXX. Las demás que imponga el presente reglamento y otras disposiciones legales.

Artículo 90 Bis. Los vehículos automotores de uso particular deberán contar con póliza de seguro de responsabilidad civil vigente, que ampare al menos la responsabilidad civil por daños a terceros en su persona y en su patrimonio.

Las unidades que prestan el servicio de transporte público de pasajeros o de carga, deberán contar con póliza de seguro de responsabilidad civil vigente que ampare la responsabilidad civil por daños y perjuicios que con motivo de la prestación del servicio se pudiese ocasionar a los usuarios o terceros en su persona o patrimonio.

CAPÍTULO V
DE LOS PEATONES, ESCOLARES Y CICLISTAS

Artículo 91. Los peatones deberán de observar las disposiciones de este reglamento, acatar las indicaciones de los agentes de tránsito y respetar las señales fijadas en la vía pública y las de los semáforos.

Artículo 92. Los peatones, al circular en la vía pública, acatarán las prevenciones siguientes:

I. No podrán transitar a lo largo de la superficie de rodamiento de ninguna vía primaria, ni desplazarse por ésta en vehículos no autorizados;

II. En las avenidas y calles de alta densidad de tránsito queda prohibido el cruce de peatones por lugares que no sean esquinas o zonas marcadas para tal efecto;

III. En intersecciones no controladas por semáforos o agentes de tránsito, los peatones deberán cruzar únicamente después de haberse cerciorado que pueden hacerlo con toda seguridad;

IV. Para atravesar la vía pública por un paso de peatones controlado por semáforos o agentes de transito, deberán obedecer las respectivas indicaciones;

V. No deberán invadir intempestivamente la superficie de rodamiento;

VI. En cruceros no controlados por semáforos o agentes de tránsito, no deberán cruzar frente a vehículos de transporte público de pasajeros detenidos momentáneamente;

VII. Cuando no existan aceras en la vía pública, deberán circular por el acotamiento y, a falta de éste, por la orilla de la vía, pero en todo caso, procurarán hacerlo dando el frente al tránsito de vehículos;

VIII. Para cruzar una vía donde haya puentes pe atonales, están obligados a hacer uso de ellos;

IX. Ningún peatón circulará diagonalmente por los cruceros; y

X. Los peatones que pretendan cruzar una intersección o abordar un vehículo no deberán invadir el arroyo, en tanto no aparezca la señal que permita atravesar la vía o no llegue dicho vehículo.

Artículo 93. En los cruceros o zonas marcadas para el paso de peatones, donde no haya semáforos ni agentes de tránsito que regulen la circulación, los conductores harán alto para ceder el paso a los peatones que se encuentren en el arroyo. En vías de doble circulación, donde no haya refugio central para peatones, también deberán ceder el paso a aquellos que se aproximen provenientes de la parte de la superficie de rodamiento correspondiente al sentido opuesto.

Queda prohibido adelantar o rebasar a cualquier vehículo que se haya detenido ante una zona de paso de peatones, marcada o no, para permitir el paso de éstos.

Artículo 94. Sin perjuicio de lo previsto en este capítulo las personas adultas mayores, las personas en situación de discapacidad, los escolares y las niñas, niños, y adolescentes tienen derecho de paso en todas las intersecciones y zonas marcadas para ese efecto, debiendo ser auxiliados en todos los casos, por los agentes de tránsito.

Las personas en situación de discapacidad gozarán de los siguientes derechos y preferencias:

I. En las intersecciones a nivel no semaforizadas, gozarán de derecho de paso sobre los vehículos; y

II. En intersecciones semaforizadas, las personas en situación de discapacidad disfrutarán del derecho de paso, cuando el semáforo de peatones así lo indique, cuando el semáforo que corresponde a la vialidad esté en alto o cuando el agente de tránsito haga el ademán equivalente. Una vez que correspondiéndole el paso de acuerdo con los semáforos y no alcance a cruzar la vialidad, es obligación de los conductores mantener detenidos los vehículos hasta que acaben de cruzar.

Artículo 95. Además del derecho de paso, los escolares tendrán las siguientes preferencias:

I. Los escolares gozarán de preferencia para el ascenso y descenso de vehículos y acceso o salida de sus lugares de estudio. Los agentes de tránsito deberán proteger, mediante los dispositivos e indicaciones convenientes, el tránsito peatonal de los escolares en los horarios establecidos; y

II. Los vehículos que encuentren un transporte escolar detenido en la vía pública, realizando maniobras' de ascenso y descenso de escolares y pretendan rebasarlo, deberán disminuir su velocidad, y tomar todo género de precauciones.

Artículo 96. Los vehículos automotores que se utilicen para el traslado de los alumnos a los centros de estudio, bibliotecas, museos, campos deportivos y otros lugares similares, deberán ser estacionados en los lugares previamente señalados y proteger el ascenso y descenso por los agentes de tránsito, asimismo sus conductores deberán encender las luces intermitentes como medida de precaución, hasta que los escolares ocupen su asiento o hayan descendido en lugar seguro.

Artículo 97. Todos los conductores de automotores, así como los ciclistas y motociclistas que transiten por museos, centros deportivos, parques, hospitales y edificios públicos, están obligados a:

I. Disminuir la velocidad por lo menos a 20 kilómetros por hora, extremando sus precauciones;

II. Hacer alto total, sin rebasar la línea de paso, cediéndolo a escolares y peatones; y

III. Obedecer las señales e indicaciones de los agentes de tránsito.

Artículo 98. Los conductores de bicicletas y triciclos podrán hacer uso de las vías públicas en el Estado, sujetándose a las reglas siguientes:

I. Circular con precaución en las ciclovías o sobre la extrema derecha de la vía en la que transiten;

II. Abstenerse de circular sobre las aceras o áreas reservadas a los peatones, así como asirse a otro vehículo para ser remolcado; y

III. Obedecer las señales e indicaciones de los agentes de tránsito.

CAPÍTULO VI
DEL ESTACIONAMIENTO DE VEHÍCULOS EN LA VÍA PÚBLICA

Artículo 99. Para parar o estacionar un vehículo en la vía pública, se deberán observar las siguientes reglas:

I. El vehículo deberá quedar orientado en el sentido de la circulación;

II. En zonas urbanas, las ruedas contiguas a la acera quedaran a una distancia máxima de la misma que no exceda de 30 centímetros;

III. En las zonas rurales, el vehículo deberá quedar fuera de la superficie de rodamiento;

IV. Cuando el vehículo quede estacionado en bajada, además de aplicar el freno de estacionamiento, las ruedas delanteras deberán quedar dirigidas hacia las guarniciones de la vía. Cuando quede en subida, las ruedas delanteras se colocarán en posición inversa. Cuando el peso, del vehículo sea superior a 3.5 toneladas deberán colocarse además cuñas apropiadas entre el piso y las ruedas traseras;

V. El estacionamiento en batería se hará dirigiendo las ruedas delanteras hacia la guarnición, excepto que la señalización indique lo contrario;

VI. Cuando el conductor salga del vehículo estacionado, deberá apagar el motor; y

VII. Cuando el conductor de un vehículo lo estacione en forma debida en la vía pública, ninguna persona podrá desplazarlo o empujarlo por cualquier medio para maniobras de estacionamiento.

Artículo 100. Se prohibe el estacionamiento de cualquier clase de vehículos en los siguientes lugares:

I. En los accesos de entrada y salida de las estaciones de bomberos, de los hospitales, de las instalaciones militares, de los edificios de policía y tránsito, así como de las terminales de transporte público de pasajeros y carga;

II. En las aceras, camellones, andadores y otras vías reservadas a los peatones;

III. En más de una fila;

IV. Frente a una entrada de vehículo, excepto la de su domicilio;

V. En la zona de ascenso y descenso de pasajeros de vehículos de servicio público;

VI. En las vías de circulación continua o frente a sus salidas;

VII. En lugares en donde se obstruya la visibilidad de señales de tránsito a los demás conductores;

VIII. Sobre cualquier puente o estructura elevada de una vía o el interior de un túnel;

IX. A menos de 5 metros del riel más cercano de un cruce ferroviario;

X. A menos de 50 metros de un vehículo estacionado en el lado opuesto en una carretera de no más de dos carriles y doble sentido de circulación;

XI. A menos de 100 metros de una curva o cima sin visibilidad;

XII. En las áreas de cruce de peatones, marcados o no en el pavimento;

XIII. En las zonas en que el estacionamiento se encuentre sujeto a sistema de cobro, sin haber efectuado el pago correspondiente;

XIV. En las zonas autorizadas de carga y descarga sin realizar esta actividad;

XV. En sentido contrario;

XVI. En carreteras y vialidades de tránsito continuo, así como en el carril confinado o de contraflujo de uso exclusivo para los vehículos de transporte público, masivo o de alta capacidad y trolebuses.

XVII. Frente a estacionamientos bancarios que manejen valores;

XVIII. Frente a rampas especiales de acceso a la banqueta para personas en situación de discapacidad, y

XIX. En general en todos aquellas zonas o vías públicas en donde exista un señalamiento que prohíba estacionarse.

Artículo 101. En las vías públicas únicamente podrán efectuarse reparaciones a vehículos cuando éstas sean debidas a una emergencia, en cuyo caso el conductor deberá realizar lo siguiente:

I. Si la vía es de un solo sentido, se colocará un dispositivo a 30 metros hacia atrás, en el centro del carril que ocupa el vehículo. Si la vía es de circulación en ambos sentidos, se colocará además otro dispositivo a 30 metros hacia adelante en el centro del carril que ocupa el vehículo;

II. La colocación de las banderas o dispositivos de seguridad en curva o cima, o lugar de poca visibilidad, se hará para advertir al frente y la parte posterior del vehículo estacionado, a una distancia no menor de 50 metros del lugar obstruido; y

III. Si los vehículos tienen más de 2 metros de ancho, deberá colocarse atrás una bandera o dispositivo de seguridad adicional, a no menos de 3 metros del vehículo y a una distancia tal de la orilla derecha, de la superficie de rodamiento que indique la parte que está ocupando el vehículo.

Queda prohibido estacionarse simulando una falla mecánica, con el propósito de pararse de manera momentánea o temporal.

Los talleres o negociaciones que se dediquen a la reparación de vehículos, bajo ningún concepto podrán utilizar las vías públicas para ese objeto; en caso contrario los agentes de tránsito deberán retirarlos.

Artículo 102. Queda prohibido apartar lugares de estacionamiento en la vía pública, así como poner objetos que obstaculicen el mismo, los cuales serán removidos por los agentes de tránsito.

CAPÍTULO VII
DE LOS ACCIDENTES DE TRÁNSITO

Artículo 103. El presente capítulo regula las conductas de quienes intervengan en accidentes de tránsito, sin perjuicio de la aplicación de las sanciones a que se hagan acreedores.

Artículo 104. Los conductores de vehículos y los peatones implicados en un accidente de tránsito, en el que resulten personas lesionadas o fallecidas, si no resultan ellos mismos con lesiones que requieran intervención inmediata, deberán proceder en la forma siguiente:

I. Permanecer en el lugar del accidente, para prestar o facilitar la asistencia al lesionado o lesionados y procurar que se de aviso al personal de auxilio y a la autoridad competente para que tome conocimiento de los hechos;

II. Cuando no se disponga de atención médica inmediata, los implicados solo deberán de mover y desplazar a los lesionados, cuando esta sea la única forma de proporcionarles auxilio oportuno o facilitarles atención médica indispensable para evitar que se agrave su estado de salud;

III. En el caso de personas fallecidas no se deberán mover los cuerpos hasta que la autoridad competente lo disponga;

IV. Tomar las medidas adecuadas mediante señalamiento preventivo, para evitar que ocurra otro accidente;

V. Cooperar con el representante de la autoridad que intervenga, para retirar los vehículos accidentados que obstruyan la vía pública y proporcionar los informes sobre el accidente; y

VI. Los conductores de otros vehículos y los peatones que pasen por el lugar del accidente, sin estar implicados en el mismo, deberán continuar su marcha, a menos que las autoridades competentes soliciten su colaboración.

Artículo 105. Los conductores de vehículos y los peatones implicados en un accidente del que resulten daños a los bienes, deberán proceder en la forma siguiente:

I. Cuando resulten únicamente daños a bienes de propiedad privada, los implicados, sin necesidad de recurrir a autoridad alguna, podrán llegar a un acuerdo sobre el pago de los mismos y de ser así, procederán a retirarse sin sanción alguna. De no lograrse el acuerdo, serán presentados ante la autoridad competente, para los efectos de su competencia; y

II. Cuando resulten daños a bienes propiedad de la federación, del estado o de los municipios, los implicados darán aviso a, las autoridades competentes, para que éstas puedan comunicar a su vez los hechos a las dependencias, cuyos bienes hayan sido afectados, para los efectos procedentes.

Artículo 106. Los conductores de los vehículos implicados en un accidente tendrán la obligación de retirarlos de la vía pública, una vez que la autoridad competente lo disponga, para evitar otros accidentes, así como los residuos o cualquier otro material que se hubiese esparcido en ella con motivo o a consecuencia de dicho accidente.

CAPÍTULO VIII
DE LA CONDUCCIÓN DE VEHÍCULOS BAJO LOS EFECTOS DEL ALCOHOL Y DE NARCÓTICOS

Artículo 106 Bis. Ninguna persona puede conducir vehículos por la vía pública si tiene una cantidad de alcohol en la sangre superior a 0.8 gramos por litro, o de alcohol en aire espirado superior a 0.4 miligramos por litro, o bajo el influjo de enervantes, estupefacientes o sustancias psicotrópicas o tóxicas.

Los operadores de vehículos destinados al servicio de transporte de pasajeros, de transporte de carga o de transporte de sustancias tóxicas o peligrosas, no deben presentar ninguna cantidad de alcohol en la sangre o en aire espirado, o síntomas simples de aliento alcohólico, ni deben presentar síntomas simples de estar bajo el influjo de enervantes, estupefacientes o sustancias psicotrópicas o tóxicas; en caso contrario, el conductor será remitido al oficial calificador correspondiente. Si el médico de dicha oficialía, basado en pruebas pertinentes e idóneas, determina el consumo de alcohol o de las sustancias referidas, sin perjuicio de las sanciones que procedan, dará aviso inmediato a la Secretaría de Movilidad para que, en su caso, proceda a la cancelación de la licencia, conforme a las disposiciones legales aplicables.

En el ámbito de sus respectivas competencias, las Secretarías de Movilidad, Seguridad, Salud y demás autoridades competentes llevarán a cabo, las gestiones necesarias, a fin de implementar operativos de manera conjunta o separada, para la detección de alcohol y sustancias estupefacientes, psicotrópicas o tóxicas a las y los choferes de transporte público, así como a conductores de vehículos automotores de servicio particular, acorde a las facultades de cada autoridad.

Artículo 106 Ter. Todos los conductores de vehículos a quienes se les encuentre cometiendo actos que violen las disposiciones del presente Reglamento y muestren síntomas de que conducen en estado de ebriedad o bajo los efectos de enervantes, estupefacientes o sustancias psicotrópicas o tóxicas serán presentados ante el oficial calificador del municipio que compete o al ministerio público, cuando el hecho sea constitutivo de delito, según corresponda.

Todos los conductores de vehículos están obligados a someterse a las pruebas para la detección del grado de intoxicación por el médico adscrito a la oficialía calificadora del municipio que corresponda.

Los agentes de tránsito o vialidad pueden detener la marcha de un vehículo cuando la Secretaría de Seguridad o los ayuntamientos establezcan y lleven a cabo operativos o programas de control y preventivos de ingestión de alcohol u otras substancias tóxicas para los conductores de vehículos. Asimismo, podrán detener la marcha de un vehículo cuando, en coordinación con la Secretaría de Movilidad, apoyen a ésta para que en el ámbito de su competencia ejecute de acciones con los mismos fines.

Artículo 106 Quater. Cuando se cuente con aparatos médico-científicos de detección de alcohol y de otras substancias tóxicas se debe proceder de la siguiente manera:

I. Los conductores deben someterse a las pruebas para la detección del grado de intoxicación que establezca, en su respectiva competencia, la Secretaría de Seguridad, la Secretaría de Movilidad o los ayuntamientos;

II. La autoridad competente, debe entregar al conductor un ejemplar del comprobante de los resultados de la prueba, inmediato a su realización;

III. En caso de que el conductor sobrepase el límite permitido de alcohol en la sangre, aire espirado o se encuentre bajo el influjo de enervantes, estupefacientes o sustancias psicotrópicas o tóxicas debe ser remitido ante el oficial calificador del municipio correspondiente cuando los hechos constituyan una falta administrativa, y ante el ministerio público, cuando el hecho sea constitutivo de delito, según corresponda.

IV. Cuando al momento de la infracción el conductor se encuentre acompañado de algún familiar o de persona que no se encuentre bajo el influjo de bebidas alcohólicas, substancias enervantes, psicotrópicas, estupefacientes o tóxicas, y además, posea y porte al momento su licencia para conducir vigente, se procederá a hacerle entrega del vehículo correspondiente, dejándose constancia fehaciente y por escrito de ello, con excepción de los vehículos de transporte público. En caso de que no sea posible la entrega del vehículo a un tercero o se trate de vehículos de transporte público, dicho vehículo se deberá remitir de inmediato al depósito más cercano, para su resguardo;

V. La autoridad competente, debe entregar un ejemplar del comprobante de los resultados de la prueba al oficial calificador del municipio, documento que constituirá prueba fehaciente de la cantidad de alcohol o de otra sustancia tóxica encontrada, que servirá de base para el dictamen del médico adscrito a la oficialía calificadora que determine el tiempo probable de recuperación, y

VI. Informar, de inmediato, a la Secretaría de Movilidad de las infracciones a las disposiciones de tránsito para que se registren en la correspondiente base de datos.

El oficial calificador será la autoridad encargada de determinar la temporalidad del arresto, de acuerdo a la concentración que reporten los elementos médico-científicos, así como cuando viajen menores de doce años. Si al momento de la infracción se desprende que el conductor es menor de edad, el vehículo se remitirá al depósito más cercano y por conducto del oficial calificador se citará a sus padres o a quien ejerza la patria potestad o tutela sobre él o ella para que, en su presencia, sea amonestado, además de que si la falta administrativa genera alguna obligación, serán solidariamente responsables del menor infractor.

En caso de reincidencia, el conductor deberá inscribirse en alguno de los programas de rehabilitación para personas alcohólicas en las instituciones con las que el Gobierno del Estado de México o los municipios tengan celebrado convenio al respecto.

TÍTULO QUINTO
DE LA EDUCACIÓN VIAL Y MEDIDAS DE PROTECCIÓN DEL MEDIO AMBIENTE

CAPÍTULO I
DE LA EDUCACIÓN E INFORMACIÓN VIAL

Artículo 107. Es obligación de las autoridades de tránsito, en coordinación con las que sean competentes, crear y desarrollar programas de educación vial dirigidos a:

I. Estudiantes de todos los niveles educacionales en el Estado;

II. Aspirantes a obtener una licencia o permiso para conducir automotores;

III. Conductores de vehículos de uso particular o comercial;

IV. Conductores de servicio público, tanto de pasajeros como de carga y especializados;

V. Amas de casa, madres de menores estudiantes y profesores para preservar la seguridad de los educandos;

VI. Infractores de las disposiciones. de tránsito en el momento de cubrir el importe de las multas; y

VII. Personal operativo y administrativo de tránsito, para que se actualicen en materia de educación vial.

Los programas de educación vial que se impartan en el Estado, deberán referirse cuando menos a los siguientes temas:

a) Uso adecuado de las vialidades;

b) Comportamiento del peatón en la vía pública;

c) Comportamiento y normatividad para el conductor;

d) Prevención de accidentes y primeros auxilios;

e) Señales humanas, verticales y horizontales, preventivas, restrictivas e informativas; y

f) Conocimiento y aplicación de las leyes de tránsito, reglamentos y otras disposiciones legales en la materia.

Artículo 108. Los prestadores de servicios públicos están obligados a proporcionar a sus operadores capacitación básica en materia de tránsito, implementando cursos permanentes para:

I. La prevención de accidentes viales;

II. Respetar los limites de velocidad en todas las vialidades; y

III. Evitar el manejo de vehículos automotores en estado de ebriedad o bajo el influjo de drogas enervantes o estados emocionales que alteren las funciones del conductor.

Artículo 109. El Ejecutivo del Estado a través de la Secretaría de Seguridad, podrá celebrar convenios con instituciones públicas o privadas, para dar a conocer en los medios de comunicación masiva, los programas de educación vial, así como para informar al público en general, con oportunidad, acerca de la intensidad del tráfico y de las vialidades y de los siniestros que ocurren en las mismas, con el propósito de evitar congestionamientos.

CAPÍTULO II
DE LAS MEDIDAS DE PROTECCIÓN DEL MEDIO AMBIENTE

Artículo 110. Son aplicables en materia de protección al medio ambiente, además de la normatividad establecida en otros ordenamientos legales, este reglamento y los acuerdos que se emitan o se hayan emitido en congruencia con las disposiciones legales federales y estatales relativas.

Artículo 111. Los vehículos automotores y motocicletas que circulen en las vías públicas del Estado y en. las que se tengan convenidas con la federación, se sujetarán a las disposiciones federales y estatales en materia de equilibrio ecológico, protección al medio ambiente, así como para la prevención y control de la contaminación, consistente en la verificación obligatoria de emisiones de gases, humos y ruidos, que se realizará en los centros que para tal efecto establezca el Gobierno del Estado; lugares en los que se expedirá tanto el certificado de verificación como la calcomanía correspondiente.

Artículo 112. Podrá restringiese en determinados días de la semana, la circulación de vehículos automotores en el territorio estatal, de conformidad con los criterios que para tal efecto se establezcan, los cuales serán dados a conocer a la población mediante su publicación en la Gaceta del Gobierno del Estado.

Artículo 113. Queda prohibido tirar objetos o basura desde el interior de un vehículo. De esta infracción se hará responsable al conductor de dicho vehículo.

Artículo 114. Está prohibido modificar claxon y silenciadores de fábrica y la instalación de dispositivos como válvulas de escape y otros similares, que produzcan ruido excesivo, de acuerdo con las normas aplicables.

Artículo 115. Los vehículos que circulen en contravención a las reglas de restricción de circulación establecidas, serán retenidos y remitidos al depósito más cercano, en el que permanecerán durante 24 horas y además sus conductores pagarán la multa correspondiente, cumplidos estos requisitos, se podrá obtener la devolución del vehículo.

TÍTULO SEXTO
DE LAS INFRACCIONES, SANCIONES Y MEDIOS DE IMPUGNACIÓN

CAPÍTULO I
DEL LEVANTAMIENTO DE INFRACCIONES

Artículo 116. Los agentes de tránsito, en el caso de que los conductores contravengan alguna de las disposiciones de este reglamento, deberán proceder en la forma siguiente:

I. Indicar al conductor, en forma ostensible, que debe detener la marcha del vehículo y estacionarlo en algún lugar en donde no obstaculice el tránsito;

II. Identificarse con nombre y número de placa;

III. Señalar al conductor la infracción que ha cometido, mostrando el artículo infringido en el presente reglamento, así como la sanción a que se hace acreedor;

IV. Indicar al conductor que muestre su licencia y/o permiso para conducir vehículos, tarjeta de identificación personal para operadores de transporte público, tarjeta de circulación, y en su caso permiso de ruta de transporte de carga riesgosa;

V. Una vez efectuada la revisión de los documentos y de la situación en la que se encuentra el vehículo, si éstos están en orden, el agente procederá a la formulación del documento impreso por la terminal electrónica en el que consten la infracción y la sanción que el agente de tránsito expida.

Para el caso de infracciones detectadas a través de la información obtenida con equipos y sistemas tecnológicos de Seguridad Pública, se estará a lo dispuesto en este Reglamento.

VI. Derogada.

VII. Desde la identificación del agente de tránsito hasta la expedición de la infracción, se deberá proceder sin interrupción.

Las autoridades de tránsito se abstendrán de retener la tarjeta de circulación del vehículo con el que se cometa una infracción, la licencia del conductor y la placa de matriculación del vehículo, salvo los casos previstos por el artículo 8.19 fracción II del Código Administrativo del Estado de México y las demás disposiciones relativas.

Artículo 117. Se impedirá la circulación de cualquier vehículo, poniéndolo de inmediato junto con su conductor a disposición del Ministerio Público, cuando como consecuencia de un accidente de tránsito se hubieren causado lesiones, homicidio, o se incurriera en la comisión de cualquier otro delito.

Artículo 118. Sólo procederá la retención de cualquier vehículo, remitiéndolo de inmediato al depósito más cercano, en los siguientes casos:

I. Por circular con placas de matriculación que no estén vigentes, debiendo realizar el retiro y envío de las mismas, dentro de los siguientes 5 días hábiles a la Secretaría de Finanzas;

II. Cuando al vehículo le falten ambas placas, o el documento que justifique la omisión;

III. Cuando las placas del vehículo no coincidan en números y letras con la calcomanía o la tarjeta de circulación;

IV. Por invadir o estacionarse en los carriles, derecho de circulación y de contraflujo o confinado, para los vehículos de transporte público, masivo o de alta capacidad.

V. Derogada

VI. Por conducir en estado de ebriedad o por el influjo de drogas enervantes o psicotrópicos;

VII. Por participar en un accidente de tránsito en el que se produzcan hechos que pudiesen configurar delito;

VIII. Derogada

IX. Por prestar el servicio público sin la debida autorización;

X. Por incumplimiento o violación reiterada de las condiciones fijadas para la prestación del servicio público de transporte, en apoyo a las autoridades el ramo; y

XI. En los casos específicos que determinen otras disposiciones legales.

XII. Por no cumplir con la verificación vehicular obligatoria, ser ostensiblemente contaminante o por circular cuando por restricción de carácter ambiental no le corresponda.

Una vez remitido el vehículo al depósito correspondiente, los agentes deberán informar de inmediato a las autoridades, procediendo a sellar el vehículo para garantizar su conservación y la guarda de los objetos que en éste se encuentren.

Artículo 118 Bis. En los casos en que proceda la remisión del vehículo al depósito, y previamente a que se haya iniciado el proceso de arrastre, los agentes deben sellarlo para garantizar la guarda y la custodia de los objetos que en él se encuentren.

Tratándose de vehículo afecto a la prestación del servicio público de transporte, en cualquiera de sus modalidades, se debe presentar la documentación con la que se acredite estar autorizado para dar ese servicio.

Los agentes que hubieren ordenado llevar a cabo la remisión al depósito deben informar, de inmediato, a través de los medios electrónicos de que dispongan, al centro de control correspondiente los datos del depósito al cual se remitió, el tipo de vehículo y la matricula, así como el lugar del que fue retirado.

Para la devolución del vehículo en los depósitos es indispensable la comprobación de su propiedad o legal posesión, el pago previo de las multas adeudadas y derechos que procedan, la exhibición de la licencia de conducir vigente, una copia de la misma y portar las llaves del vehículo. En el caso previsto en la fracción I del artículo 118, además, se deberá regularizar la vigencia de las placas de circulación.

Artículo 119. En el caso de vehículos estacionados en lugar prohibido o en doble fila, se deberá atender a las disposiciones siguientes:

I. La autoridad competente retirará el vehículo estacionándolo de manera inmediata en el lugar mas próximo en que no exista restricción y le retirará la placa delantera, cuando no esté presente el conductor, o bien éste no quiera o no pueda mover el vehículo.

II. En caso de que esté presente el conductor y remueva su vehículo del lugar prohibido, solo se levantará la infracción que proceda; y

III. Derogada

Artículo 120. Sólo después de haberse cubierto el importe de las multas, traslado y depósito si los hubiere, se procederá a la entrega de los vehículos, en términos de lo dispuesto en este reglamento.

En caso de que el vehículo retenido porte colores de empresa o ruta de servicio público autorizado, deberá ser despintado por el interesado previo a la liberación.

Artículo 121. Derogado.

CAPÍTULO II
DE LAS SANCIONES Y MEDIDAS DE SEGURIDAD

Artículo 122. Únicamente en caso de flagrante infracción a las disposiciones de este reglamento, los agentes de tránsito podrán detener la marcha de un vehículo y exigir a su conductor la exhibición de su licencia y/o permiso para conducir el vehículo de que se trate expedida por la autoridad competente, así como de la tarjeta o el permiso provisional que ampare la circulación de la unidad. Consecuentemente, la sola revisión de documentos no será motivo para detener el tránsito de un vehículo.

Para efectos del presente apartado, se entiende que hay flagrancia cuando la persona es sorprendida en el momento de estar cometiendo la infracción, o bien, que inmediatamente después de cometerla, y en virtud de ser sorprendida cometiendo la infracción, es perseguida material e ininterrumpidamente.

Los infractores, serán sancionados de acuerdo a la falta cometida, conforme a la siguiente tabla de infracciones, sanciones y medidas de seguridad:

DE LAS COMETIDAS POR CONDUCTORES DE TODO TIPO DE VEHÍCULOS

INFRACCIONES	ARTÍCULO	SANCIONES MULTAS UNIDAD DE MEDIDA Y ACTUALIZACIÓN								MEDIDAS DE SEGURIDAD	
		1	3	5	10	10 a 15	20	40	80 a 130	RETENCIÓN DE VEHÍCULO	RETIRO DE PLACA DELANTERA
ACCIDENTES											
Por retirarse del lugar del accidente o no dar aviso a las autoridades competentes.	Art. 104 fracc. I			DEROGADO			X				
Por no acatar las disposiciones de la autoridad competente para retirar de la vía pública un vehículo accidentado, así como los residuos o cualquier otro material que se hubiese esparcido en ella.	Art. 106		DEROGADO	X							
Por abstenerse de colocar señales preventivas después de un accidente.	Art. 104 fracc. IV		DEROGADO	X							
Por participar en un accidente de tránsito en el que se produzcan hechos que pudiesen configurar delito.	Art. 104, 105 y 118 fracc. VII			DEROGADO			X			X	

INFRACCIONES	ARTÍCULO	SANCIONES MULTAS UNIDAD DE MEDIDA Y ACTUALIZACIÓN								MEDIDAS DE SEGURIDAD	
		1	3	5	10	10 a 15	20	40	80 a 130	RETENCIÓN DE VEHÍCULO	RETIRO DE PLACA DELANTERA
BOCINAS											
Por usar irracionalmente las bocinas o escapes de los vehículos.	Art. 90 fracc. VI		DEROGADO	X							
CAMELLONES											
Por conducir un vehículo sobre una isleta camellón o sus marcas de aproximación.	Art. 78			DEROGADO			X				
Por estacionarse en aceras, camellones, andadores y otras vías reservadas a los peatones.	Art. 100 fracc. II		DEROGADO	X							
CINTURONES DE SEGURIDAD											
Por no contar el vehículo con los cinturones de seguridad.	Art. 66	DEROGADO		X							
Por no usar los cinturones de seguridad.	Art. 90 fracc. IV	DEROGADO		X							

DE LAS COMETIDAS POR CONDUCTORES DE TODO TIPO DE VEHÍCULOS

INFRACCIONES	ARTÍCULO	SANCIONES MULTAS UNIDAD DE MEDIDA Y ACTUALIZACIÓN								MEDIDAS DE SEGURIDAD	
		1	3	5	10	10 a 15	20	40	80 a 130	RETENCIÓN DE VEHÍCULO	RETIRO DE LA PLACA DELANTERA
CIRCULACIÓN											
Por no extremar las precauciones respecto a la preferencias de paso, al incorporarse a cualquier vía, al pasar cualquier crucero o al rebasar.	Art. 90 fracc. XI		DEROGADO	X							
Por no extremar la precauciones al cambiar de carril, al dar la vuelta a la izquierda o derecha o en "U".	Art. 90 fracc. XI		DEROGADO	X							
Por no extremar las precauciones al circular en reversa, cuando esté lloviendo y en los casos de accidente o de emergencia.	Art. 90 fracc. XI.		DEROGADO	X							
Por no respetar el derecho de los motociclistas para usar un carril.	Art. 78		DEROGADO	X							
Por transitar en vías primarias en las que exista restricción expresa.	Art. 78			DEROGADO			X				

INFRACCIONES	ARTÍCULO	SANCIONES MULTAS UNIDAD DE MEDIDA Y ACTUALIZACIÓN								MEDIDAS DE SEGURIDAD	
		1	3	5	10	10 a 15	20	40	80 a 130	RETENCIÓN DE VEHÍCULO	RETIRO DE LA PLACA DELANTERA
Por no respetar los carriles, derecho de circulación y de contraflujo o confinado para los vehículos de transporte público, masivo o de alta capacidad.	Art. 90 fracc. VII		DEROGADO	DEROGADO			X				
Por rebasar por el carril de tránsito opuesto cuando se acerque a la cima de una pendiente o en curva.	Art. 82 fracc. III			DEROGADO			X				
Por permitir el ascenso o descenso de pasajeros sobre el arroyo de la vialidad.	Art. 90 fracc. X			DEROGADO			X				
Por circular en sentido contrario.	Art. 63			DEROGADO			X				
Por continuar la circulación cuando no haya espacio libre en la cuadra siguiente y se obstruya la circulación de otros vehículos.	Art. 73			DEROGADO			X				

INFRACCIONES	ARTÍCULO	SANCIONES MULTAS UNIDAD DE MEDIDA Y ACTUALIZACIÓN								MEDIDAS DE SEGURIDAD	
		1	3	5	10	10 a 15	20	40	80 a 130	RETENCIÓN DE VEHÍCULO	RETIRO DE LA PLACA DELANTERA
Por no ceder el paso a los vehículos que se encuentran circulando en una glorieta.	Art. 74	DEROGADO		X							

DE LAS COMETIDAS POR CONDUCTORES DE TODO TIPO DE VEHÍCULOS

INFRACCIONES	ARTÍCULO	SANCIONES MULTAS UNIDAD DE MEDIDA Y ACTUALIZACIÓN								MEDIDAS DE SEGURIDAD	
		1	3	5	10	10 a 15	20	40	80 a 130	RETENCIÓN DE VEHÍCULO	RETIRO DE LA PLACA DELANTERA
Por rebasar sin cerciorarse de que ningún conductor cuando le siga haya iniciado la misma maniobra.	Art. 79 fracc. I		DEROGADO	X							
Por no conservar su derecha o aumentar la velocidad cuando otro vehículo intente rebasarlo.	Art. 79			DEROGADO			X				
Para rebasar vehículos por el acotamiento.	Art. 80			DEROGADO			X				

INFRACCIONES	ARTÍCULO	SANCIONES MULTAS UNIDAD DE MEDIDA Y ACTUALIZACIÓN								MEDIDAS DE SEGURIDAD	
		1	3	5	10	10 a 15	20	40	80 a 130	RETENCIÓN DE VEHÍCULO	RETIRO DE LA PLACA DELANTERA
Por no circular a la derecha del eje de las vías cuando se transite por una vía angosta.	Art. 81		DEROGADO	X							
Por rebasar por el carril de tránsito opuesto, cuando sea posible hacerlo en uno del mismo sentido de su circulación.	Art. 82 fracc. I		DEROGADO	X							
Por no ceder el paso a vehículos que se acerquen en sentido contrario cuando el carril derecho esté obstruido.	Art. 81 fracc. II		DEROGADO	X							
Por rebasar por el carril de circulación contrario, cuando no haya clara visibilidad o cuando no esté libre de tránsito en una longitud suficiente para permitir efectuar la maniobra sin riesgo.	Art. 82 fracc. II		DEROGADO	X							
Por rebasar a menos de 30 metros de distancia en un crucero o paso de ferrocarril.	Art. 82 fracc. IV.		DEROGADO	X							

INFRACCIONES	ARTÍCULO	SANCIONES MULTAS UNIDAD DE MEDIDA Y ACTUALIZACIÓN								MEDIDAS DE SEGURIDAD	
		1	3	5	10	10 a 15	20	40	80 a 130	RETENCIÓN DE VEHÍCULO	RETIRO DE LA PLACA DELANTERA
Por rebasar por el carril de tránsito opuesto, para adelantar hileras de vehículos.	Art. 82 fracc. V		DEROGADO	X							
Por rebasar por el carril de tránsito opuesto, cuando la raya del pavimento sea continua.	Art. 82 fracc. VI		DEROGADO	X							

DE LAS COMETIDAS POR CONDUCTORES DE TODO TIPO DE VEHÍCULOS

INFRACCIONES	ARTÍCULO	MULTAS UNIDAD DE MEDIDA Y ACTUALIZACIÓN								MEDIDAS DE SEGURIDAD	
		1	3	5	10	10 a 15	20	40	80 a 130	RETENCIÓN DE VEHÍCULO	RETIRO DE LA PLACA DELANTERA
Por rebasar por el carril de tránsito opuesto cuando el vehículo que lo precede haya iniciado una maniobra de rebase.	Art. 82 fracc. VII		DEROGADO	X							
Por dar vuelta en un crucero sin ceder el paso a los peatones que se encuentre en el arroyo.	Art. 85		DEROGADO	X							

INFRACCIONES	ARTÍCULO	MULTAS UNIDAD DE MEDIDA Y ACTUALIZACIÓN								MEDIDAS DE SEGURIDAD	
		1	3	5	10	10 a 15	20	40	80 a 130	RETENCIÓN DE VEHÍCULO	RETIRO DE LA PLACA DELANTERA
Por dar vuelta a la derecha sin tomar oportunamente el carril del extremo derecho o por no ceder el paso a los vehículos que circulen por la calle a la que se incorpore.	Art. 85 fracc. I		DEROGADO	X							
Por no tomar el extremo izquierdo de su sentido de circulación al dar vuelta a la izquierda en los cruceros donde el tránsito sea permitido en ambos sentidos, o no hacerlo en las condiciones establecidas.	Art. 85 fraccs. II, III, IV y V		DEROGADO	X							
Por no observar la reglas del caso en las vueltas continuas a la izquierda o derecha.	Art. 86 fraccs. I, II, III y IV		DEROGADO	X							
Por no hacer alto total a una distancia mínima de 5 metros de riel más cercano del crucero de ferrocarril.	Arts. 77 y 90 fracc. XII			DEROGADO			X				
Por no ceder el paso, al incorporarse a una vía primaria, a los vehículos que circulen por la misma.	Art. 76		DEROGADO	X							

INFRACCIONES	ARTÍCULO	MULTAS UNIDAD DE MEDIDA Y ACTUALIZACIÓN								MEDIDAS DE SEGURIDAD	
		1	3	5	10	10 a 15	20	40	80 a 130	RETENCIÓN DE VEHÍCULO	RETIRO DE LA PLACA DELANTERA
Por no salir con la suficiente anticipación y con la debida precaución de una vía primaria a los carriles laterales	Art. 76		DEROGADO	X							
Por no ceder el paso, los conductores que circulen por las laterales de una vía primaria a los vehículos que salen de los carriles centrales para tomar las laterales.	Art. 76		DEROGADO	X							
Por no realizar el pago correspondiente al peaje en las casetas ubicadas en la infraestructura vial de cuota.	Art. 90 fracc. XXIX.						X				

DE LAS COMETIDAS POR CONDUCTORES DE TODO TIPO DE VEHÍCULOS

INFRACCIONES	ARTÍCULO	SANCIONES MULTAS UNIDAD DE MEDIDA Y ACTUALIZACIÓN								MEDIDAS DE SEGURIDAD	
		1	3	5	10	10 a 15	20	40	80 a 130	RETENCIÓN DE VEHÍCULO	RETIRO DE PLACA DELANTERA
Por no ceder el paso a los vehículos que se encuentran dentro de un crucero sin señalamiento y sin agente de tránsito.	Art. 75 fracc. I		DEROGADO	X							
Por conducir un vehículo en retroceso en más de 20 metros sin precaución o interfiriendo el tránsito.	Art. 87		DEROGADO	X							

INFRACCIONES	ARTÍCULO	SANCIONES MULTAS UNIDAD DE MEDIDA Y ACTUALIZACIÓN								MEDIDAS DE SEGURIDAD	
		1	3	5	10	10 a 15	20	40	80 a 130	RETENCIÓN DE VEHÍCULO	RETIRO DE PLACA DELANTERA
Por retroceder en vías de circulación continua o en intersecciones.	Arts. 87 Y 90 fracc. XIX		DEROGADO	X							
COMBUSTIBLE											
Por abastecer combustible con el vehículo en marcha.	Art. 90 fracc. XXI		DEROGADO	X							
Por encender fósforos o encendedores o fumar en el área de carga de combustible.	Art. 90 fracc. XX			DEROGADO			X				
COMPETENCIAS DE VELOCIDAD											
Por efectuar en la vía pública carreras o arrancones.	Art. 90 fracc. XXII			DEROGADO			X				
CONDUCCIÓN DE AUTOMOTORES											
Por levantar o bajar pasaje en lugares no autorizados.	Art. 90 fracc. IX		DEROGADO						X		

INFRACCIONES	ARTÍCULO	SANCIONES MULTAS UNIDAD DE MEDIDA Y ACTUALIZACIÓN								MEDIDAS DE SEGURIDAD	
		1	3	5	10	10 a 15	20	40	80 a 130	RETENCIÓN DE VEHÍCULO	RETIRO DE PLACA DELANTERA
Por conducir sin licencia y/o permiso para conducir vehículos o tarjeta de circulación. Derogado	Art. 90 fracción III Derogado						X DEROGADO			DEROGADO	

DE LAS COMETIDAS POR CONDUCTORES DE TODO TIPO DE VEHÍCULOS

INFRACCIONES	ARTÍCULO	SANCIONES MULTAS UNIDAD DE MEDIDA Y ACTUALIZACIÓN								MEDIDAS DE SEGURIDAD	
		1	3	5	10	10 a 15	20	40	80 a 130	RETENCIÓN DE VEHÍCULO	RETIRO DE LA PLACA DELANTERA
Por conducir con licencia y/o permiso para conducir vehículos de transporte público vencidos.	Arts. 90 fracc. III y 118 fracc. X		DEROGADO		X					X	
Por permitir el titular de la licencia, permiso provisional de práctica para conducir vehículos o Certificado Médico-Toxicológico, según corresponda, que ésta sea utilizada por otra persona y el vehículo no tenga tarjeta de circulación.	Art. 48 fracc. II			DEROGADO			X			X	
Por conducir un automotor abrazando a una persona u objeto alguno.	Art. 90 fracc. I			DEROGADO			X				

INFRACCIONES	ARTÍCULO	SANCIONES MULTAS UNIDAD DE MEDIDA Y ACTUALIZACIÓN								MEDIDAS DE SEGURIDAD	
		1	3	5	10	10 a 15	20	40	80 a 130	RETENCIÓN DE VEHÍCULO	RETIRO DE LA PLACA DELANTERA
Por no hacer alto para ceder el paso a los peatones, que se encuentren en el arroyo de los cruceros o zonas marcadas para su paso.	Art. 93		DEROGADO	X							
Por realizar actos que constituyan obstáculo para el tránsito de peatones y vehículos o poner en peligro a las personas o por causar daño a las propiedades públicas o privadas	Art. 62			DEROGADO			X				
Por manejar sin precaución.	Art. 90 fracc. I			DEROGADO			X				
Por conducir con licencia para conducir vehículos de transporte público cancelados por resolución de autoridad competente	Art. 49, fracc. VI			DEROGADO			X			X	
Por conducir con licencia y/o permiso para conducir vehículos de transporte público suspendidos por resolución de autoridad competente	Art. 48, fracc. IV			DEROGADO			X			X	

INFRACCIONES	ARTÍCULO	SANCIONES MULTAS UNIDAD DE MEDIDA Y ACTUALIZACIÓN								MEDIDAS DE SEGURIDAD	
		1	3	5	10	10 a 15	20	40	80 a 130	RETENCIÓN DE VEHÍCULO	RETIRO DE LA PLACA DELANTERA
Por tirar objetos o basura desde el interior de un vehículo.	Art. 113		DEROGADO	X							
Por interferir, obstaculizar o impedir deliberadamente, la circulación de vehículos en las vías públicas	Art. 62 bis						X				

DE LAS COMETIDAS POR CONDUCTORES DE TODO TIPO DE VEHÍCULOS

INFRACCIONES	ARTÍCULO	SANCIONES MULTAS UNIDAD DE MEDIDA Y ACTUALIZACIÓN								MEDIDAS DE SEGURIDAD	
		1	3	5	10	10 a 15	20	40	80 a 130	RETENCIÓN DE VEHÍCULO	RETIRO DE LA PLACA DELANTERA
Por rebasar el cupo de pasajeros autorizados.	Art. 90 fracc. XIV		DEROGADO	X							
Por circular vehículos de los que se desprendan materias contaminantes y olores nauseabundos o materiales de construcción.	Art. 67		DEROGADO	X							
Por circular vehículos que produzcan ruido excesivo o que estén equipados con banda de oruga metálica.	Art. 67		DEROGADO	X							

INFRACCIONES	ARTÍCULO	SANCIONES MULTAS UNIDAD DE MEDIDA Y ACTUALIZACIÓN								MEDIDAS DE SEGURIDAD	
		1	3	5	10	10 a 15	20	40	80 a 130	RETENCIÓN DE VEHÍCULO	RETIRO DE LA PLACA DELANTERA
Por obstaculizar los pasos destinados para los peatones.	Art. 90 fracc. XXIII		DEROGADO	X							
Por no ceder el paso a las ambulancias, patrullas de policía, vehículos del cuerpo de bomberos, los convoyes militares y el ferrocarril o por seguirlos, detenerse o estacionarse a una distancia que pueda significar riesgo.	Art. 72		DEROGADO	X							
Derogado	Art. 90 fracc. XIII Derogada										
Por no disminuir la velocidad y extremar las precauciones al aproximarse a los vibradores.	Art. 55			DEROGADO			X				
Por negarse a entregar documentación oficial o la placa de circulación en caso de infracción.	Art. 90 fracc. XVIII		DEROGADO	X							
Por conducir en estado de ebriedad.	Arts. 90 fracc. XVII y 118 fracc. VI			DEROGADO			X			X	

INFRACCIONES	ARTÍCULO	SANCIONES MULTAS UNIDAD DE MEDIDA Y ACTUALIZACIÓN								MEDIDAS DE SEGURIDAD	
		1	3	5	10	10 a 15	20	40	80 a 130	RETENCIÓN DE VEHÍCULO	RETIRO DE LA PLACA DELANTERA
Por conducir estando bajo el efecto de drogas enervantes o psicotrópicos.	Arts. 49 y 90 fracc. XVI y 118 fracc. VI.			DEROGADO			X			X	

DE LAS COMETIDAS POR CONDUCTORES DE TODO TIPO DE VEHÍCULOS

INFRACCIONES	ARTÍCULO	SANCIONES MULTAS UNIDAD DE MEDIDA Y ACTUALIZACIÓN								MEDIDAS DE SEGURIDAD	
		1	3	5	10	10 a 15	20	40	80 a 130	RETENCIÓN DE VEHÍCULO	RETIRO DE LA PLACA DELANTERA
Por circular a más de 50 kilómetros por hora dentro del perímetro de los centros de población.	Art. 64					X					
Por no seguir las indicaciones de las marcas señaladas que regulan el tránsito en la vía pública y las que hagan los agentes de tránsito.	Arts. 55 y 57		DEROGADO	X							
Por pasarse las señales rojas o ámbar de los semáforos.	Art. 90 fracc. XXIV		DEROGADO	X							
Por no hacer alto total y rebasar la línea de paso, obstruyendo el paso a peatones que transiten por museos, centro deportivos, parques, hospitales y edificios públicos.	Art. 97 fracc. II		DEROGADO	X							

INFRACCIONES	ARTÍCULO	SANCIONES MULTAS UNIDAD DE MEDIDA Y ACTUALIZACIÓN								MEDIDAS DE SEGURIDAD	
		1	3	5	10	10 a 15	20	40	80 a 130	RETENCIÓN DE VEHÍCULO	RETIRO DE LA PLACA DELANTERA
Por no ir acompañado el titular del permiso de aprendizaje por un responsable que cuente con licencia de conducir y sujetarse a los horarios y zonas que fije la autoridad de tránsito.	Art. 46			DEROGADO			X				
EQUIPO PARA VEHÍCULOS											
Por no contar con el equipo, sistema, dispositivos y accesorios de seguridad.	Art. 34			DEROGADO			X				
Por no cumplir con la revista anual de los vehículos de transporte de pasajeros o de carga.	Art. 39			DEROGADO			X				
Por tener instaladas o hacer uso de torretas, faros rojos en la parte delantera o blancos en la parte trasera y sirenas de uso exclusivo para vehículos policiales, de tránsito y de emergencia.	Art. 37			DEROGADO			X				

DE LAS COMETIDAS POR CONDUCTORES DE TODO TIPO DE VEHÍCULOS

INFRACCIONES	ARTÍCULO	SANCIONES MULTAS UNIDAD DE MEDIDA Y ACTUALIZACIÓN								MEDIDAS DE SEGURIDAD	
		1	3	5	10	10 a 15	20	40	80 a 130	RETENCIÓN DE VEHÍCULO	RETIRO DE LA PLACA DELANTERA
Por carecer de llanta de refacción o no traerla en condiciones de uso, así como transitar con llantas lisas o en mal estado.	Art. 38	DEROGADO		X							
Por conducir un vehículo que no cuente con holograma de verificación vehicular vigente, que sea ostensiblemente contaminante o que circule cuando tenga restricción de carácter ambiental no le corresponda.	Arts. 90 fracc. XV						X			X	
Por no cumplir con la verificación vehicular obligatoria, ser ostensiblemente contaminante o por circular cuando por restricción de carácter ambiental no le corresponda.	Art. 118 fracc. XII						X			X	
Por producir ruido excesivo por modificaciones al claxon, al silenciador, o instalación de otros dispositivos.	Art. 114		DEROGADO	X							
Por circular con llantas lisas, con roturas o con ruedas metálicas, de manera o de cualquier otro material que dañe el pavimento.	Art. 38			DEROGADO			X				

INFRACCIONES	ARTÍCULO	SANCIONES MULTAS UNIDAD DE MEDIDA Y ACTUALIZACIÓN								MEDIDAS DE SEGURIDAD	
		1	3	5	10	10 a 15	20	40	80 a 130	RETENCIÓN DE VEHÍCULO	RETIRO DE LA PLACA DELANTERA
Por no contar con extinguidor en buenas condiciones de uso.	Art. 17 fracc. V.		DEROGADO	X							
ESTACIONAMIENTO											
Por obstruir la visibilidad de señales de tránsito, al estacionarse.	Art. 100 fracc. VII		DEROGADO	X							
Por estacionarse en lugares prohibidos.	Art. 100 fracc. XIX			DEROGADO			X				
Por parar o estacionar un vehículo en zonas urbanas, a una distancia mayor de 30 centímetros de la acera.	Art. 99 fracc. II			DEROGADO			X				
Por no dirigir las ruedas delanteras hacia la guarnición, al estacionarse en batería.	Art. 99 fracc. V		DEROGADO	X							

INFRACCIONES	ARTÍCULO	SANCIONES MULTAS UNIDAD DE MEDIDA Y ACTUALIZACIÓN								MEDIDAS DE SEGURIDAD	
		1	3	5	10	10 a 15	20	40	80 a 130	RETENCIÓN DE VEHÍCULO	RETIRO DE LA PLACA DELANTERA
Por estar estacionado en más de una fila.	Art. 100 fracción III			DEROGADO			X			DEROGADO	

DE LAS COMETIDAS POR CONDUCTORES DE TODO TIPO DE VEHÍCULOS

INFRACCIONES	ARTÍCULO	SANCIONES MULTAS UNIDAD DE MEDIDA Y ACTUALIZACIÓN								MEDIDAS DE SEGURIDAD	
		1	3	5	10	10 a 15	20	40	80 a 130	RETENCIÓN DE VEHÍCULO	RETIRO DE LA PLACA DELANTERA
Por estacionarse en carreteras y en vías de tránsito continuo, así como en el carril confinado o de contraflujo de uso exclusivo para los vehículos de transporte público, masivo o de alta capacidad y trolebuses.	Art. 100 fracc. XVI		DEROGADO	DEROGADO			X				
Por estacionarse frente a una entrada de vehículo, excepto la de su domicilio.	Art. 100 fracc. IV			DEROGADO			X				
Por estacionarse en sentido contrario.	Art. 100 fracc. XV			DEROGADO			X				

INFRACCIONES	ARTÍCULO	SANCIONES MULTAS UNIDAD DE MEDIDA Y ACTUALIZACIÓN								MEDIDAS DE SEGURIDAD	
		1	3	5	10	10 a 15	20	40	80 a 130	RETENCIÓN DE VEHÍCULO	RETIRO DE LA PLACA DELANTERA
Por estacionarse en un puente o estructura elevada o en el interior de un túnel.	Art. 100 fracc. VIII		DEROGADO	X							
Por estacionarse en las zonas autorizadas de carga y descarga, sin realizar esta actividad.	Art. 100 fracc. XIV		DEROGADO	X							
Por estacionarse frente a rampas especiales de acceso a la banqueta para personas en situación de discapacidad.	Art. 100 fracc. XVIII		DEROGADO	X							
Por efectuar reparación de vehículos en la vía pública cuando ésas no sean por emergencias, o ni colocar los dispositivos de abanderamientos obligatorios.	Art. 101		DEROGADO	X							
Por estacionarse a menos de 100 metros de una curva o cima sin visibilidad.	Art. 100 fracc. XI		DEROGADO	X							

INFRACCIONES	ARTÍCULO	SANCIONES MULTAS UNIDAD DE MEDIDA Y ACTUALIZACIÓN								MEDIDAS DE SEGURIDAD	
		1	3	5	10	10 a 15	20	40	80 a 130	RETENCIÓN DE VEHÍCULO	RETIRO DE LA PLACA DELANTERA
Por estacionarse en la zona de ascenso o descenso de pasajeros de vehículos de servicio público.	Art. 100 fracc. V			DEROGADO			X				
Por estacionarse simulando una falla mecánica del vehículo.	Art. 101			DEROGADO			X				X
Por estacionarse a menos de 50 metros de un vehículo estacionado en el lado opuesto en una carretera de no más de dos carriles y doble sentido de circulación.	Art. 100 fracc. X			DEROGADO			X				

DE LAS COMETIDAS POR CONDUCTORES DE TODO TIPO DE VEHÍCULOS

INFRACCIONES	ARTÍCULO	SANCIONES MULTAS UNIDAD DE MEDIDA Y ACTUALIZACIÓN								MEDIDAS DE SEGURIDAD	
		1	3	5	10	10 a 15	20	40	80 a 130	RETENCIÓN DE VEHÍCULO	RETIRO DE LA PLACA DELANTERA
Por estacionarse a menos de 5 metros del riel más cercano de un cruce ferroviario.	Art. 100 fracc. IX			DEROGADO			X				

INFRACCIONES	ARTÍCULO	SANCIONES MULTAS UNIDAD DE MEDIDA Y ACTUALIZACIÓN								MEDIDAS DE SEGURIDAD	
		1	3	5	10	10 a 15	20	40	80 a 130	RETENCIÓN DE VEHÍCULO	RETIRO DE LA PLACA DELANTERA
Por estar estacionado en lugar prohibido o en más de una fila y su conductor no esté presente, así como invadir o estacionarse en los carriles, derecho de circulación y de contraflujo o confinado, para los vehículos de transporte público, masivo o de alta capacidad.	Art. 100 118 fracc. IV			DEROGADO			X			X	
Por estacionarse en los accesos de entrada y salida de los edificios de las estaciones de bomberos, de hospitales, de las instalaciones militares, de los edificios de policía y tránsito y de las terminales de transporte público de pasajeros y de carga.	Art. 100 fracc. I			DEROGADO			X				
Por dejar el motor del vehículo encendido al estacionarlo y descender del mismo.	Art. 99 fracc. VI		DEROGADO	X							
Por no tomar las precauciones de estacionamiento establecidas en subida o bajada.	Art. 99 fracc. IV		DEROGADO	X							

INFRACCIONES	ARTÍCULO	SANCIONES MULTAS UNIDAD DE MEDIDA Y ACTUALIZACIÓN								MEDIDAS DE SEGURIDAD	
		1	3	5	10	10 a 15	20	40	80 a 130	RETENCIÓN DE VEHÍCULO	RETIRO DE LA PLACA DELANTERA
Por no estacionar los vehículos para el tránsito de los alumnos en lugares previamente señalados y por no encender las luces intermitentes como medida de precaución.	Art. 96		DEROGADO	X							
LUCES											
Por circular sin encender los faros delanteros y luces posteriores durante la noche o cuando no haya suficiente visibilidad en el día.	Art. 88		DEROGADO	X							
Por no encender las luces direccionales al cambiar de carril, en las vías de dos o más carriles de un mismo sentido.	Art. 83		DEROGADO	X							
Por no emplear las luces direccionales para indicar cambios de dirección o en paradas momentáneas o estacionamientos de emergencia o como advertencia.	Art. 83		DEROGADO	X							

DE LAS COMETIDAS POR CONDUCTORES DE TODO TIPO DE VEHÍCULOS

INFRACCIONES	ARTÍCULO	SANCIONES MULTAS UNIDAD DE MEDIDA Y ACTUALIZACIÓN								MEDIDAS DE SEGURIDAD	
		1	3	5	10	10 a 15	20	40	80 a 130	RETENCIÓN DE VEHÍCULO	RETIRO DE LA PLACA DELANTERA
Por no revisar las condiciones mecánicas del vehículo que manejen, así como su equipo.	Art. 90 fracc. II	DEROGADO		X							
PERSONAS EN SITUACIÓN DE DISCAPACIDAD											
Por no ceder el paso a las personas adultas mayores, las persona en situación de discapacidad, los escolares y las niñas y niños en las intersecciones y zonas marcadas para este efecto y por no mantener detenidos los vehículos hasta que acaben de cruzar.	Art. 94		DEROGADO		X						
OBSTÁCULOS											
Por portar en parabrisas y ventanillas rótulos, carteles y objetos opacos que obstaculicen la visibilidad del conductor.	Art. 36		DEROGADO	X							
Por obscurecer los cristales que impidan la visibilidad al interior del vehículo.	Art. 36			DEROGADO			X				

INFRACCIONES	ARTÍCULO	SANCIONES MULTAS UNIDAD DE MEDIDA Y ACTUALIZACIÓN								MEDIDAS DE SEGURIDAD	
		1	3	5	10	10 a 15	20	40	80 a 130	RETENCIÓN DE VEHÍCULO	RETIRO DE LA PLACA DELANTERA
PLACAS O PERMISOS PARA TRANSITAR											
Por circular sin ambas placas.	Arts. 17, 26 y 118 fracc. II			DEROGADO			X			X	
Por no coincidir los números y letras de las placas con la calcomanía y la tarjeta de circulación.	Arts. 17, 26 y 118 fracc. III			DEROGADO			X			X	
Por no colocar las placas en los lugares establecidos por el fabricante del vehículo.	Art. 27		DEROGADO				X				
Por no portar tarjeta de circulación correspondiente.	Art. 17 fracc. II			DEROGADO			X				
Por cambiar la carrocería o el motor y no dar aviso en un plazo de 30 días.	Art. 24		DEROGADO	X							
Por circular con placas de matriculación que no estén vigentes.	Art. 118 fracc. I						X			X	

DE LAS COMETIDAS POR CONDUCTORES DE TODO TIPO DE VEHÍCULOS

INFRACCIONES	ARTÍCULO	SANCIONES MULTAS UNIDAD DE MEDIDA Y ACTUALIZACIÓN								MEDIDAS DE SEGURIDAD	
		1	3	5	10	10 a 15	20	40	80 a 130	RETENCIÓN DE VEHÍCULO	RETIRO DE LA PLACA DELANTERA
Por carecer de licencia o permiso para conducir, o se encuentre vencido.	Arts. 41, 42 y 118 fracc. I			DEROGADO			X			DEROGADO	X
Por no portar las placas y calcomanía correspondiente al número de éstas, así como la de emisión de contaminantes.	Art. 17 fracc. I y III			DEROGADO			X				X
Por no traer colocada la calcomanía en el lugar correspondiente.	Art. 27			DEROGADO			X				
Por no mantener en buen estado de conservación las placas, libres de objetos, de distintivos, de rótulos, micas opacas o dobleces que dificulten o impidan su legibilidad.	Art. 27			DEROGADO			X				
Por no solicitar la reposición de placas de matricula, calcomanía o tarjeta de circulación por deterioro o mutilación.	Art. 29		DEROGADO	X							

INFRACCIONES	ARTÍCULO	SANCIONES MULTAS UNIDAD DE MEDIDA Y ACTUALIZACIÓN								MEDIDAS DE SEGURIDAD	
		1	3	5	10	10 a 15	20	40	80 a 130	RETENCIÓN DE VEHÍCULO	RETIRO DE LA PLACA DELANTERA
Por no notificar por escrito el cambio de domicilio del propietario del vehículo, dentro del término de 30 días hábiles.	Art. 30		DEROGADO	X							
Por no notificar el cambio de propietario a partir de la fecha en que sea transferido.	Art. 30		DEROGADO	X							
Por circular los vehículos con placas de otra entidad que se encuentren vencidas.	Art. 32		DEROGADO	X							X
Por circular con placas extranjeras sin acreditarse su internamiento legal al país.	Art. 32			DEROGADO			X				X
Por no cumplir con el registro de vehículos en que se hayan utilizado placas para demostración o traslados.	Art. 33		DEROGADO	X							

INFRACCIONES	ARTÍCULO	SANCIONES MULTAS UNIDAD DE MEDIDA Y ACTUALIZACIÓN								MEDIDAS DE SEGURIDAD	
		1	3	5	10	10 a 15	20	40	80 a 130	RETENCIÓN DE VEHÍCULO	RETIRO DE LA PLACA DELANTERA
SEÑALES											
Por no obedecer las señales preventivas.	Art. 53 fracc. I		DEROGADO	X							

DE LAS COMETIDAS POR CONDUCTORES DE TODO TIPO DE VEHÍCULOS

INFRACCIONES	ARTÍCULO	SANCIONES MULTAS UNIDAD DE MEDIDA Y ACTUALIZACIÓN									MEDIDAS DE SEGURIDAD	
		1	3	5	10	10 a 15	20	40 a 60	80 a 130	100 a 300	RETENCIÓN DE VEHÍCULO	RETIRO DE LA PLACA DELANTERA
Por no obedecer las señales restrictivas.	Art. 53 fracc. II			DEROGADO			X					
Por no obedecer la señal de alto, siga o preventiva cuando así lo indique el agente de tránsito, el semáforo o cualquier otra señal.	Arts. 57 y 59			DEROGADO			X					

INFRACCIONES	ARTÍCULO	SANCIONES MULTAS UNIDAD DE MEDIDA Y ACTUALIZACIÓN									MEDIDAS DE SEGURIDAD	
		1	3	5	10	10 a 15	20	40 a 60	80 a 130	100 a 300	RETENCIÓN DE VEHÍCULO	RETIRO DE LA PLACA DELANTERA
Por no obedecer las señales e indicaciones de los agentes de tránsito los conductores de automotores que transiten por museos, centros educativos, hospitales, parque públicos, bibliotecas y campos deportivos.	Art. 97 fracc. III			DEROGADO			X					
TRANSPORTE DE CARGA												
Por circular los vehículos de transporte de explosivos, inflamables, corrosivos y en general sin los contenedores y tanques especiales para cada caso y en las vialidades determinadas.	Art. 71			DEROGADO			X					
Por no portar extinguidor de fuego en buenas condiciones de uso.	Art. 35		DEROGADO	X								

INFRACCIONES	ARTÍCULO	SANCIONES MULTAS UNIDAD DE MEDIDA Y ACTUALIZACIÓN									MEDIDAS DE SEGURIDAD	
		1	3	5	10	10 a 15	20	40 a 60	80 a 130	100 a 300	RETENCIÓN DE VEHÍCULO	RETIRO DE LA PLACA DELANTERA
Por transportar carga que rebase las dimensiones laterales del vehículo o sobresalga más de un metro en la parte posterior.	Art. 70			DEROGADO			X					
Por transportar carga que se derrame o esparza en la vía pública o que no se encuentre debidamente cubierta tratándose de materiales a granel.	Art. 70			DEROGADO			X					
Por circular con vehículos de transporte de carga en horarios y rutas no autorizadas dentro de los perímetros de las poblaciones o realizar maniobras de carga y descarga que entorpezcan el flujo de peatones y automotores.	Art. 69			DEROGADO			X					

DE LAS COMETIDAS POR CONDUCTORES DE TODO TIPO DE VEHÍCULOS

INFRACCIONES	ARTÍCULO	SANCIONES MULTAS UNIDAD DE MEDIDA Y ACTUALIZACIÓN								MEDIDAS DE SEGURIDAD	
		1	3	5	10	10 a 15	20	40	80 a 130	RETENCIÓN DE VEHÍCULO	RETIRO DE LA PLACA DELANTERA
Por transportar carga que dificulten la estabilidad o conducción del vehículo o estorbe la visibilidad lateral del conductor.	Art. 70		DEROGADO	X							
Por transportar cargas que no estén debidamente sujetas con los amarres necesarios.	Art. 70		DEROGADO	X							
Por circular los vehículos de transporte público de pasajeros, fuera del carril destinado para ellos, o hacer ascenso y descenso en zonas no fijadas para el efecto.	Art. 68		DEROGADO	X							
VELOCIDAD											
Por detener la marcha o reducir la velocidad sin hacer funcionar la luz del freno o sin sacar el brazo extendido horizontalmente.	Art. 84 fracc. I	DEROGADO		X							
Por cambiar de dirección sin usar la luz direccional correspondiente a sacar el brazo para señalar el cambio.	Art. 84 fracc. II	DEROGADO		X							

INFRACCIONES	ARTÍCULO	SANCIONES MULTAS UNIDAD DE MEDIDA Y ACTUALIZACIÓN								MEDIDAS DE SEGURIDAD	
		1	3	5	10	10 a 15	20	40	80 a 130	RETENCIÓN DE VEHÍCULO	RETIRO DE LA PLACA DELANTERA
Por circular a mayor velocidad de 20 Kilómetros por hora en las zonas de centros educativos, oficinas públicas, unidades deportivas, hospitales, iglesias, y demás lugares de reunión, cuando haya concurrencia de personas.	Art. 64 y 97 fracc. I					X					
Por circular en las vías públicas a más velocidad de la que se determine en los señalamientos respectivos.	Art. 64					X					
Por instalar y usar sistemas antirradares o detector de radares de velocidad.	Art. 37 Bis						X				
Por remolcar o empujar otros vehículos automotores si no es por medio de una grúa	Art. 38 Bis				X						
Por insultar, denigrar o golpear a los agentes de tránsito o vialidad; así como proferir vejaciones mediante utilización de señales visuales, audibles o de cualquier otro accesorio adherido al vehículo; así como golpear o realizar maniobras con el vehículo para intimidar o maltratar físicamente a otro usuario de la vía.	Art. 60 Bis							X			

INFRACCIONES	ARTÍCULO	SANCIONES MULTAS UNIDAD DE MEDIDA Y ACTUALIZACIÓN								MEDIDAS DE SEGURIDAD	
		1	3	5	10	10 a 15	20	40	80 a 130	RETENCIÓN DE VEHÍCULO	RETIRO DE LA PLACA DELANTERA
Por no respetar el señalamiento y los límites de velocidad.	Art. 64 segundo párrafo					X					
Por dar vuelta continua, indistintamente sea a la izquierda o derecha, cuando no exista señalamiento que lo permita expresamente.	Art. 86						X				
Por utilizar objetos que representen un distractor para la conducción segura; tratándose de dispositivos de apoyo a la conducción como mapas y navegadores GPS.	Art. 90 fracción XXV						X				
Por utilizar el teléfono celular o cualquier dispositivo de comunicación mientras el vehículo esté en movimiento.	Art. 90 fracción XXVI						X				
Por transportar personas en la parte exterior de la carrocería.	Art. 90 fracción XXVII						X				
Por instalar o utilizar televisores o pantallas de proyección de cualquier tipo de video o sistemas de entretenimiento en la parte delantera del vehículo.	Art. 90 fracción XXVIII						X				
Por no contar con póliza de seguro de responsabilidad civil vigente.	Art. 90 Bis						X				

DE LAS COMETIDAS POR CONDUCTORES DE TODO TIPO DE VEHÍCULOS

INFRACCIONES	ARTÍCULO	SANCIONES DE 12 A 36 HORAS DE ARRESTO INCONMUTABLES DE ACUERDO A LA CONCENTRACIÓN QUE SE REPORTE	MEDIDAS DE SEGURIDAD
Cuando se conduzca un vehículo por la vía pública con una cantidad de alcohol en la sangre superior a 0.8 gramos por litro o de alcohol en aire espirado superior a 0.4 miligramos por litro o bajo el influjo de enervantes, estupefacientes o sustancias psicotrópicas o tóxicas	106 Bis	X	En caso de reincidencia, el conductor deberá inscribirse en alguno de los programas de rehabilitación para personas alcohólicas en las instituciones con las que el Gobierno del Estado de México o de los municipios tengan convenio.

DE LAS COMETIDAS POR LOS MOTOCICLISTAS

INFRACCIONES	ARTÍCULO	SANCIONES MULTAS UNIDAD DE MEDIDA Y ACTUALIZACIÓN								MEDIDAS DE SEGURIDAD	
		1	3	5	10	10 a 15	20	40 a 60	80 a 130	RETENCIÓN DEL VEHÍCULO	RETIRO DE LA PLACA DELANTERA
Por no usar casco y anteojos protectores, tanto el conductor o en su caso, sus acompañantes.	Art. 89 fracc. VII		DEROGADO	X							
Por no tomar oportunamente el carril correspondiente al dar vuelta a la izquierda o derecha.	Art. 89 fracc. XI		DEROGADO	X							
Por transitar sobre las aceras y áreas reservadas para peatones.	Art. 89 fracc. III			DEROGADO			X				

INFRACCIONES	ARTÍCULO	SANCIONES MULTAS UNIDAD DE MEDIDA Y ACTUALIZACIÓN								MEDIDAS DE SEGURIDAD	
		1	3	5	10	10 a 15	20	40 a 60	80 a 130	RETENCIÓN DEL VEHÍCULO	RETIRO DE LA PLACA DELANTERA
Por viajar más personas de la autorizadas en la tarjeta de circulación.	Art. 89 fracc. I		DEROGADO	X							
Por rebasar un vehículo de motor utilizando su mismo carril.	Art. 89 fracc. V		DEROGADO	X							
Por no utilizar su sistema de alumbrado durante la noche o cuando no hubiese suficiente visibilidad durante el día.	Art. 89 fracc. VI		DEROGADO	X							
Por asirse o sujetar su vehículo a otro que transite por vía pública.	Art. 89 fracc. VIII		DEROGADO	X							
Por transitar dos o más motocicletas en posición paralela en un mismo carril.	Art. 89 fracc. IV		DEROGADO	X							

INFRACCIONES	ARTÍCULO	SANCIONES MULTAS UNIDAD DE MEDIDA Y ACTUALIZACIÓN								MEDIDAS DE SEGURIDAD	
		1	3	5	10	10 a 15	20	40 a 60	80 a 130	RETENCIÓN DEL VEHÍCULO	RETIRO DE LA PLACA DELANTERA
Por no utilizar direccionales o señalar de manera anticipada al efectuar una vuelta.	Art. 89 fracc. IX		DEROGADO	X							
Por llevar carga que dificulte su visibilidad equilibrio o adecuada operación o constituya un peligro para sí u otros usuarios de la vía pública.	Art. 89 fracc. X		DEROGADO	X							
Por no circular sobre extrema derecha de la vía cuando viaje con otra persona además del conductor o transporte de carga.	Art. 89 fracc. II	DEROGADO		X							
Abstenerse de transportar pasajeros menores de doce años de edad	Art. 89 fracción XII						X				
Por transportar a un pasajero entre el conductor y el manubrio.	Art. 89 fracción XIII						X				

INFRACCIONES	ARTÍCULO	SANCIONES MULTAS UNIDAD DE MEDIDA Y ACTUALIZACIÓN								MEDIDAS DE SEGURIDAD	
		1	3	5	10	10 a 15	20	40 a 60	80 a 130	RETENCIÓN DEL VEHÍCULO	RETIRO DE LA PLACA DELANTERA
Por transportar un menor de edad, cuando este no pueda sujetarse por sí mismo a la motocicleta y, estando correctamente sentado, no pueda colocar adecuada y firmemente los pies en los estribos o posa pies, excepto que cuente con los aditamentos especialmente diseñados para su seguridad	Art. 89 fracción XIV						X				

DE LAS COMETIDAS POR LOS CICLISTAS

INFRACCIONES	ARTÍCULO	SANCIONES			
		AMONESTACIÓN	MULTAS UNIDAD DE MEDIDA Y ACTUALIZACIÓN		
			1	3	5
Por no obedecer las señales e indicaciones de los agentes de tránsito.	Art. 98 fracc. III	X			
Por no respetar las señales de los semáforos.	Art. 59	X			
Por circular sin precaución en las ciclovías o sobre la extrema derecha de la vía en la que transiten.	Art. 98 fracc. I	X			
Por transitar sobre las aceras o áreas reservadas a los peatones, así como asirse a otro vehículo para ser remolcado.	Art. 98 fracc. II	X			
Por no obedecer las señales preventivas y restrictivas.	Art. 53 fracc. I y II	X			

DE LAS COMETIDAS POR LOS PEATONES

INFRACCIONES	ARTÍCULO	SANCIONES			
		AMONESTACIÓN	MULTAS UNIDAD DE MEDIDA Y ACTUALIZACIÓN		
			1	3	5
Por no obedecer las indicaciones o señales de los agentes de tránsito.	Art. 91	X			

INFRACCIONES	ARTÍCULO	SANCIONES			
		AMONESTACIÓN	MULTAS UNIDAD DE MEDIDA Y ACTUALIZACIÓN		
			1	3	5
Por invadir intempestivamente la superficie de rodamiento.	Art. 92 fracc. V	X			
Por cruzar frente a vehículos de transporte público de pasajeros detenidos momentáneamente, no controlados por semáforos o agentes de tránsito.	Art. 92 fracc. VI	X			
Por circular en la vía pública sobre la superficie de rodamiento de vías primarias, y desplazarse en vehículos no autorizados.	Art. 92 fracc. I	X			
Por no respetar las señales de los semáforos y las fijadas en la vía pública.	Art. 92 fracc. VI	X			
Por cruzar en avenidas y calles de alta densidad de tránsito que no sean esquinas o zonas marcadas para tal efecto.	Art. 92 fracc. II	X			
Por cruzar intersecciones no controladas por semáforos o agentes de tránsito sin asegurarse que pueden hacerlo.	Art. 92 fracc. III	X			
Por no circular por el acotamiento cuando no existan aceras, o en su caso por la orilla de la vía.	Art. 92 fracc. VII	X			
Por circular diagonalmente por los cruceros.	Art. 92 fracc. IX	X			
Por no usar los puentes peatonales.	Art. 92 fracc. VIII	X			
Por realizar actos que constituyan obstáculo o poner en peligro a las personas o por causar daño a las propiedades públicas o privadas	Art. 62	X			

Artículo 123. Cuando el infractor en uno o en varios hechos, viole diversas disposiciones de este Reglamento, se le acumularán y aplicarán las sanciones correspondientes a cada una de ellas.

Artículo 124. En caso de reincidencia, al infractor se le aplicará el doble de la multa correspondiente a la infracción cometida por primera ocasión. Se considera reincidente quien infrinja una misma disposición más de una vez durante el lapso de un año contado a partir de la primera violación.

En el mismo supuesto de reincidencia y tratándose de infracciones graves, podrá aplicarse multa de una a treinta veces el valor diario de la Unidad de Medida y Actualización vigente, así como suspensión o cancelación de la licencia para conducir, o cancelación de la matrícula del vehículo.

En el caso de las infracciones a la circulación de vehículos que violen las normas aplicables en materia de contaminación ambiental, de cargas riesgosas o peligrosas, o que estén limitadas, se aplicará multa de quince a mil veces el valor diario de la Unidad de Medida y Actualización vigente.

Las sanciones a que se refieren los dos párrafos anteriores se aplicarán tomando en cuenta la naturaleza y gravedad de las infracciones cometidas, así como la capacidad económica de los infractores.

Artículo 125. Las sanciones en materia de tránsito señaladas en este Reglamento y en demás disposiciones jurídicas serán impuestas por el agente de tránsito que tenga conocimiento de su comisión, mismas que deberán constar en la boleta de infracción expedida por la terminal electrónica autorizada por la Secretaría de Seguridad y por los ayuntamientos, la cual, para su validez, contendrá:

I. Nombre y domicilio del infractor;

II. Número y tipo de licencia o permiso del infractor, así como la entidad que la expidió;

III. Número de placas de matrícula del vehículo y entidad en que se expidió;

IV. Actos o hechos constitutivos de la infracción, así como el lugar, fecha y hora en que se haya cometido;

V. Disposiciones legales que las sustentan; y

VI. Nombre y firma del agente de tránsito que levante la infracción.

La información obtenida con equipos y sistemas tecnológicos, con base en la cual se determine la imposición de la sanción, misma que hará prueba plena.

Artículo 125 Bis. Se entenderá por equipos o sistemas tecnológicos todos los dispositivos electromecánicos, fotográficos y de video que sirvan para regular, controlar y dirigir el tránsito de vehículos; así como para la captación y generación de infracciones.

Artículo 125 Ter. Atendiendo al equipo o sistemas tecnológicos utilizados para captar la comisión de la infracción, la boleta deberá contener:

I. Nombre y domicilio del propietario del vehículo.

II. Número de placas de matrícula del vehículo y entidad en que se expidió.

III. Actos o hechos constitutivos de la infracción, así como el lugar, fecha y hora en que se haya cometido.

IV. Disposiciones legales que las sustentan.

V. Copia de la imagen del número de placa o matrícula del vehículo, con la confirmación de que dichos elementos corresponden en forma auténtica y sin alteración de ningún tipo a lo captado.

VI. Sello o firma electrónica respectiva de la autoridad que valida la infracción.

La información obtenida con equipos y sistemas tecnológicos, con base en la cual se determine la imposición de la sanción, misma que hará prueba plena.

Artículo 125 Quáter. Las infracciones a este reglamento captadas por equipos o sistemas tecnológicos, deberán ser notificadas al propietario del vehículo, quien será en todo caso responsable solidario para efectos del cobro de la infracción.

En caso de notificaciones por correo certificado, cuando no sea posible notificar al propietario del vehículo en el domicilio señalado, se realizará una segunda visita por parte del servicio de correspondencia, no obstante a lo anterior, si no es posible recabarse la firma del destinatario, se atenderá la diligencia con quien en su nombre lo reciba o si estos no se encuentran en el domicilio, se levantará constancia de ello.

Para las notificaciones mencionadas en este artículo se aplicara de manera supletoria el Código de Procedimientos Administrativos del Estado de México.

Para los vehículos registrados en otra Entidad Federativa, según las prevenciones que existan con relación a la coordinación fiscal, las infracciones podrán ser impuestas a disposición y aplicación de la Entidad Federativa correspondiente.

Asimismo, para aquellos casos de vehículos matriculados en otra Entidad, la Autoridad de Tránsito podrá implementar acciones para la identificación del vehículo con el que se cometió la conducta infractora a través de equipos o sistemas tecnológicos, y proceder a su detención en términos del artículo 125 Quinquies del presente Reglamento para la notificación de la boleta de infracción respectiva.

Artículo 125 Quinquies. Cuando un vehículo matriculado fuera del Estado de México, sea detectado en la vía pública con adeudos por infracciones al presente reglamento, el agente de tránsito que lo detecte, deberá cumplir con lo preceptuado por el artículo 116 del presente ordenamiento y podrá retener la tarjeta de circulación, la licencia del conductor o la placa de matrícula del vehículo como medida para garantizar el pago de las multas cuando no sea posible realizar el pago inmediato. El agente deberá remitir el documento retenido o la placa a la oficina correspondiente, debiendo así mismo informar al infractor de los beneficios a que tiene derecho en términos del presente artículo, así como el lugar en que podrá recoger el documento o la placa retenidos.

Artículo 126. Una vez que la agente de tránsito expida el documento en el que conste la infracción, a través de la terminal electrónica, en términos del presente Reglamento, entregará al infractor el original de la misma para que proceda al pago de la multa correspondiente, haciéndole saber los beneficios de descuento a que tiene derecho por el pronto pago y los establecimientos autorizados para realizarlo.

Cuando el vehículo que conduzca el infractor se encuentre matriculado fuera del Estado de México, el agente de tránsito que levante la infracción podrá retener la tarjeta de circulación, la licencia del conductor o la placa de matrícula del vehículo como medida para garantizar el pago de la multa, cuando no sea posible realizar el pago inmediato. El agente deberá remitir el documento retenido o la placa a la oficina correspondiente debiendo, asimismo, informar al infractor de los beneficios a que tiene derecho en términos del presente artículo, así como el lugar en que podrá recoger el documento o la placa retenidos.

Artículo 127. Cuando el infractor realice el pago de la infracción dentro de los quince días hábiles siguientes, tendrá derecho a un descuento del 50%.

Para el caso de las infracciones detectadas a través de equipos o sistemas tecnológicos, los plazos para obtener los beneficios señalados en el párrafo anterior, comenzarán a correr a partir de la fecha en que la infracción haya sido notificada en el domicilio de la persona que se encuentre registrada como propietaria en el registro vehicular correspondiente.

Artículo 127 Bis. Sin perjuicio de las sanciones que correspondan, los conductores de vehículos que cometan alguna infracción a las normas de este Reglamento que puedan dar lugar a la tipificación de un delito deben ser puestos a disposición del ministerio público que corresponda por los agentes que tengan conocimiento del caso, para que aquél resuelva conforme a derecho.

Tratándose de menores de edad, el ministerio público que tenga conocimiento del caso debe llamar a los padres, tutores o representante legal de la persona adolescente a efecto de que, sin perjuicio de efectuar su remisión de conformidad con la Ley Nacional del Sistema Integral de Justicia Penal para Adolescentes, en los casos que proceda, se tomen las providencias necesarias para que se cubra la responsabilidad civil o penal en que haya incurrido.

CAPÍTULO III
DE LOS MEDIOS DE IMPUGNACIÓN Y DEFENSA DE LOS PARTICULARES FRENTE A LOS ACTOS DE AUTORIDAD

Artículo 128. Contra las sanciones que se impongan por infracción a las disposiciones legales y de este Reglamento, procede la impugnación mediante el recurso correspondiente o ante el Tribunal de Justicia Administrativa del Estado de México, en los términos y formas señalados por el Código de Procedimientos Administrativos del Estado de México.

Artículo 129. Si con motivo del arrastre y detención de un vehículo, este sufriera daños o robo, el prestador de servicio de grúas de arrastre y de depósito tiene la obligación de reparar los daños.

Artículo 130. A los agentes que violen lo preceptuado en este Reglamento o que en aplicación del mismo remitan un vehículo a un depósito sin causa justificada, se les aplicarán las sanciones correspondientes. Los particulares pueden acudir ante el agente del ministerio público o ante los órganos de disciplina de la Secretaría de Seguridad o de los ayuntamientos a denunciar presuntos actos ilícitos de un agente.

TRANSITORIOS

Artículo Primero. El presente Reglamento entrará en vigor a los treinta días de su publicación en el Periódico Oficial "Gaceta del Gobierno" del Estado.

Artículo Segundo. Se deroga las disposiciones en materia de tránsito previstas en el Reglamento General de la Ley de Tránsito y Transportes del Estado y otras de igual o menor rango que se opongan al presente.

Dado en el Palacio del Poder Ejecutivo, en la Ciudad de Toluca de Lerdo, Méx., a los diez días del mes de septiembre de mil novecientos noventa y dos.

SUFRAGIO EFECTIVO. NO REELECCIÓN

EL GOBERNADOR CONSTITUCIONAL DEL ESTADO

LIC. IGNACIO PICHARDO PAGAZA

EL SECRETARIO DE GOBIERNO

LIC. HUMBERTO LIRA MORA

LEY GENERAL DE MOVILIDAD Y SEGURIDAD VIAL

ÚLTIMA REFORMA PUBLICADA EN EL DIARIO OFICIAL DE LA FEDERACIÓN: 8 DE MAYO DE 2023.

Ley publicada en el Diario Oficial de la Federación, el martes 17 de mayo de 2022.

Al margen un sello con el Escudo Nacional, que dice: Estados Unidos Mexicanos. Presidencia de la República.

ANDRÉS MANUEL LÓPEZ OBRADOR, Presidente de los Estados Unidos Mexicanos, a sus habitantes sabed:

Que el Honorable Congreso de la Unión, se ha servido dirigirme el siguiente

DECRETO

"EL CONGRESO GENERAL DE LOS ESTADOS UNIDOS MEXICANOS DECRETA:
SE EXPIDE LA LEY GENERAL DE MOVILIDAD Y SEGURIDAD VIAL

Artículo Único. Se expide la Ley General de Movilidad y Seguridad Vial

LEY GENERAL DE MOVILIDAD Y SEGURIDAD VIAL

TÍTULO PRIMERO
DISPOSICIONES GENERALES

CAPÍTULO I
OBJETO DE LA LEY

Artículo 1. La presente Ley es de orden público e interés social y de observancia general en todo el territorio nacional, en términos de lo dispuesto en el párrafo décimo séptimo del artículo 4o. y 73, fracción XXIX-C, de la Constitución Política de los Estados Unidos Mexicanos, en materia de movilidad y seguridad vial, y tiene por objeto establecer las bases y principios para garantizar el derecho a la movilidad en condiciones de seguridad vial, accesibilidad, eficiencia, sostenibilidad, calidad, inclusión e igualdad.

La presente Ley tendrá por objetivos:

I. Sentar las bases para la política de movilidad y seguridad vial, bajo un enfoque sistémico y de sistemas seguros, a través del Sistema Nacional de Movilidad y Seguridad Vial y la información proporcionada por el Sistema de Información Territorial y Urbano para priorizar el desplazamiento de las personas, particularmente de los grupos en situación de vulnerabilidad, así como bienes y mercancías, con base en la jerarquía de la movilidad señalada en esta Ley, que disminuya los impactos negativos sociales, de desigualdad, económicos, a la salud, y al medio ambiente, con el fin de reducir muertes y lesiones graves ocasionadas por siniestros viales, para lo cual se debe preservar el orden y seguridad vial;

II. Definir mecanismos de coordinación de las autoridades de los tres órdenes de gobierno y la sociedad en materia de movilidad y seguridad vial;

III. Establecer la concurrencia entre la Federación, las entidades federativas, los municipios y las demarcaciones territoriales de la Ciudad de México, en el ámbito de sus respectivas competencias, en materia de movilidad y seguridad vial, así como los mecanismos para su debida coordinación, de conformidad con lo establecido en el artículo 73, fracción XXIX-C, de la Constitución Política de los Estados Unidos Mexicanos;

IV. Establecer las bases para la coordinación entre integrantes del Sistema Nacional de Movilidad y Seguridad Vial a través de los planes de desarrollo, la política de movilidad y de seguridad vial con un enfoque integral a la política de desarrollo urbano y ordenamiento territorial, que sea transversal con las políticas sectoriales aplicables;

V. Determinar mecanismos y acciones que promuevan y fomenten la sensibilización, la formación y la cultura de la movilidad y seguridad vial, que permitan el ejercicio pleno de este derecho;

VI. Vincular la política de movilidad y seguridad vial, con un enfoque integral de la política de ordenamiento territorial y desarrollo urbano y de manera transversal con las políticas sectoriales aplicables;

VII. Definir la jerarquía de la movilidad y los principios rectores a que deben sujetarse las autoridades competentes, en la implementación de esta Ley, en la expedición de disposiciones reglamentarias y en la formulación y aplicación de políticas, programas y acciones en la materia;

VIII. Establecer las bases para priorizar los modos de transporte de personas, bienes y mercancías, con menor costo ambiental y social, la movilidad no motorizada, vehículos no contaminantes y la intermodalidad;

IX. Establecer los mecanismos y acciones para la gestión de factores de riesgo que permitan reducir las muertes y lesiones graves ocasionadas por siniestros viales, así como salvaguardar la vida e integridad física de las personas usuarias del sistema de movilidad, bajo un enfoque de sistemas seguros, y

X. Promover la toma de decisiones con base en evidencia científica y territorial en materia de movilidad y seguridad vial.

Artículo 2. Esta Ley se interpretará de conformidad con la Constitución Política de los Estados Unidos Mexicanos y con los Tratados Internacionales de los que el Estado Mexicano sea parte, favoreciendo en todo tiempo a las personas la protección más amplia.

Artículo 3. Glosario.

Para efectos de esta Ley, se entenderá por:

I. Accesibilidad: Las medidas pertinentes para asegurar el acceso de las personas con discapacidad, en igualdad de condiciones con los demás, al entorno físico, el transporte, la información y las comunicaciones, incluidos los sistemas y las tecnologías de la información, y otros servicios e instalaciones abiertos al público o de uso público, tanto en zonas urbanas como rurales e insulares;

II. Acciones afirmativas: Políticas, medidas o acciones dirigidas a favorecer a personas o grupos en situación de vulnerabilidad, con el fin de eliminar o reducir las desigualdades y barreras de tipo actitudinal, social, cultural o económico que los afectan;

III. Ajustes Razonables: Modificaciones y adaptaciones necesarias y adecuadas que no impongan una carga desproporcionada o indebida, cuando se requieran en un caso particular, para garantizar a las personas con discapacidad el goce o ejercicio, en igualdad de condiciones con las demás, de todos los derechos humanos y libertades fundamentales;

IV. Atención médica prehospitalaria: Es la otorgada a las personas cuya condición clínica considera que pone en peligro la vida, un órgano o su función, con el fin de lograr la limitación del daño y su estabilización orgánico-funcional, desde los primeros auxilios hasta la llegada y entrega a un establecimiento para la atención médica con servicio de urgencia, así como durante el traslado entre diferentes establecimientos a bordo de una ambulancia;

V. Auditorías de Seguridad Vial: Metodología aplicable a cualquier infraestructura vial para identificar, reconocer y corregir las deficiencias antes de que ocurran siniestros viales o cuando éstos ya están sucediendo. Las auditorías de seguridad vial buscan identificar riesgos de la vía con el fin de emitir recomendaciones que, al materializarse, contribuyan a la reducción de los riesgos;

VI. Autoridades: Autoridades de los tres órdenes de gobierno en materia de movilidad, seguridad vial y transporte terrestre;

VII. Ayudas Técnicas: Dispositivos tecnológicos y materiales que permiten habilitar, rehabilitar o compensar una o más limitaciones funcionales, motrices, sensoriales o intelectuales de las personas con discapacidad;

VIII. Bases de Datos sobre Movilidad y Seguridad Vial: Las bases de datos a las que se refiere el artículo 29 de la presente Ley;

IX. Calle completa: Aquella diseñada para facilitar el tránsito seguro de las personas usuarias de las vías, de conformidad con la jerarquía de la movilidad, que propician la convivencia y los desplazamientos accesibles y eficientes. Consideran criterios de diseño universal, la ampliación de banquetas o espacios compartidos de circulación peatonal y vehicular libres de obstáculos, el redimensionamiento de carriles para promover velocidades seguras, carriles exclusivos para el transporte público, infraestructura ciclista y señalética adecuada y visible en todo momento;

X. Desplazamientos: Recorrido de una persona asociado a un origen y un destino preestablecidos con un propósito determinado en cualquier modo de movilidad;

XI. Discriminación por motivos de discapacidad: Se entenderá cualquier distinción, exclusión o restricción por motivos de discapacidad que tenga el propósito o el efecto de obstaculizar, menoscabar o dejar sin efecto el reconocimiento, goce o ejercicio, en igualdad de condiciones, de todos los derechos humanos y libertades fundamentales en los ámbitos político, económico, social, cultural, civil o de otro tipo. Incluye todas las formas de discriminación, entre ellas, la denegación de ajustes razonables;

XII. Diseño universal: Se entenderá el diseño de productos, entornos, programas y servicios en materia de movilidad y seguridad vial, que puedan utilizar todas las personas, en la mayor medida posible, sin necesidad de adaptación ni diseño especializado. El diseño universal no excluirá las ayudas técnicas para grupos particulares de personas con discapacidad cuando se necesiten;

XIII. Dispositivo de seguridad: Aditamento, sistema o mecanismo dispuesto para las personas en favor de la seguridad de la vida, la salud y la integridad durante sus traslados;

XIV. Dispositivos de control del tránsito: Conjunto de señales, marcas, dispositivos diversos y demás elementos que se colocan en las vías con el objeto de prevenir, regular y guiar la circulación de personas peatonas y vehículos que cumplan con el criterio de diseño universal, garantizando su adecuada visibilidad en todo momento;

XV. Dispositivos de seguridad vehicular: Autopartes, partes, sistemas, diseños y mecanismos en un vehículo dispuesto para producir una acción de protección en favor de la seguridad, la vida, la salud e integridad de las personas usuarias, de conformidad con lo establecido en las Normas Oficiales Mexicanas correspondientes;

XVI. Educación Vial: Actividad cuya finalidad es promover una cultura vial en la población, dirigida a todas las personas usuarias de la vía, con el objetivo de generar cambios en los patrones de comportamiento social;

XVII. Enfoque Sistémico: Enfoque que aborda la movilidad en su totalidad e integralidad, en el que interactúan una serie de elementos coordinados e interconectados;

XVIII. Especificaciones técnicas: Parámetros a los que se encuentra sujeto el diseño, funcionalidad y uso tanto de las vías como de los modos de transporte, con el objeto de garantizar la seguridad, salud e integridad de las personas usuarias y la prevención del riesgo, considerando las necesidades diferenciadas de los grupos en situación de vulnerabilidad;

XIX. Estrategia Nacional de Movilidad y Seguridad Vial: Instrumento rector para la conducción de la Política Nacional de Movilidad y Seguridad Vial, que incluye el conjunto de acciones encaminadas a promover la movilidad y la seguridad vial, para implementarlas a través de la coordinación de los tres órdenes de gobierno;

XX. Estudio de Impacto de Movilidad: El que realizan las autoridades de los tres órdenes de gobierno en el ámbito de sus funciones, con el fin de evitar o reducir los efectos negativos sobre la calidad de vida de la ciudadanía en materia de movilidad y seguridad vial;

XXI. Examen de valoración integral: Conjunto de valoraciones físicas, médicas y evaluación de conocimientos en materia de reglamentos de tránsito, que las autoridades de los tres órdenes de gobierno en el ámbito de sus funciones practican a las personas aspirantes para obtener o renovar una licencia de conducir;

XXII. Externalidades: Factores que inciden, afectan y son derivados de efectos secundarios que causa la actividad de la movilidad de una persona, en función del medio de transporte por el que se desplace, como emisiones, congestión, siniestros y uso de espacio público;

XXIII. Factor de riesgo: Todo hecho o acción que dificulte la prevención de un siniestro de tránsito, así como la implementación de medidas comprobadas para mitigar dichos riesgos;

XXIV. Gestión de la demanda de movilidad: Conjunto de medidas, programas y estrategias que inciden en la conducta de las personas usuarias a fin de reducir viajes o cambiar el modo de transporte; con el fin de optimizar tiempos en los desplazamientos;

XXV. Gestión de la velocidad: Conjunto de medidas integradas que llevan a las personas conductoras a circular a una velocidad segura y, en consecuencia, reducir el número de siniestros de tránsito y las lesiones graves o muertes;

XXVI. Grupos en situación de vulnerabilidad: Población que enfrenta barreras para ejercer su derecho a la movilidad con seguridad vial como resultado de la desigualdad, como las personas con menores ingresos, indígenas, con discapacidad, en estado de gestación, adultas mayores, comunidad LGBTTTIQ, así como mujeres, niñas, niños y adolescentes, y demás personas que por su condición particular enfrenten algún tipo de exclusión;

XXVII. Impacto de movilidad: Resultado de la evaluación de las posibles influencias o alteraciones sobre los desplazamientos de personas, bienes y mercancías que pudieran afectarse por la realización de obras y actividades privadas y públicas;

XXVIII. Interseccionalidad: Conjunto de desigualdades múltiples que coinciden o interceptan en una persona o grupo, aumentando su situación desfavorecida, riesgo, exposición o vulnerabilidad al hacer uso de la vía;

XXIX. Lengua de Señas Mexicana: Lengua de una comunidad de sordos, que consiste en una serie de signos gestuales articulados con las manos y acompañados de expresiones faciales, mirada intencional y movimiento corporal, dotados de función lingüística, forma parte del patrimonio lingüístico de dicha comunidad y es tan rica y compleja en gramática y vocabulario como cualquier lengua oral;

XXX. Ley: Ley General de Movilidad y Seguridad Vial;

XXXI. Motocicleta: Vehículo motorizado de dos o más ruedas utilizado para el transporte de pasajeros o de carga, propulsado por un motor de combustión interna, eléctrico o algún otro tipo de mecanismo que utilice cualquier otro tipo de energía o asistencia que proporcione una potencia continua normal mayor a 1 KW (1.34HP), o cuyo motor de combustión tenga un volumen desplazado mayor a 49 cm cúbicos. Sin ser limitativo sino enunciativo, una motocicleta puede incluir denominaciones de bicimoto, motoneta, motocicleta con sidecar, trimoto y cuatrimoto, con capacidad de operar tanto en carretera como en otras superficies;

XXXII. Movilidad: El conjunto de desplazamientos de personas, bienes y mercancías, a través de diversos modos, orientado a satisfacer las necesidades de las personas;

XXXIII. Movilidad activa o no motorizada: Desplazamiento de personas y bienes que requiere de esfuerzo físico, utilizando ayudas técnicas o mediante el uso de vehículos no motorizados;

XXXIV. Movilidad del cuidado: Viajes realizados en la consecución de actividades relacionadas con el trabajo no remunerado, de cuidados y el cuidado de las personas que requieren de otra persona para su traslado, dependientes o con necesidades específicas;

XXXV. Observatorios: Los Observatorios de Movilidad y Seguridad Vial;

XXXVI. Perro de asistencia: Son aquellos que han sido certificados para el acompañamiento, conducción y auxilio de personas con discapacidad;

XXXVII. Persona peatona: Persona que transita por la vía a pie o que por su condición de discapacidad o de movilidad limitada utilizan ayudas técnicas para desplazarse; incluye menores de doce años a bordo de un vehículo no motorizado;

XXXVIII. Persona Permisionaria: Persona física o moral autorizada por la Secretaría de Infraestructura, Comunicaciones y Transportes para prestar servicios de autotransporte federal de carga, pasaje o turismo, o transporte privado de personas o cosas, o para operar o explotar servicios auxiliares, en las vías generales de comunicación, que para el cumplimiento de sus fines transita en vialidades de jurisdicción federal, estatal o municipal;

XXXIX. Persona usuaria: La persona que realiza desplazamientos haciendo uso del sistema de movilidad;

XL. Personas con discapacidad: Personas a las que hace referencia la fracción XXVII del artículo 2 de Ley General para la Inclusión de las Personas con Discapacidad;

XLI. Personas con movilidad limitada: Toda persona cuya movilidad se ha reducido por motivos de edad, embarazo y alguna otra situación que, sin ser una discapacidad, requiere una atención adecuada y la adaptación a sus necesidades particulares en el servicio

XLII. Personas usuarias vulnerables: Niñas y niños menores de doce años, personas adultas mayores y personas con movilidad limitada usuarias de vehículos de dos y tres ruedas;

XLIII. Proximidad: Circunstancias que permiten a las personas usuarias desplazarse con facilidad a sus destinos;

XLIV. Secretarías: Secretaría de Desarrollo Agrario, Territorial y Urbano, Secretaría de Infraestructura, Comunicaciones y Transportes;

XLV. Seguridad vehicular: Medidas enfocadas en el desempeño y protección que brinda un vehículo motorizado a las personas pasajeras y usuarias de la vía contra el riesgo de muerte o lesiones graves en caso de un siniestro de tránsito;

XLVI. Seguridad vial: Conjunto de políticas y sistemas orientados a controlar los factores de riesgo, con el fin de prevenir y reducir las muertes y lesiones graves ocasionadas por siniestros de tránsito;

XLVII. Sensibilización: Transmisión de información a la población, con el fin de concientizarla sobre el uso de la vía y la problemática que en ella se genera;

XLVIII. Sensibilización de género: Diseño, instrumentación y ejecución de programas y políticas públicas que atiendan la problemática de las desigualdades e inequidades de género;

XLIX. Señalización: Conjunto integrado de dispositivos, marcas y señales que indican la geometría de las vías, sus acotamientos, las velocidades máximas, la dirección de tránsito, así como sus bifurcaciones, cruces y pasos a nivel, garantizando su adecuada visibilidad de manera permanente;

L. Servicio de transporte: Actividad mediante la cual la Secretaría de Infraestructura, Comunicaciones y Transporte o bien las entidades federativas en coordinación con los municipios y las demarcaciones territoriales de la Ciudad de México, otorgan permiso o autorización a personas físicas o morales para que suministren el servicio de transporte para satisfacer las necesidades de movilidad de las personas, bienes y mercancías, de conformidad con su normatividad aplicable;

LI. Servicio de transporte público: Actividad a través de la cual la Secretaría de Infraestructura, Comunicaciones y Transportes, los gobiernos de las entidades federativas, en coordinación con los municipios, satisfacen las necesidades de transporte accesible e incluyente de pasajeros o carga en todas sus modalidades, dentro del área de su jurisdicción;

LII. Servicios auxiliares: Son todos los bienes muebles o inmuebles e infraestructura, así como los servicios a los que hace referencia la Ley de Caminos, Puentes y Autotransporte Federal y que resulten complementarios a la prestación del servicio de transporte público, previstos en la legislación aplicable y que son susceptibles de autorización, permiso o concesión a particulares, por parte de los tres órdenes de gobierno;

LIII. Siniestro de tránsito: Cualquier suceso, hecho, accidente o evento en la vía pública derivado del tránsito vehicular y de personas, en el que interviene por lo menos un vehículo y en el cual se causan la muerte, lesiones, incluidas en las que se adquiere alguna discapacidad, o daños materiales, que puede (sic) prevenirse y sus efectos adversos atenuarse;

LIV. Sistema de Información Territorial y Urbano: Sistema al que hace referencia el artículo 27 de la presente Ley;

LV. Sistema Nacional: El Sistema Nacional de Movilidad y Seguridad Vial;

LVI. Sistemas de movilidad: Conjunto de elementos y recursos relacionados directa o indirectamente con el tránsito y la movilidad, cuya estructura e interacción permiten el desplazamiento de personas, bienes y mercancías en el espacio público;

LVII. Sistemas de retención infantil: Dispositivos de seguridad para limitar la movilidad del cuerpo para personas menores de doce años, a fin de disminuir el riesgo de lesiones en caso de colisión o desaceleración brusca del vehículo;

LVIII. Sistemas seguros: Prácticas efectivas, eficientes y prioritarias, que redistribuyen responsabilidades entre los diversos actores relacionados con la movilidad y no solo con las personas usuarias, cobran especial relevancia las vías libres de riesgos, los sistemas de seguridad en el transporte, en los vehículos y las velocidades seguras;

LIX. Transporte público de pasajeros: Es el medio de traslado que se ofrece a una persona o para el público en general de forma continua, uniforme, regular, permanente e ininterrumpida y sujeta a horarios establecidos o criterios de optimización mediante algoritmos tecnológicos que otorga la autoridad competente a través de entidades, concesionarios o mediante permisos;

LX. Transporte: Es el medio físico a través del cual se realiza el traslado de personas, bienes y mercancías;

LXI. Transversalidad: Es el proceso mediante el cual se instrumentan las políticas, programas y acciones, desarrollados por las dependencias y entidades de la administración pública, que proveen bienes y servicios a la población, basados en un esquema de acción y coordinación de esfuerzos y recursos en tres dimensiones: vertical, horizontal y de fondo;

LXII. Vehículo: Modo de transporte diseñado para facilitar la movilidad y tránsito de personas o bienes por la vía pública, propulsado por una fuerza humana directa o asistido para ello por un motor de combustión interna, eléctrico o cualquier fuerza motriz;

LXIII. Vehículo eficiente: Vehículo que cumple con las Normas Oficiales Mexicanas sobre emisiones y con las obligaciones de verificación;

LXIV. Vehículo motorizado: Vehículo de transporte terrestre de pasajeros o de carga, que para su tracción dependen de un motor de combustión interna, eléctrica o de cualquier otra tecnología que les proporciona velocidad superior a los veinticinco kilómetros por hora;

LXV. Vehículo no motorizado: Vehículo de tracción humana como bicicleta, monociclo, triciclo, cuatriciclo; vehículos recreativos como patines, patinetas y monopatines; incluye a aquellos asistidos por motor de baja potencia no susceptible de alcanzar velocidades mayores a veinticinco kilómetros por hora, y los que son utilizados por personas con discapacidad;

LXVI. Velocidad de operación: Velocidad establecida por las autoridades correspondientes en los reglamentos de tránsito;

LXVII. Vía: Espacio físico destinado al tránsito de personas peatonas y vehículos;

LXVIII. Vía pública: Todo espacio de dominio público y uso común destinado al tránsito de personas peatonas y vehículos, así como a la prestación de servicios públicos y la instalación de infraestructura y mobiliario;

LXIX. Vialidad: Conjunto integrado de vías de uso común que conforman la traza urbana, y

LXX. Violencias contra las mujeres: Cualquier acción u omisión, basada en su género, que les cause daño o sufrimiento psicológico, físico, patrimonial, económico, sexual o la muerte, tanto en el ámbito privado como en el público.

CAPÍTULO II
DE LOS PRINCIPIOS DE MOVILIDAD Y SEGURIDAD VIAL

Artículo 4. Principios de movilidad y seguridad vial.

La Administración Pública Federal, de las entidades federativas, municipal, de las demarcaciones territoriales de la Ciudad de México, y demás autoridades en la materia, de acuerdo con sus facultades, considerarán los siguientes principios:

I. Accesibilidad. Garantizar el acceso pleno en igualdad de condiciones, con dignidad y autonomía a todas las personas al espacio público, infraestructura, servicios, vehículos, transporte público y los sistemas de movilidad tanto en zonas urbanas como rurales e insulares mediante la identificación y eliminación de obstáculos y barreras de acceso, discriminación, exclusiones, restricciones físicas, culturales, económicas, así como el uso de ayudas técnicas y perros de asistencia, con especial atención a personas con discapacidad, movilidad limitada y grupos en situación de vulnerabilidad;

II. Calidad. Garantizar que los sistemas de movilidad, infraestructura, servicios, vehículos y transporte público cuenten con los requerimientos y las condiciones para su óptimo funcionamiento con propiedades aceptables para satisfacer las necesidades de las personas;

III. Confiabilidad. Las personas usuarias de los servicios de transporte deben tener la certeza de que los tiempos de recorrido, los horarios de operación y los puntos de abordaje y descenso son predefinidos y seguros, de manera que se puedan planear los recorridos de mejor forma;

IV. Diseño universal. Todos los componentes de los sistemas de movilidad deben seguir los criterios de diseño universal, a fin de incluir a todas las personas independientemente de su condición y en igualdad de oportunidades, a las calles y los servicios de movilidad, de acuerdo con las condiciones de cada centro de población; así como otorgarles las condiciones mínimas de infraestructura necesarias para ejercer el derecho a la movilidad;

V. Eficiencia. Maximizar los desplazamientos ágiles y asequibles, tanto de personas usuarias como de bienes y mercancías, optimizando los recursos ambientales y económicos disponibles;

VI. Equidad. Reconocer condiciones y aspiraciones diferenciadas para lograr el ejercicio de iguales derechos y oportunidades, tanto para mujeres y hombres, así como otros grupos en situación de vulnerabilidad;

VII. Habitabilidad. Generar condiciones para que las vías cumplan con las funciones de movilidad y creación de espacio público de calidad, a través de la interacción social, la diversidad de actividades y la articulación de servicios, equipamientos e infraestructura;

VIII. Inclusión e Igualdad. El Estado atenderá de forma incluyente, igualitaria y sin discriminación las necesidades de todas las personas en sus desplazamientos en el espacio público, infraestructura, servicios, vehículos, transporte público y los sistemas de movilidad;

IX. Movilidad activa. Promover ciudades caminables, así como el uso de la bicicleta y otros modos de transporte no motorizados, como alternativas que fomenten la salud pública, la proximidad y la disminución de emisiones contaminantes;

X. Multimodalidad. Ofrecer múltiples modos y servicios de transporte para todas las personas usuarias, los cuales deben articularse e integrarse entre sí y con la estructura urbana, para reducir la dependencia del vehículo particular motorizado;

XI. Participación. Establecer mecanismos para que la sociedad se involucre activamente en cada etapa del ciclo de la política pública, en un esquema basado en la implementación de metodologías de co-creación enfocadas en resolver las necesidades de las personas;

XII. Perspectiva de género. Visión científica, analítica y política que busca eliminar las causas de la desigualdad, la injusticia y la jerarquización de las personas basada en el género y que promueve la igualdad entre mujeres y hombres;

XIII. Progresividad. Garantizar que el derecho a la movilidad y sus derechos relacionados, estén en constante evolución, promoviéndolos de manera progresiva y gradual e incrementando constantemente el grado de su tutela, respeto, protección y garantía;

XIV. Resiliencia. Lograr que el sistema de movilidad tenga capacidad para soportar situaciones fortuitas o de fuerza mayor, con una recuperación breve y de bajo costo, tanto para la sociedad como para el medio ambiente;

XV. Seguridad. Se deberá proteger la vida y la integridad física de las personas en sus desplazamientos bajo el principio de que toda muerte o lesión por siniestros de tránsito es prevenible;

XVI. Seguridad vehicular. Aspecto de la seguridad vial enfocado en el desempeño de protección que brinda un vehículo de motor a las personas pasajeras y usuarias vulnerables, y demás usuarias de la vía, contra el riesgo de muerte o lesiones graves en caso de siniestro;

XVII. Sostenibilidad. Satisfacer las necesidades de movilidad procurando los menores impactos negativos en el medio ambiente y la calidad de vida de las personas, garantizando un beneficio continuo para las generaciones actuales y futuras;

XVIII. Transparencia y rendición de cuentas. Garantizar la máxima publicidad y acceso a la información relacionada con la movilidad y la seguridad vial, así como sobre el ejercicio presupuestal y cumplimiento de la normativa, de conformidad con lo establecido en la Ley General de Transparencia y Acceso a la Información Pública;

XIX. Transversalidad. Instrumentar e integrar las políticas, programas y acciones en materia de movilidad y seguridad vial, desarrollados por las distintas dependencias y entidades de la administración pública, que proveen bienes y servicios a la población, poniendo especial atención a los grupos en situación de vulnerabilidad, y

XX. Uso prioritario de la vía o del servicio. Concientizar a personas usuarias de la vía y transporte público sobre la necesidad que tienen las personas con discapacidad, las personas con movilidad limitada y quien les acompaña, de usar en determinadas circunstancias, las vías de manera preferencial con el fin de garantizar su seguridad.

Artículo 5. Enfoque Sistémico y de Sistemas seguros.

Las medidas que deriven de la presente Ley tendrán como objetivo prioritario la protección de la vida y la integridad física de las personas en sus desplazamientos, el uso o disfrute en las vías públicas del país, por medio de un enfoque de prevención que disminuya los factores de riesgo y la incidencia de lesiones graves, a través de la generación de sistemas de movilidad seguros, los cuales deben seguir los siguientes criterios:

I. Las muertes o lesiones graves ocasionadas por un siniestro de tránsito son prevenibles;

II. Los sistemas de movilidad y de transporte y la infraestructura vial deberán ser diseñados para tolerar el error humano, para que no se produzcan lesiones graves o muerte, así como reducir los factores de riesgo que atenten contra la integridad y dignidad de los grupos en situación de vulnerabilidad;

III. Las velocidades vehiculares deben mantenerse de acuerdo con los límites establecidos en la presente Ley para reducir muertes y la gravedad de las lesiones;

IV. La integridad física de las personas es responsabilidad compartida de quienes diseñan, construyen, gestionan, operan y usan la red vial y los servicios de transporte;

V. Las soluciones cuando se produzca un siniestro de tránsito, deben buscarse en todo el sistema, en lugar de responsabilizar a alguna de las personas usuarias de la vía;

VI. Los derechos de las víctimas se deberán reconocer y garantizar de conformidad con lo establecido en la Constitución Política de los Estados Unidos

Mexicanos, en la Ley General de Víctimas y los Tratados Internacionales de los que el Estado Mexicano sea parte;

VII. Las decisiones deben ser tomadas conforme las bases de datos e indicadores del Sistema de Información Territorial y Urbano, para lo cual se deben establecer sistemas de seguimiento, información, documentación y control de lo relativo a la seguridad de los sistemas de movilidad. En caso de que no exista evidencia local, se deberá incorporar el conocimiento generado a nivel internacional;

VIII. Las acciones de concertación son necesarias entre los sectores público, privado y social con enfoque multisectorial, a través de mecanismos eficientes y transparentes de participación, y

IX. El diseño vial y servicio de transporte debe ser modificado o adaptado, incorporando acciones afirmativas sin que se imponga una carga desproporcionada o indebida, a fin de que se garantice la seguridad integral y accesibilidad de los grupos en situación de vulnerabilidad, con base en las necesidades de cada territorio.

CAPÍTULO III
DE LA JERARQUÍA DE MOVILIDAD

Artículo 6. Jerarquía de la movilidad.

La planeación, diseño e implementación de las políticas públicas, planes y programas en materia de movilidad deberán favorecer en todo momento a la persona, los grupos en situación de vulnerabilidad y sus necesidades, garantizando la prioridad en el uso y disposición de las vías, de acuerdo con la siguiente jerarquía de la movilidad:

I. Personas peatonas, con un enfoque equitativo y diferenciado en razón de género, personas con discapacidad y movilidad limitada;

II. Personas ciclistas y personas usuarias de vehículos no motorizados;

III. Personas usuarias y prestadoras del servicio de transporte público de pasajeros, con un enfoque equitativo pero diferenciado;

IV. Personas prestadoras de servicios de transporte y distribución de bienes y mercancías, y

V. Personas usuarias de vehículos motorizados particulares.

Las autoridades de los tres órdenes de gobierno establecerán en sus respectivos reglamentos el uso prioritario de la vía a vehículos que presten servicios de emergencia, cuando la situación así lo requiera.

TÍTULO SEGUNDO
DE LA POLÍTICA PÚBLICA A TRAVÉS DEL SISTEMA NACIONAL DE MOVILIDAD Y SEGURIDAD VIAL

CAPÍTULO I
EL SISTEMA NACIONAL DE MOVILIDAD Y SEGURIDAD VIAL Y LA POLÍTICA NACIONAL, SECTORIAL Y REGIONAL

Artículo 7. Sistema Nacional de Movilidad y Seguridad Vial.

El Sistema Nacional de Movilidad y Seguridad Vial será el mecanismo de coordinación entre las autoridades competentes en materia de movilidad y seguridad vial, de los tres órdenes de gobierno, así como con los sectores de la sociedad en la materia, a fin de cumplir el objeto, los objetivos y principios de esta Ley, la política, el Plan Nacional de Desarrollo, la Estrategia Nacional y los instrumentos de planeación específicos.

A. El Sistema Nacional estará integrado por las personas titulares o representantes legales de:

I. La Secretaría de Desarrollo Agrario, Territorial y Urbano;

II. La Secretaría de Infraestructura, Comunicaciones y Transportes;

III. La Secretaría de Economía;

IV. Por las entidades federativas, la persona que sea designada por el Ejecutivo local, y

V. El Sistema podrá invitar a participar a otras autoridades de movilidad que se considere necesarias con voz y voto y las demás que se determinen sólo con voz para el debido cumplimiento del objeto de la Ley.

La presidencia del Sistema Nacional será ejercida de manera rotativa, de forma anual, entre la Secretaría de Desarrollo Agrario, Territorial y Urbano y la Secretaría de Infraestructura, Comunicaciones y Transportes.

B. El Sistema Nacional tendrá las siguientes facultades:

I. Emitir los lineamientos para su organización y operación, donde deberán establecerse los mecanismos de participación de municipios, demarcaciones territoriales de la Ciudad de México, instancias de coordinación metropolitana y organizaciones de la sociedad civil, así como la periodicidad de sus reuniones;

II. Establecer la instancia que fungirá como órgano técnico de apoyo para el seguimiento de los acuerdos y resoluciones que se emitan;

III. Emitir acuerdos y resoluciones generales para el funcionamiento del Sistema Nacional;

IV. Establecer las bases de planeación, operación, funcionamiento y evaluación de las políticas en materia de movilidad y seguridad vial de carácter nacional, sectorial y regional, a fin de desarrollar los objetivos del Plan Nacional de Desarrollo, los programas federales y los planes de las entidades federativas y de los municipios;

V. Establecer de manera transversal los mecanismos y criterios de la vinculación de la movilidad y la seguridad vial como fenómenos multifactoriales y multidisciplinarios con el transporte, la accesibilidad, tránsito, ordenamiento territorial, desarrollo urbano, medio ambiente, cambio climático, desarrollo sostenible y espacio público, así como el ejercicio de los derechos sociales relacionados con (sic) accesibilidad, que deberán ser observados para la coordinación entre las autoridades de los tres órdenes de gobierno;

VI. Diseñar y aprobar la política nacional en materia de movilidad y seguridad vial, la cual retomará las opiniones de los grupos de la sociedad civil, de los pueblos y comunidades indígenas, afromexicanas, organizaciones de personas con discapacidad y de la población en municipios insulares, según los estándares que aplican a cada grupo;

VII. Formular y aprobar la Estrategia Nacional que será la base para el diseño de políticas, planes y acciones que implementen las autoridades de los tres órdenes de gobierno en la materia;

VIII. Proponer variables e indicadores al Sistema de Información Territorial y Urbano en materia de movilidad y seguridad vial, así como los mecanismos de recolección, integración, sistematización y análisis de información, de conformidad con lo establecido en las Leyes Federal y General de Transparencia y Acceso a la Información Pública y General de Protección de Datos Personales en Posesión de Sujetos Obligados, previa opinión técnica del Instituto Nacional de Transparencia, Acceso a la Información y Protección de Datos Personales, incluyendo fuentes;

IX. Analizar lo contenido en el Sistema de Información Territorial y Urbano para realizar estudios, diagnósticos, proponer iniciativas, intervenciones, acciones afirmativas y ajustes razonables, para dar seguimiento y evaluación de las políticas e intervenciones dirigidas a mejorar las condiciones de la movilidad y la seguridad vial con perspectiva interseccional y de derechos humanos;

X. Expedir los lineamientos que establecerán los métodos y procedimientos para guiar los proyectos y acciones en materia de movilidad, vinculados con políticas, directrices y acciones de interés metropolitano, que cumplan con su objetivo de cobertura y guarden congruencia con los distintos niveles y ámbitos de planeación, así como con los principios de esta Ley;

XI. Determinar los distintos tipos de vías del territorio nacional, de conformidad con sus características físicas y usos, a efecto de establecer límites de velocidad de referencia, que deberán ser tomados en cuenta por las autoridades de los tres órdenes de gobierno, con el fin de garantizar la seguridad de todas las personas usuarias de éstas;

XII. Formular manuales y lineamientos que orienten la política para los sistemas de movilidad en los centros de población, con perspectiva interseccional y de derechos humanos, que:

a) Orienten criterios para el diseño vial que permitan la identificación de las necesidades o requerimientos de las personas usuarias de la vía;

b) Promuevan la seguridad vial y la utilización adecuada de la red vial, enfoque de sistemas seguros, su infraestructura, equipamiento auxiliar, dispositivos para el control del tránsito, servicios auxiliares y elementos inherentes o incorporados a ella;

c) Propongan las especificaciones técnicas del parque vehicular;

d) Otras que fortalezcan la movilidad y la seguridad vial equitativa, igualitaria e incluyente;

e) Establecer los lineamientos para la conformación y desarrollo de los sistemas integrados de transporte en los diferentes centros de población, así como los criterios de diseño, implementación, ejecución y evaluación de la articulación física, operacional, informativa y de imagen, que permitan el desplazamiento de personas, bienes y mercancías entre ellos;

f) Promover los acuerdos y la coordinación entre las autoridades para fortalecer la regulación del transporte de carga a efecto de mejorar su eficiencia operacional y ambiental;

g) Realizar el seguimiento, revisión y evaluación de programas, planes y proyectos en materia de movilidad y seguridad vial y sus impactos en los grupos en situación de vulnerabilidad, a través de los instrumentos que para tal efecto se emitan;

h) Promover la coordinación efectiva de las instancias que integran el Sistema Nacional y dar seguimiento a las acciones que para tal efecto se establezcan;

i) Elaborar un informe anual sobre el cumplimiento del objeto y objetivos de la presente Ley, así como del avance de la Estrategia Nacional, que será remitida a las autoridades competentes de los tres órdenes de gobierno para su conocimiento;

j) Establecer los lineamientos para la práctica de auditorías e inspecciones de infraestructura y seguridad vial;

XIII. En aquellas entidades federativas con territorio insular, establecer los mecanismos de participación de los municipios correspondientes dentro del Sistema, y

XIV. Las demás que se establezcan para el funcionamiento del Sistema y el cumplimiento del objeto de la presente Ley.

Artículo 8. De la política nacional.

La política nacional de movilidad y seguridad vial se diseñará con un enfoque sistémico y ejecutará con base en los principios establecidos en esta Ley, los que para tal efecto emita el Sistema Nacional, así como a través de los mecanismos de coordinación, información y participación correspondientes, con el objetivo de garantizar el derecho a la movilidad con las condiciones establecidas por la Constitución Política de los Estados Unidos Mexicanos.

CAPÍTULO II
DEL DERECHO A LA MOVILIDAD

Artículo 9. La movilidad es el derecho de toda persona a trasladarse y a disponer de un sistema integral de movilidad de calidad, suficiente y accesible que, en condiciones de igualdad y sostenibilidad, permita el desplazamiento de personas, bienes y mercancías, el cual deberá contribuir al ejercicio y garantía de los demás derechos humanos, por lo que las personas serán el centro del diseño y del desarrollo de los planes, programas, estrategias y acciones en la materia.

El derecho a la movilidad tendrá las siguientes finalidades:

I. La integridad física y la prevención de lesiones de todas las personas usuarias de las calles y de los sistemas de transporte, en especial de las más vulnerables;

II. La accesibilidad de todas las personas, en igualdad de condiciones, con dignidad y autonomía a las calles y a los sistemas de transporte; priorizando a los grupos en situación de vulnerabilidad;

III. La movilidad eficiente de personas, bienes y mercancías;

IV. La preservación y restauración del equilibrio ecológico ante los efectos del cambio climático;

V. La calidad de los servicios de transporte y de la infraestructura vial;

VI. Eliminar factores de exclusión o discriminación al usar los sistemas de movilidad, para que todas las personas gocen y ejerzan sus derechos en igualdad de condiciones;

VII. La igualdad de oportunidades en el uso de los sistemas de movilidad;

VIII. Dotar a todas las localidades del país con acceso a camino pavimentado a una distancia no mayor de dos kilómetros;

IX. Promover el máximo grado de autonomía de las personas en sus traslados y el uso de los servicios, y

X. Promover en aquellos municipios con territorio insular los sistemas, rutas y modalidades que faciliten el acceso y la movilidad de las personas entre el territorio insular y continental.

Artículo 10. El derecho a la movilidad permite que las personas puedan elegir libremente la forma de trasladarse, en y entre los distintos centros de población, a fin de acceder a los bienes, servicios y oportunidades que otorgan éstos.

Artículo 11. De la seguridad vial.

La seguridad vial es el conjunto de medidas, normas, políticas y acciones adoptadas para prevenir los siniestros de tránsito y reducir el riesgo de lesiones y muertes a causa de éstos. Para ello, las autoridades, en el marco de sus respectivas competencias, observarán las siguientes directrices:

I. Infraestructura segura: Espacios viales predecibles y que reducen o minimizan los errores de las personas usuarias y sus efectos, que se explican por sí mismos, en el sentido de que su diseño fomenta velocidades de viaje seguras y ayuda a evitar errores;

II. Velocidades seguras: Velocidades de desplazamiento que se adaptan a la función, nivel de seguridad y condición de cada vía. Las personas conductoras comprenden y cumplen los límites de velocidad y conducen según las condiciones;

III. Vehículos seguros: Los que, con sus características, cuentan con aditamentos o dispositivos, que tienen por objeto prevenir colisiones y proteger a las personas usuarias, incluidos pasajeros, personas peatonas, ciclistas, y usuarias de vehículos no motorizados, en caso de ocurrir una colisión.

IV. Personas usuarias seguras: Personas usuarias que, cumplen con las normas viales, toman medidas para mejorar la seguridad vial y exigen y esperan mejoras en la misma;

V. Atención Médica Prehospitalaria: Establecimiento de un sistema de atención médica prehospitalaria y la aplicación de las normas vigentes en la materia, para la atención efectiva y oportuna de las personas lesionadas en sinestros (sic) viales, en términos de las leyes aplicables, y

VI. Seguimiento, gestión y coordinación: Las autoridades competentes establecerán las estrategias necesarias para el fortalecimiento de la seguridad vial, dándoles seguimiento y evaluación. Asimismo, se coordinarán entre ellas para gestionar de manera eficaz las acciones de prevención, atención durante y posterior a los siniestros viales.

Artículo 12. El sistema de movilidad debe contar con las condiciones necesarias que protejan al máximo posible la vida, salud e integridad física de las personas en sus desplazamientos por las vías públicas. Para ello, las autoridades competentes en el ámbito de sus facultades deberán privilegiar las acciones de prevención que disminuyan los factores de riesgo, a través de la generación de sistemas de movilidad con enfoque de sistemas seguros.

Las leyes y reglamentos en la materia deberán contener criterios científicos y técnicos de protección y prevención, así como mecanismos apropiados para vigilar, regular y sancionar aquellos hechos que constituyan factores de riesgo.

Artículo 13. De la accesibilidad.

Las autoridades competentes en el ámbito de sus atribuciones deberán garantizar que la movilidad esté al alcance de todas las personas en igualdad de condiciones, sin discriminación de género, edad, discapacidad o condición, a costos accesibles y con información clara y oportuna, priorizando a los grupos en situación de vulnerabilidad, tanto en zonas urbanas como rurales e insulares.

Artículo 14. Las leyes y reglamentos en la materia contendrán las previsiones necesarias para garantizar, al menos, lo siguiente:

I. Que los servicios de transporte prevean vehículos y entornos con diseño universal y en su caso, con ayudas técnicas para la accesibilidad de personas con discapacidad y movilidad limitada, con las acciones afirmativas y los ajustes razonables que se requieran para ello;

II. Que las vías y el espacio público se diseñen contemplando infraestructura que permita que las personas con discapacidad y movilidad limitada se desplacen de manera segura, tales como rutas accesibles, señales auditivas, visuales, táctiles, rampas, entre otras;

III. Que se contribuya a la accesibilidad de las personas con discapacidad y movilidad limitada, aportando especificaciones de diseño universal que permitan construir un entorno incluyente, y

IV. Que las modalidades de transporte en las zonas remotas y de difícil acceso, así como en los territorios insulares contemplen las rutas y los servicios más seguros, incluyentes, accesibles y asequibles para las personas.

Artículo 15. De la eficiencia.

Las autoridades deben, en todo tiempo, maximizar los desplazamientos ágiles y asequibles, optimizando los recursos ambientales y económicos, y hacer uso de las tecnologías de la información y comunicación disponibles.

Artículo 16. De la sostenibilidad.

Las autoridades, en sus ámbitos de competencia, deberán satisfacer los requerimientos de movilidad procurando los menores impactos negativos en la calidad de vida de las personas, en la sociedad y en el medio ambiente, asegurando las necesidades del presente sin comprometer los derechos de futuras generaciones.

Artículo 17. Las políticas en materia de movilidad deberán fomentar la resiliencia de las personas, de la sociedad y del sistema de movilidad, frente a los efectos negativos del cambio climático.

Asimismo, las autoridades competentes aplicarán medidas para controlar y reducir los efectos negativos en la sociedad y en el medio ambiente, derivados de las actividades de transporte, en particular, la congestión vehicular, la contaminación del aire, la emisión de gases de efecto invernadero, entre otras.

Artículo 18. Las políticas en materia de movilidad que se determinen por las autoridades de los tres órdenes de gobierno, promoverán e incentivarán la gradual adopción de las innovaciones tecnológicas en los sistemas aplicados al transporte, vehículos, combustibles, fuentes de energía e infraestructura.

Artículo 19. De la calidad.

Toda persona tiene derecho a buscar y acceder a información sobre el estado del sistema de movilidad, a fin de que pueda planear sus trayectos; calcular los tiempos de recorrido; conocer los horarios de operación del transporte público, la frecuencia de paso, los puntos de abordaje y descenso; evitar la congestión vial, y conocer el estado de funcionamiento del sistema de movilidad, así como la disponibilidad de los servicios auxiliares al transporte.

Artículo 20. El sistema de movilidad deberá ofrecer múltiples opciones de servicios y modos de transporte debidamente integrados, que proporcionen disponibilidad, calidad y accesibilidad; que satisfagan las necesidades de desplazamiento y que logren un sistema de integración física, operativa, informativa, de imagen y de modo de pago.

Las autoridades de los tres órdenes de gobierno procurarán proporcionar, de manera progresiva, servicios de transporte específico para personas con discapacidad.

Artículo 21. De la inclusión e igualdad.

El sistema de movilidad debe ser igualitario, equitativo e inclusivo, por lo que las autoridades competentes deberán garantizar la equiparación de las oportunidades de la población para alcanzar un efectivo ejercicio de su derecho a la movilidad, independientemente del modo que utilice para trasladarse, poniendo especial énfasis en los grupos en situación de vulnerabilidad por condición física, social, económica, género, edad u otra.

Artículo 22. Para cumplir con lo anterior, las autoridades competentes deberán diseñar y operar el sistema de movilidad respetando los siguientes criterios:

I. Ajustes razonables: Para garantizar la igualdad e inclusión de los grupos en situación de vulnerabilidad, las autoridades competentes vigilarán que el sistema de movilidad se modifique y adapte en la medida necesaria y adecuada, sin que se impongan cargas desproporcionadas, cuando se requiera, para asegurar que las personas gocen o ejerzan sus derechos en igualdad de condiciones, con dignidad y autonomía.

II. Diseño universal: Todos los componentes de los sistemas de movilidad deben seguir criterios de diseño que incluyan a todas las personas, independientemente de su situación o condición y equiparando oportunidades.

III. Perspectiva de género: El sistema de movilidad debe tener las condiciones adecuadas y diseñarse considerando estrategias que mejoren y faciliten el acceso e inclusión de las mujeres en un marco de seguridad y conforme a sus necesidades, con el fin de garantizar la igualdad de género.

IV. Pluriculturalidad y multilingüismo: El espacio público y el sistema de transporte deben garantizar el respeto por la pluriculturalidad y deben contemplar mecanismos que garanticen la accesibilidad de las personas indígenas, afromexicanas, con discapacidad en materia lingüística.

V. Prioridad en el uso de la vía: El sistema de movilidad debe garantizar el uso equitativo del espacio público por parte de todas las personas usuarias, de acuerdo con la jerarquía de la movilidad y las necesidades territoriales de los centros de población.

Artículo 23. Derechos de las víctimas de siniestros de tránsito y sus familiares.

En todo proceso de carácter administrativo, penal o civil que se lleve a cabo como consecuencia de un siniestro de tránsito, las autoridades competentes deberán garantizar a las víctimas los siguientes derechos:

I. Recibir la información, orientación y asesoría necesaria, de manera integral, para su eficaz atención y protección, a fin de que puedan tomar decisiones informadas y ejercer de manera efectiva todos sus derechos;

II. Garantizar el respeto irrestricto a su dignidad, evitando cualquier elemento o situación que impida o dificulte el salvaguardar en todo momento el ejercicio pleno de sus derechos humanos;

III. Respetar su privacidad e intimidad, en términos de lo establecido en la Ley General de Protección de Datos Personales en Posesión de Sujetos Obligados y demás normatividad aplicable. Las autoridades competentes deberán evitar, en todo momento, la divulgación de la información contenida en los procesos administrativos, civiles y penales que pueda violentarla;

IV. Recibir atención médica y psicológica de manera integral;

V. Reparación integral del daño, en términos de la Ley General de Víctimas y demás disposiciones aplicables, para lo cual los procedimientos deben considerar las condiciones de vulnerabilidad que les afecten, y

VI. Todos los demás derechos reconocidos en la Constitución, en los Tratados Internacionales en materia de derechos humanos de los que el Estado Mexicano es parte y demás instrumentos internacionales en la materia.

En los procesos penales iniciados con motivo de un siniestro de tránsito en el que se hubiere actualizado algún tipo penal, las víctimas gozarán de los derechos establecidos en la Ley General de Víctimas.

Para el cumplimiento de lo anterior las autoridades deberán emitir los protocolos de actuación necesarios, que serán de observancia obligatoria para todas las personas servidoras públicas que se relacionen con la materia.

CAPÍTULO III
ESTRATEGIA NACIONAL DE MOVILIDAD Y SEGURIDAD VIAL

Artículo 24. Estrategia Nacional de Movilidad y Seguridad Vial.

La Estrategia Nacional de Movilidad y Seguridad Vial establecerá las bases para el desarrollo de la movilidad y la seguridad vial del país, en el corto, mediano y largo plazo, en congruencia con el Plan Nacional de Desarrollo, los programas sectoriales, regionales, estatales y municipales del país en materia de movilidad, seguridad vial y ordenamiento territorial, y demás aplicables, así como aquellas específicas a los grupos en situación de vulnerabilidad.

La Estrategia Nacional de Movilidad y Seguridad Vial será formulada y aprobada por el Sistema Nacional y publicada en el Diario Oficial de la Federación.

Artículo 25. Formulación de la Estrategia Nacional de Movilidad y Seguridad Vial.

Para la formulación de la Estrategia Nacional se deberá observar, al menos, lo siguiente:

I. Integración de los objetivos en concordancia con los instrumentos internacionales de los que forme parte el Estado Mexicano;

II. Identificación de los sistemas de movilidad de los centros de población del país e interurbanos, rurales e insulares con su respectivo diagnóstico, caracterización y delimitación de aquellos con carácter metropolitano;

III. Vinculación de la movilidad y la seguridad vial con la política de desarrollo urbano y ordenamiento territorial, así como a las políticas sectoriales aplicables y demás que se requieran;

IV. Establecimiento de mecanismos para el fortalecimiento de las políticas y acciones afirmativas en materia de movilidad y seguridad vial;

V. Promoción de la congruencia de las políticas, programas y acciones, que, en los distintos órdenes de gobierno, deberán implementarse en materia de movilidad y seguridad vial;

VI. Conformación de las estrategias que promuevan modos de transporte público sostenible y seguro, el uso de vehículos no motorizados, vehículos no contaminantes y otros modos de alta eficiencia energética;

VII. Establecimiento de las bases para los mecanismos de planeación, organización, regulación, implementación, articulación intersectorial, así como la participación de la sociedad y de los sectores público, privado y social con enfoque multisectorial, ejecución, control, evaluación y seguimiento de la Estrategia, e

VIII. Información sobre la movilidad y la seguridad vial que permita integrar indicadores de proceso, efectos, resultados e impacto desagregado entre los grupos en situación de vulnerabilidad y personas con discapacidad.

Artículo 26. Visión a largo plazo de la Estrategia Nacional.

La Estrategia Nacional tendrá una visión con un horizonte a corto, mediano y largo plazo del desarrollo nacional de la movilidad y la seguridad vial. Tendrá como objetivo gestionar, desde un enfoque de sistemas seguros, la movilidad y seguridad vial, con la premisa que el cambio en su instrumentación será progresivo, las acciones y políticas deberán obedecer a un proceso iterativo. Podrá ser revisada y, en su caso, actualizada cada cuatro años o cuando ocurran cambios profundos que puedan afectar la estructura de movilidad del país. Su elaboración y modificación será conforme a lo siguiente:

I. El Sistema Nacional formulará y aprobará la Estrategia Nacional;

II. Una vez aprobada la Estrategia Nacional, se publicará en el Diario Oficial de la Federación, y

III. Las dependencias y entidades de la Administración Pública Federal, las entidades federativas, los municipios y las demarcaciones territoriales de la Ciudad de México, ajustarán sus políticas y acciones a lo establecido en la Estrategia.

CAPÍTULO IV
SISTEMA DE INFORMACIÓN TERRITORIAL Y URBANO

SECCIÓN PRIMERA
MOVILIDAD Y SEGURIDAD VIAL DENTRO DEL SISTEMA DE INFORMACIÓN TERRITORIAL Y URBANO

Artículo 27. Indicadores y Bases de Datos de Movilidad y Seguridad Vial contenidas en el Sistema de Información Territorial y Urbano.

El Sistema de Información Territorial y Urbano es un instrumento de la Ley General de Asentamientos Humanos, Ordenamiento Territorial y Desarrollo Urbano que tiene por objeto organizar, actualizar y difundir la información e indicadores sobre el ordenamiento territorial y el desarrollo urbano, donde además se integra, organiza, actualiza, publica y estandariza información de movilidad y seguridad vial, considerando características socioeconómicas, demográficas, de discapacidad y de género de las personas usuarias de la vía y los grupos en situación de vulnerabilidad, para la elaboración de la política pública, programas y acciones que garanticen los derechos, principios, directrices y objetivos de esta Ley.

La información estará disponible para su consulta en el medio electrónico que defina el Sistema Nacional con el mayor nivel de desagregación posible, a efecto de promover el desarrollo de estudios e investigaciones que contribuyan a incorporar la perspectiva de género y la inclusión de grupos en situación de vulnerabilidad dentro de la planeación de los sistemas de movilidad y la seguridad vial.

La protección y publicidad de la información contenida en el Sistema de Información Territorial y Urbano se realizará en términos de lo establecido en las Leyes Federal y General de Transparencia y Acceso a la Información Pública y General de Protección de Datos Personales en Posesión de Sujetos Obligados y demás legislación aplicable.

El Sistema de Información Territorial y Urbano en materia de movilidad y seguridad vial estará conformado por una base de datos integrada por la información que proporcionen las autoridades federales, las entidades federativas, los municipios y las demarcaciones territoriales, en el ámbito de sus competencias, de conformidad con esta Ley y demás disposiciones que al efecto se emitan.

Para el funcionamiento del Sistema de Información Territorial y Urbano en materia de movilidad y seguridad vial, las autoridades competentes, dentro del marco de sus facultades deberán suscribir los convenios de coordinación necesarios para la transmisión de la información que exista en los archivos de las diversas dependencias, entidades federales, organismos constitucionalmente autónomos, entidades federativas y municipios que posean datos e información necesaria para que las autoridades competentes elaboren las políticas de movilidad y seguridad vial.

Artículo 28. Integración de Indicadores y Bases de Datos de Movilidad y Seguridad Vial.

La integración de indicadores y bases de datos del Sistema de Información Territorial y Urbano se integrarán por las siguientes:

I. Base de Datos sobre información de movilidad, y

II. Base de Datos de información y seguimiento de seguridad vial.

SECCIÓN SEGUNDA
DE LAS BASES DE DATOS SOBRE MOVILIDAD Y SEGURIDAD VIAL

Artículo 29. Bases de Datos sobre Movilidad y Seguridad Vial.

La Federación y las entidades federativas, en el ámbito de sus competencias, integrarán las bases de datos de movilidad y seguridad vial, las que contendrán, como mínimo, lo siguiente:

I. La información contenida en el Registro Público Vehicular en términos de la Ley del Registro Público Vehicular, en estricto apego a las Leyes Federal y General de Transparencia y Acceso a la Información Pública y General de Protección de Datos Personales en Posesión de Sujetos Obligados, y demás legislación aplicable;

II. Licencias de conducir, incluyendo el tipo de licencia y seguros registrados por vehículo;

III. Operadores de servicios de transporte;

IV. Conductores de vehículos de servicios de transporte;

V. Información sobre infracciones cometidas y cumplimiento de las sanciones respectivas;

VI. Información sobre siniestros de tránsito, con datos que permitan, al menos, geolocalizar el lugar del siniestro a nivel de sitio, conocer el tipo de vehículo involucrado, la existencia de personas lesionadas y de víctimas fatales, por tipo de persona usuaria y sus características sociodemográficas;

VII. Información sobre encuestas de calidad en el servicio de transporte público o de uso particular, cuando existan y las leyes locales así lo prevean;

VIII. Información sobre encuestas origen/destino, cuando existan y las leyes locales así lo prevean, con atención a la movilidad del cuidado;

IX. Número de unidades, capacidad y rutas de transporte público o privado;

X. Alta y baja de placas de vehículos nuevos o usados;

XI. Información respecto de adecuaciones de infraestructura y red vial;

XII. Información sobre los resultados de las auditorías e inspecciones de seguridad vial, y

XIII. La información que el Sistema Nacional determine necesaria para la debida integración de las Bases de Datos.

Para el caso de vehículos no motorizados, específicamente bicicletas, monopatines, y otros vehículos sin motor de combustión interna, cuya velocidad máxima no supere veinticinco kilómetros por hora y peso menor a treinta y cinco kilogramos, no aplica el registro de vehículos salvo que la persona usuaria del vehículo necesite registrarlo por motivo de robo o extravío.

Artículo 30. Reporte de los Indicadores y Bases de Datos de las entidades federativas al Sistema de Información Territorial y Urbano.

Para el seguimiento, evaluación y control de la política, planes, programas y proyectos en materia de movilidad y seguridad vial, las entidades federativas, mediante los convenios de coordinación respectivos, remitirán, a través de los organismos y dependencias que correspondan en el ámbito de sus competencias, la información generada en materia de movilidad y seguridad vial.

La información de las entidades federativas deberá ser remitida en datos georreferenciados y estadísticos, indicadores de movilidad, seguridad vial y gestión administrativa, así como indicadores incluidos en los instrumentos de planeación e información sobre el avance de los proyectos y programas locales.

CAPÍTULO V
PLANEACIÓN Y PROGRAMACIÓN DE LA MOVILIDAD Y LA SEGURIDAD VIAL

SECCIÓN PRIMERA
POLÍTICA DE MOVILIDAD Y SEGURIDAD VIAL

Artículo 31. Criterios de Movilidad y Seguridad Vial.

La Federación, las entidades federativas, los municipios y las demarcaciones territoriales de la Ciudad de México integrarán la planeación de movilidad y seguridad vial en los instrumentos territoriales, metropolitanos, urbanos, rurales e insulares vigentes.

Asimismo, gestionarán conjuntamente los planes, programas, estrategias y acciones de desarrollo urbano, de movilidad y de seguridad vial y desarrollarán legislación o mecanismos de coordinación y cooperación administrativa para disminuir la desigualdad que resulta de la segregación territorial.

La planeación de la movilidad y de la seguridad vial realizada por cualquiera de los tres órdenes de gobierno, integrará los principios y jerarquía de la movilidad establecidos en esta Ley, observando las siguientes acciones:

I. Adoptar medidas para garantizar la protección de la vida, salud y de la integridad física de todas las personas usuarias de la vía;

II. Adoptar las medidas necesarias para prevenir todo tipo de violencia que atente contra la dignidad e integridad de las personas que pertenecen a los grupos en situación de vulnerabilidad;

III. Impulsar programas y proyectos de movilidad con políticas de proximidad que faciliten la accesibilidad entre la vivienda, el trabajo y servicios educativos, de salud, culturales y complementarios, a fin de reducir las externalidades negativas del transporte urbano;

IV. Establecer medidas que incentiven el uso del transporte público, vehículos no motorizados, vehículos no contaminantes y otros modos de movilidad de alta eficiencia energética, cuando el entorno lo permita y bajo un enfoque sistémico;

V. Establecer medidas que fomenten una movilidad sustentable y que satisfagan las necesidades de desplazamiento de la población, logren un sistema de integración física, operativa, informativa, de imagen y de modo de pago conectado a las vías urbanas y metropolitanas;

VI. Priorizar la planeación de los sistemas de transporte público, de la estructura vial y de la movilidad no motorizada y tracción humana;

VII. Establecer acciones afirmativas y ajustes razonables en materia de accesibilidad y diseño universal, en los sistemas de movilidad y en la estructura vial, con especial atención a los requerimientos de personas con discapacidad y movilidad limitada, y otros grupos en situación de vulnerabilidad que así lo requieran;

VIII. Promover la capacitación de las personas que operan los servicios de transporte público y servicios de emergencia en Lengua de Señas Mexicana;

IX. Promover acciones para hacer más eficiente la distribución de bienes y mercancías, con objeto de aumentar la productividad en los centros de población y minimizar los impactos negativos de los vehículos de carga en los sistemas de movilidad; así como evitar gravar y sobre regular los servicios de autotransporte federal, transporte privado y sus servicios auxiliares regulados por la Secretaría de Infraestructura, Comunicaciones y Transportes;

X. Promover acciones que contribuyan a mejorar la calidad del medio ambiente, a través de la reducción de la contaminación del aire, las emisiones de gases de efecto invernadero, el consumo de energía y el ruido, derivados del impacto de la movilidad;

XI. Promover la participación ciudadana en la toma de decisiones en materia de movilidad dentro de los procesos de planeación;

XII. Incrementar la resiliencia del sistema de movilidad y seguridad vial fomentando diversas opciones de transporte;

XIII. Definir estrategias que mejoren y faciliten el acceso e inclusión de las mujeres en los sistemas de movilidad conforme a sus necesidades en un marco de seguridad;

XIV. Establecer medidas para el uso de una metodología basada en la perspectiva de género, que garantice el diseño de soluciones a través de acciones afirmativas, prioritariamente con el objetivo de erradicar las violencias de género al hacer uso de la vía. Lo anterior debe tomar en consideración la interseccionalidad de las mujeres, y los principios de equidad y transversalidad;

XV. Establecer mecanismos y acciones de coordinación administrativa y de concertación entre los sectores público, privado y social en materia de movilidad y seguridad vial;

XVI. Garantizar que los factores como la velocidad y la circulación cercana a vehículos motorizados no pongan en riesgo a personas peatonas y usuarias de vehículos motorizados y de tracción humana, en particular a la niñez, personas adultas mayores, con discapacidad o con movilidad limitada y grupos en situación de vulnerabilidad;

XVII. Promover el fortalecimiento del transporte público de pasajeros individual y colectivo para asegurar la accesibilidad igualitaria e incluyente de las personas usuarias de la vía y hacer uso de las tecnologías de la información y comunicación disponibles;

XVIII. Considerar el vínculo de la movilidad con los planes o programas de desarrollo urbano, para lo cual deberán tomar en cuenta los lineamientos y estrategias contenidas en los programas de ordenamiento ecológico del territorio y protección al medio ambiente, conforme a las disposiciones jurídicas ambientales aplicables;

XIX. Los planes o programas de desarrollo urbano deberán considerar las Normas Oficiales Mexicanas emitidas en materia de movilidad y transporte, y

XX. Implementar estrategias de movilidad urbana, interurbana, rural e insular sostenible a mediano y largo plazo privilegiando el establecimiento de transporte colectivo, de movilidad no motorizada y de tracción humana y otros medios de alta eficiencia energética y ambiental.

Artículo 32. Movilidad con perspectiva de género.

En la planeación y diseño de la movilidad y la seguridad vial, así como en los diferentes componentes de los sistemas de movilidad y en la toma de decisiones, las autoridades competentes deberán fomentar y garantizar la participación de las mujeres, considerando su interseccionalidad, además de:

I. Implementar acciones y mecanismos dentro de los sistemas de movilidad y seguridad vial, así como de las autoridades responsables del territorio, para fortalecer la información disponible y los diagnósticos, que promuevan la implementación de acciones afirmativas y con perspectiva de género que mejoren y hagan más segura, incluyente y eficiente la experiencia de la movilidad de las mujeres y de la movilidad de cuidado.

II. Incluir en las estrategias e instrumentos de movilidad y seguridad vial, en los tres órdenes de gobierno, acciones afirmativas y con perspectiva de género para prevenir y erradicar las violencias de género. Dichas acciones serán implementadas bajo el principio de transversalidad con las autoridades competentes en los ámbitos de seguridad ciudadana, derechos humanos, entre otras. Esto también incluirá la capacitación en la materia y sensibilización de género de las personas responsables de diseñar, operar y evaluar los sistemas de movilidad.

III. Considerar en la planeación de la movilidad y la seguridad vial los criterios y contenido de la Ley General de Acceso de las Mujeres a una Vida Libre de Violencia, y demás legislación en materia de prevención de la violencia en razón de género, así como incorporar recomendaciones y políticas para asegurar la integridad, dignidad y libertad de las mujeres al hacer uso de la vía, emitidas por el Instituto Nacional de las Mujeres, la Comisión Nacional de los Derechos Humanos, la Secretaría de Seguridad Ciudadana, y demás dependencias e institutos estatales y municipales relevantes, así como de la sociedad civil y organismos internacionales.

SECCIÓN SEGUNDA
DE LOS INSTRUMENTOS DE POLÍTICA PÚBLICA DE MOVILIDAD Y SEGURIDAD VIAL PARA LA INFRAESTRUCTURA

Artículo 33. De los instrumentos para la Infraestructura de Movilidad y Seguridad Vial.

La Federación, las entidades federativas, los municipios y las demarcaciones territoriales de la Ciudad de México establecerán en su normativa aplicable que las obras de infraestructura vial urbana y carretera sean diseñadas y ejecutadas bajo los principios, jerarquía de la movilidad y criterios establecidos en la presente Ley, priorizando aquéllas que atiendan a personas peatonas, vehículos no motorizados y transporte público, de conformidad con las necesidades de cada territorio.

Los estándares de diseño vial y dispositivos de control del tránsito deberán ser definidos por cada entidad federativa, en concordancia con las Normas Oficiales Mexicanas expedidas para tal efecto.

En materia de prevención de siniestros de tránsito, los distintos órdenes de gobierno deberán establecer estrategias, planes y programas de infraestructura vial que, reconociendo la posibilidad del error humano y la interseccionalidad de las personas usuarias de la vía, se encaminen a evitar muertes, lesiones, incluidas en las que se adquiere alguna discapacidad, a través del mejoramiento de la infraestructura vial.

Artículo 34. Diseño de la red vial.

Las autoridades competentes del diseño de la red vial, urbana y carretera deberán considerar la vocación de la vía como un espacio público que responde a una doble función de movilidad y de habitabilidad:

I. Movilidad se enfoca en el tránsito de personas y vehículos, y

II. Habitabilidad se enfoca en la recreación, consumo, socialización, disfrute y acceso a los medios que permiten el ejercicio de los derechos sociales.

La conducción de las autoridades competentes sobre las vías debe fortalecer ambas funciones, a través de criterios diferenciados en función de la jerarquía de la movilidad, tomando en consideración las necesidades diferenciadas de los grupos en situación de vulnerabilidad. La prioridad en el diseño y operación de las vías y carreteras están definidas en función de la jerarquía de la movilidad mediante un enfoque de sistemas seguros.

Artículo 35. Criterios para el diseño de infraestructura vial.

La Federación, las entidades federativas, los municipios y las demarcaciones territoriales de la Ciudad de México en el ámbito de su competencia considerarán, además de los principios establecidos en la presente Ley, los siguientes criterios en el diseño y operación de la infraestructura vial, urbana y carretera, para garantizar una movilidad segura, eficiente y de calidad:

I. Diseño universal. La construcción de infraestructura vial deberá considerar espacios de calidad, accesibles y seguros que permitan la inclusión de todas las personas sin discriminación alguna, con especial énfasis en la jerarquía de la movilidad estipulada en esta Ley y el uso equitativo del espacio público. En las vías urbanas se considerará el criterio de calle completa y las adicionales medidas que se estimen necesarias. Se procurará evitar la construcción de pasos elevados o subterráneos cuando haya la posibilidad de adecuar el diseño para hacer el cruce peatonal, así como el destinado a movilidad no motorizada y de tracción humana, y las demás necesarias para garantizar una movilidad incluyente.

Las condiciones mínimas de infraestructura se ordenan de la siguiente manera:

a) Aceras pavimentas (sic) reservadas para el tránsito de personas peatonas;

b) Iluminación que permita el transito nocturno y seguro de personas peatonas;

c) Pasos peatonales que garanticen zonas de intersección seguras entre la circulación rodada y el tránsito peatonal;

d) Señales de control de tráfico peatonal, motorizado y no motorizado que regule el paso seguro de personas peatonas;

II. Priorizar a los grupos en situación de vulnerabilidad. El diseño de la red vial debe garantizar que los factores como la velocidad, la circulación cercana a vehículos motorizados y la ausencia de infraestructura de calidad, no pongan en riesgo a personas peatonas ni a las personas usuarias de la vía pública que empleen vehículos no motorizados y de tracción humana;

III. Participación social. En el proceso de diseño y evaluación de la infraestructura vial, se procurarán esquemas de participación social de las personas usuarias de la vía;

IV. Visión integral. Los proyectos de nuevas calles o de rediseño de las existentes en las vialidades urbanas, semiurbanas y rurales, deberán considerar el criterio de calle completa, asignando secciones adecuadas a personas peatonas, carriles exclusivos para vehículos no motorizados y carriles exclusivos al transporte público, cuando se trate de un corredor de alta demanda o el contexto así lo amerite;

V. Intersecciones seguras. Las intersecciones deberán estar diseñadas para garantizar la seguridad de todas las personas usuarias de la vía, especialmente a las y los peatones y personas con movilidad limitada y grupos en situación de vulnerabilidad;

VI. Pacificación del tránsito. Los diseños en infraestructura vial, sentidos y operación vial, deberán priorizar la reducción de flujos y velocidades vehiculares, para dar lugar al transporte público y a la movilidad activa y no motorizada y de tracción humana, a fin de lograr una sana convivencia en las vías. El diseño geométrico, de secciones de carriles, pavimentos y señales deberá considerar una velocidad de diseño de 30 km/h máxima para calles secundarias y terciarias, para lo cual se podrán ampliar las banquetas, reducir secciones de carriles, utilizar mobiliario, pavimentos especiales, desviar el eje de la trayectoria e instalar dispositivos de reducción de velocidad;

VII. Velocidades seguras. Las vías deben contar, por diseño, con las características, señales y elementos necesarios para que sus velocidades de operación sean compatibles con el diseño y las personas usuarias de la vía que en ella convivan;

VIII. Legibilidad y autoexplicabilidad. Es la cualidad de un entorno vial que provoca un comportamiento seguro de las personas usuarias simplemente por su diseño y su facilidad de entendimiento y uso. El diseño y la configuración de una calle o carretera autoexplicable cumple las expectativas de las personas usuarias, anticipa adecuadamente las situaciones y genera conductas seguras.

Las vías autoexplicables integran sus elementos de manera coherente y entendible como señales, marcas, dispositivos, geometría, superficies, iluminación y gestión de la velocidad, para evitar siniestros de tránsito y generar accesibilidad para las personas con discapacidad;

IX. Conectividad. Los espacios públicos deben formar parte de una red que permita a las personas usuarias conectar sus orígenes y destinos, entre modos de transporte, de manera eficiente y fácil. También deben permitir el desplazamiento libre de personas peatonas, personas usuarias de movilidad activa o no motorizada y otros prioritarios, incluidos vehículos de emergencia;

X. Permeabilidad. La infraestructura debe contar con un diseño que permita la recolección e infiltración de agua pluvial y su reutilización en la medida que el suelo y el contexto hídrico del territorio lo requiera y con las autorizaciones ambientales y de descarga de la autoridad competente;

XI. Tolerancia. Las vías y sus costados deben prever la posible ocurrencia de errores de las personas usuarias, y con su diseño y equipamiento técnico procurarán minimizar las consecuencias de siniestros de tránsito;

XII. Movilidad sostenible. Transporte cuyos impactos sociales, ambientales y climáticos permitan asegurar las necesidades de transporte de las generaciones actuales sin comprometer la capacidad en los recursos para satisfacer las del futuro y mejorar la calidad ambiental;

XIII. Calidad. Las vías deben contar con un diseño adecuado a las necesidades de las personas, materiales de larga duración, diseño universal y acabados, así como mantenimiento adecuado para ser funcional, atractiva estéticamente y permanecer en el tiempo, y

XIV. Tratamiento de condiciones climáticas. El proyecto debe incorporar un diseño con un enfoque integral que promueva y permita una menor dependencia de los combustibles fósiles, así como hacer frente a la agenda de adaptación y mitigación al cambio climático.

Artículo 36. De la Infraestructura Vial.

La infraestructura vial urbana, rural y carretera se compone de los siguientes elementos:

I. Elementos inherentes: banquetas y espacios de circulación peatonal, así como los carriles de circulación vehicular y estacionamiento, y

II. Elementos incorporados: infraestructura tecnológica eléctrica, mobiliario, áreas verdes y señalización.

La planeación, diseño e implementación de los planes de la infraestructura por parte de la Federación, entidades federativas y municipios deberá regirse de manera que se prioricen a las poblaciones con mayor grado de vulnerabilidad, poco desarrollo tecnológico y de escasos recursos, de acuerdo con la siguiente prioridad, basada en el grado de urbanización:

a) Rurales;

b) Semirurales;

c) Urbanas, y

d) Predominantemente urbanas.

Artículo 37. Estándares para la construcción de infraestructura vial.

Toda obra en la vía pública destinada a la construcción o conservación de esta, o a la instalación o reparación de servicios, debe contemplar, previamente a su inicio, la colocación de dispositivos de desvíos, reducción de velocidades y protección de obra, conforme a las normas técnicas aplicables a la planeación.

Los tres órdenes de gobierno deberán estandarizar las especificaciones técnicas de seguridad en las zonas de obras viales, conforme a las normas técnicas aplicables a la planeación en concordancia con lo establecido en la presente Ley.

El diseño vial de las vías públicas deberá atender a la reducción máxima de muerte o lesiones graves a las personas usuarias involucradas en siniestros de tránsito. Asimismo, deberá incorporar criterios que preserven la vida, seguridad, salud, integridad y dignidad de las personas usuarias de la vía, particularmente de los grupos en situación de vulnerabilidad.

Para la construcción de nuevas carreteras y autopistas, así como para ampliaciones de aquellas ya existentes, se deberán prever pasos de fauna. En caso de carreteras y autopistas ya existentes, se colocarán reductores de velocidad en los puntos críticos.

Cuando un tramo de vía de jurisdicción federal o estatal se adentre en una zona urbana, ésta deberá adaptar su vocación, velocidad y diseño, considerando la movilidad y seguridad vial de las personas que habitan en esos asentamientos.

Cuando una vía de jurisdicción federal o estatal corte un asentamiento humano urbano a nivel y no existan libramientos, deberá considerarse la construcción de pasos peatonales seguros a nivel, para garantizar la permeabilidad entre las zonas urbanas.

Las vías interurbanas adentradas en zonas urbanas deberán considerar según su uso, el espacio adecuado para las personas que se trasladan a pie y en bicicleta, así como en su caso, espacio para circulación, ascenso y descenso del transporte público.

Artículo 38. Auditorías e inspecciones de infraestructura y seguridad vial.

Las autoridades de los tres órdenes de gobierno deberán considerar la implementación de auditorías e inspecciones, como parte de instrumentos preventivos, correctivos y evaluativos, que analicen la operación de la infraestructura de movilidad e identifiquen las medidas necesarias que se deben emprender para que se cumplan los principios y criterios establecidos en la presente Ley.

El Sistema Nacional emitirá los lineamientos en materia de auditorías e inspecciones de infraestructura y seguridad vial.

Artículo 39. Espacios públicos de diseño universal.

La Federación, las entidades federativas, los municipios y las demarcaciones territoriales de la Ciudad de México, en el ámbito de sus competencias, procurarán que todos los proyectos de infraestructura vial a implementar generen espacios públicos de calidad, respetuosos del medio ambiente, accesibles, seguros, incluyentes, con perspectiva de interseccionalidad y con criterios de diseño universal y habitabilidad para la circulación de personas peatonas y vehículos no motorizados, debiendo considerar también la conectividad con la red vial, a través de intersecciones que sigan los criterios de velocidad, legibilidad, trayectorias directas, multimodalidad, continuidad de superficie, prioridad de paso, paradores seguros y visibilidad.

Artículo 40. Espacios para personas peatonas y vehículos no motorizados.

A fin de garantizar la vocación de las vías, todos los proyectos de infraestructura vial urbana deberán considerar lo siguiente:

I. El establecimiento de espacios para personas peatonas y vehículos no motorizados, de calidad, cómodos, accesibles y seguros, y

II. Criterios que garanticen dimensiones, conexiones y espacios suficientes para el disfrute de la vía.

Artículo 41. De los estudios técnicos.

La Federación, las entidades federativas, los municipios y las demarcaciones territoriales de la Ciudad de México, en el ámbito de sus competencias, vincularán los estudios técnicos aplicables a la movilidad y la seguridad vial, con los principios y criterios establecidos en esta Ley.

Artículo 42. Sistemas integrados de modalidades de transporte.

Los servicios de transporte público y privado, tanto de pasajeros como de carga, podrán desarrollarse en sistemas integrados, los cuales permitirán la incorporación gradual de la articulación física, operacional, informativa, de imagen y del medio de pago de los diversos modos.

Los sistemas integrados de transporte podrán considerarse dentro de la planeación e implementación de políticas y programas de movilidad y seguridad vial, y podrán operar a través de los diferentes servicios de transporte y, en su caso, bajo esquemas metropolitanos.

Las autoridades estatales, municipales y de las demarcaciones territoriales tomarán en cuenta las medidas necesarias para articular, dentro de los sistemas integrados de transporte, los servicios para vehículos no motorizados y tracción humana.

Artículo 43. Del servicio de transporte público.

El servicio público de tránsito es la actividad técnica, realizada directamente por la administración pública, encaminada a satisfacer la necesidad de carácter general de disfrutar de seguridad vial en la vía pública y poder circular por ella libremente atendiendo a la jerarquía de esta Ley, mediante la adecuada regulación de la circulación, así como del uso y disfrute del espacio público, las vías, la infraestructura, los servicios y los sistemas de movilidad. El cumplimiento uniforme y continuo de este servicio debe ser permanentemente asegurado, regulado y controlado.

Las autoridades competentes establecerán los requisitos para que las personas prestadoras del servicio de transporte público garanticen un servicio seguro y de calidad, de acuerdo con requerimientos técnicos de seguridad para su operación con base en el principio de inclusión e igualdad, a fin de resguardar la vida, salud e integridad física de toda persona.

Las autoridades competentes deberán establecer que las tarifas que se determinen para el servicio de transporte público sean publicadas para conocimiento de todas las personas usuarias en los Periódicos o Gacetas Oficiales de las entidades federativas, con la debida anticipación.

Las entidades federativas, los municipios y las demarcaciones territoriales de la Ciudad de México, deberán proveer en las localidades rurales e insulares transporte público gratuito, a niñas, niños y adolescentes, evitando a las y los menores de edad caminatas mayores a 30 minutos o un kilómetro para educación primaria y 60 minutos o tres kilómetros para educación secundaria y media superior, con el fin de garantizar el derecho a la movilidad y el derecho a la educación.

Asimismo, deberán establecer rutas de transporte público destinadas a facilitar a las personas trabajadoras el desplazamiento a sus centros de trabajo.

Artículo 44. Control de los servicios de transporte.

Cada autoridad en materia de transporte en los tres órdenes de gobierno definirá las categorías de servicios de movilidad en función de su propio contexto, y regulará su operación, y los instrumentos que se requieran, considerando la garantía al derecho a la movilidad de las personas, el control de las externalidades generadas por cada servicio, así como el cumplimiento de los estándares establecidos en esta Ley.

Los instrumentos de control expedidos para la operación de servicios de autotransporte federal y sus servicios auxiliares, incluyen la cobertura en vías de jurisdicción estatal y municipal, por lo que las entidades federativas, municipios y demarcaciones de la Ciudad de México no podrán sobre regularlos, ni gravar el tránsito de personas o cosas que atraviesen su demarcación territorial, así como tampoco podrán prohibir la entrada o salida a su territorio de ninguna mercancía nacional o extranjera.

Artículo 45. Instrumentos de control de operación del transporte.

Para una adecuada operación de los servicios de transporte, las autoridades competentes deberán definir los instrumentos que se usen para los siguientes procesos:

I. Protocolos de prevención y atención de discriminación y violencia contra las personas usuarias de la vía;

II. Control y registro vehicular y revisión físico-mecánica y de emisiones, y

III. Control y registro de conductores.

Artículo 46. De la información del transporte.

Las autoridades competentes de los tres órdenes de gobierno, establecerán unidades de información y quejas para que las personas usuarias denuncien cualquier irregularidad en la prestación del servicio de transporte público. Para ello, se observarán los principios de accesibilidad, prontitud, imparcialidad, integridad y gratuidad, otorgando de forma expedita atención a la persona quejosa y se le deberá informar sobre las resoluciones adoptadas.

Artículo 47. Modernización del parque vehicular.

A efecto de mejorar la calidad ambiental y disminuir los riesgos de siniestros de tránsito, las autoridades competentes podrán promover mecanismos y programas para la renovación del parque vehicular de prestadores del servicio de transporte público de pasajeros y de carga.

Las autoridades competentes podrán establecer los acuerdos necesarios para la conservación, mantenimiento, renovación y cumplimiento de las especificaciones técnicas del parque vehicular destinado a la prestación de los sistemas de transporte, además de implementar las medidas necesarias para fomentar la renovación.

SECCIÓN TERCERA
DE LOS INSTRUMENTOS DE POLÍTICA PÚBLICA DE MOVILIDAD Y SEGURIDAD VIAL DEL TRÁNSITO

Artículo 48. Modalidades a la circulación de vehículos.

Las autoridades competentes podrán regular y ordenar la circulación de vehículos mediante el establecimiento de modalidades al flujo vehicular en días, horarios y vías, cuando así lo estimen pertinente, con objeto de mejorar las condiciones ambientales, de salud y de seguridad vial en puntos críticos o derivado de la realización de otras actividades públicas.

La regulación y ordenamiento de la circulación se podrán aplicar considerando el impacto vial y ambiental de cada tipo de vehículo, dando preferencia a vehículos eficientes, sin que ello implique tramitar la expedición de permisos adicionales para la movilidad de bienes y mercancías.

Para efectos del párrafo anterior, las autoridades de los tres órdenes de gobierno deberán reconocer los permisos otorgados por éstas para suministrar los servicios de transporte.

Artículo 49. Medidas mínimas de tránsito.

La Federación, las entidades federativas y los municipios deberán incluir en sus reglamentos de tránsito disposiciones respecto de las medidas mínimas de tránsito, así como su aplicación y supervisión de éstas, atendiendo y salvaguardando la seguridad, protegiendo la vida y la integridad física de las personas en sus desplazamientos bajo el principio de que toda muerte o lesión por siniestros de tránsito es prevenible.

Las autoridades de los tres órdenes de gobierno establecerán, en su normativa aplicable, las sanciones correspondientes a quienes infrinjan las medidas mínimas establecidas en el presente artículo.

Por lo anterior los reglamentos de tránsitos y demás normatividades aplicables tendrán que regirse bajo las siguientes características mínimas:

I. Que las personas conductoras cuenten con licencia o permiso de conducir vigente, la cual deberá ser la adecuada para el tipo de vehículo que se pretenda operar;

II. La preferencia del paso de personas peatonas en el cruce de vías públicas de acuerdo con el diseño y funcionalidad de éstas, de conformidad con la jerarquía de la movilidad;

III. El establecimiento de límites de velocidad con base en evidencia científica de carácter nacional o internacional, a fin de mantenerlas por debajo de un umbral de seguridad indispensable para salvaguardar la vida y la integridad de las personas usuarias; por lo que las velocidades máximas no deberán rebasar las siguientes:

(ADICIONADO, D.O.F. 8 DE MAYO DE 2023)

a) 20 km/h en zonas de hospitales, asilos, albergues y casas hogar.

(ADICIONADO, D.O.F. 8 DE MAYO DE 2023)

b) 20 km/h en zonas y entornos escolares en vías secundarias y calles terciarias; y hasta 30 km/h en zonas y entornos escolares en vías primarias y carreteras.

c) 30 km/h en calles secundarias y calles terciarias.

d) 50 km/h en avenidas primarias sin acceso controlado.

e) 80 km/h en carriles centrales de avenidas de acceso controlado.

f) 80 km/h en carreteras estatales fuera de zonas urbanas; 50 km/h dentro de zonas urbanas.

g) 110 km/h para automóviles, 95 km/h para autobuses y 80 km/h para transporte de bienes y mercancías en carreteras y autopistas de jurisdicción federal.

h) Ninguna intersección, independientemente de la naturaleza de la vía, podrá tener velocidad de operación mayor a 50 km/h en cualquiera de sus accesos.

IV. La utilización del cinturón de seguridad de forma obligatoria para todos los pasajeros de vehículos motorizados, de acuerdo con los requisitos establecidos en la Norma Oficial Mexicana aplicable;

V. El uso de tecnologías como medio auxiliar para la prevención y captación de infracciones a fin de prevenir y mitigar factores de riesgo que atenten contra la integridad, dignidad o libertad de las personas;

VI. Que cualquier persona menor de doce años o que por su constitución física lo requiera, viaje en los asientos traseros con un sistema de retención infantil o en un asiento de seguridad que cumpla con los requisitos establecidos en la Norma Oficial Mexicana aplicable;

VII. El uso de sistemas de sujeción para sillas de ruedas en el transporte público;

VIII. Que todos los vehículos motorizados cuenten con los estándares establecidos en la Norma Oficial Mexicana aplicable;

IX. El uso obligatorio de casco para personas conductoras y pasajeros de motocicletas que cumpla con la Norma Oficial Mexicana aplicable en la materia;

X. La prohibición de hablar por teléfono celular o cualquier otro dispositivo electrónico o de comunicación, así como leer y/o enviar mensajes de texto por medio de cualquier tipo de dispositivo electrónico, salvo que se realice mediante tecnología de manos libres;

XI. En el caso de que sea necesaria la utilización de dispositivos electrónicos o de comunicación para la prestación del servicio de transporte, el teléfono celular o cualquier otro tipo de dispositivo electrónico deberá estar debidamente colocado en un sujetador que facilite su manipulación y que no obstaculice la visibilidad al conducir;

XII. La obligación de las entidades federativas y los municipios de realizar pruebas de alcoholemia de manera permanente con el objetivo de evitar la conducción de cualquier tipo de vehículos bajo el efecto del alcohol. Para tal efecto queda prohibido conducir con una alcoholemia superior a 0.25 mg/L en aire espirado o 0.05 g/dL en sangre, salvo las siguientes consideraciones:

a) Para las personas que conduzcan motocicletas queda prohibido hacerlo con una alcoholemia superior a 0.1 mg/L en aire espirado o 0.02 g/dL en sangre.

b) Para vehículos destinados al transporte de pasajeros y de carga, queda prohibido conducir con cualquier concentración de alcohol por espiración o litro de sangre.

La autoridad competente realizará el respectivo control de alcoholimetría mediante el método aprobado por la Secretaría de Salud Federal;

XIII. La supervisión de pesos y dimensiones de todos los vehículos motorizados en todas sus modalidades deberán cumplir con las Normas Oficiales Mexicanas y demás leyes aplicables, y

XIV. Medidas para la prevención y mitigación de factores de riesgo.

Las entidades federativas y municipios podrán prever en los convenios de coordinación metropolitana, la armonización de los reglamentos aplicables.

Las autoridades evaluarán la medida y proporcionalidad de las sanciones de tránsito que se establezcan.

Artículo 50. Dispositivos de diseño, control y seguridad del tránsito.

Las autoridades competentes de los tres órdenes de gobierno, en las regulaciones que se emitan sobre el diseño vial seguro, establecerán la utilización de dispositivos de control del tránsito y dispositivos de seguridad vial de manera progresiva, acordes a la evidencia internacional, con el objeto de establecer estándares nacionales.

Artículo 51. De la acreditación y obtención de licencias y permisos de conducir.

La Federación, las entidades federativas y los municipios, establecerán en su normativa aplicable que todas las personas que realicen el trámite para obtener o renovar una licencia o permiso de conducir, deberán acreditar el examen de valoración integral que demuestre su aptitud para ello, así como el examen teórico y práctico de conocimientos y habilidades necesarias, antes de la fecha de expedición o renovación de la licencia o permiso. Asimismo, podrán establecer que las licencias no tengan una vigencia mayor a cinco años de forma general y de dos años en el caso de licencias para la conducción de vehículos de emergencia, incluyendo aquellos para actividades de atención médica o policiaca y vehículos de transporte escolar.

Para personas con discapacidad, el examen de valoración deberá realizarse en formatos accesibles, para lo cual las autoridades competentes deberán emitir los lineamientos respectivos.

Las autoridades competentes establecerán en sus respectivos reglamentos de tránsito que a las personas que sean sorprendidas manejando bajo el influjo del alcohol o cualquier droga, psicotrópico o estupefaciente, se les retire la licencia o permiso para conducir por un periodo no menor a un año y por un periodo no menor a seis meses en caso de conductores de transporte público o transporte de carga.

Artículo 52. Regulación para la emisión de acreditación y obtención de licencias y permisos de conducir.

La Federación, las entidades federativas y los municipios, emitirán las disposiciones que regulen lo siguiente:

I. Contenidos de los exámenes de valoración integral teórico y práctico de conocimientos y habilidades necesarias, atendiendo a los diferentes tipos de licencias y permisos, así como los requisitos de emisión y renovación;

II. Protocolos para realizar los exámenes, así como para su evaluación;

III. Un apartado específico con los requisitos que garantizan que las personas con discapacidad pueden obtener su licencia en igualdad de condiciones, y

IV. Las licencias que expidan las autoridades competentes podrán ser impresas en material plástico o de forma digital, mediante aplicaciones tecnológicas, mismas que permitirán la acreditación de las habilidades y requisitos correspondientes para la conducción del tipo de vehículo de que se trate y tendrán plena validez en territorio nacional.

Artículo 53. Del registro e información de la atención médica prehospitalaria.

Las autoridades responsables de la atención médica prehospitalaria deberán registrar e informar mensualmente a las respectivas plataformas, la fecha y hora de recepción de cada llamada de emergencia en la materia; la fecha y hora de arribo al sitio del siniestro de tránsito; la cinemática del trauma; el número de víctimas involucradas y las características de las lesiones, de acuerdo con los lineamientos que al respecto emitan las autoridades competentes.

La información y registros generados en relación con la atención médica prehospitalaria estarán disponibles en el Sistema de Información Territorial y Urbano garantizando la protección de la información que corresponda, en términos de lo establecido en las Leyes Federal y General de Transparencia y Acceso a la Información Pública y General de Protección de Datos Personales en Posesión de Sujetos Obligados y demás normatividad aplicable.

Artículo 54. De los estándares de vehículos nuevos.

Los vehículos nuevos que se comercialicen en el territorio nacional deberán cumplir con los dispositivos, sistemas y estándares de seguridad que se establezcan en las Normas Oficiales Mexicanas correspondientes, de acuerdo con lo establecido en la Ley de Infraestructura de la Calidad, tomando como base los criterios internacionales en la materia. La regulación técnica que para tal efecto se emita, deberá contener las especificaciones relativas a los dispositivos, sistemas y estándares de seguridad que se deberán incorporar en los vehículos nuevos, la cual deberá establecerse de acuerdo con los estándares, recomendaciones y mejores prácticas internacionales.

La autoridad competente promoverá que en las Normas Oficiales Mexicanas se incluyan mecanismos para garantizar la seguridad de las personas usuarias de las vías, enfatizando en la seguridad de quienes son más vulnerables y deberá tomar en cuenta los principios establecidos en esta Ley, así como los acuerdos y experiencias internacionales relativos a la seguridad de los vehículos, con lo que deben determinarse los riesgos especialmente graves para la seguridad vehicular.

La actualización de los dispositivos, sistemas y estándares de seguridad en los vehículos nuevos que se comercialicen en territorio mexicano se regirán de acuerdo con las Normas Oficiales Mexicanas correspondientes, con el fin de responder a los avances tecnológicos en seguridad vehicular que demuestren salvar vidas y reducir lesiones graves a nivel internacional.

Las autoridades competentes, en coordinación con la Secretaría de Infraestructura, Comunicaciones y Transportes, deberán establecer un sistema de evaluación de vehículos nuevos, independiente de fabricantes y concesionarios. Asimismo, las Normas Oficiales Mexicanas establecerán los requisitos de información que los fabricantes, importadores y personas concesionarias de vehículos nuevos deberán dar a conocer respecto del desempeño de protección y la seguridad de los vehículos, con un sistema de información de fácil comprensión.

Las autoridades federales y de las entidades federativas, en el ámbito de sus competencias, deberán verificar la seguridad de los vehículos nuevos y en circulación, de acuerdo con las disposiciones normativas vigentes y aplicables.

SECCIÓN CUARTA
DE LOS INSTRUMENTOS EN MATERIA DE MOVILIDAD Y SEGURIDAD VIAL EN LA GESTIÓN DE LA DEMANDA

Artículo 55. Gestión de la demanda de movilidad.

La gestión de la demanda de movilidad busca reducir el uso de modos de transporte de carga y pasajeros menos eficientes y fomentar los más sustentables y seguros. Las autoridades federales, de las entidades federativas y municipales y de las demarcaciones territoriales de la Ciudad de México, deberán implementar medidas enfocadas en reducir emisiones y demás externalidades negativas previstas en esta Ley y la Ley General de Cambio Climático.

Artículo 56. Zonas y tramos de vía de gestión de la demanda de movilidad.

Las zonas de gestión de la demanda son polígonos en los que se regula el flujo de vehículos motorizados en función de sus emisiones contaminantes o tamaño, mediante sistemas de control vial y regulación del tránsito, a fin de disminuir el uso y el impacto social y ambiental negativo que implica su circulación.

La Federación, las entidades federativas, los municipios y las demarcaciones territoriales de la Ciudad de México, en el marco de sus facultades, podrán implementar zonas de tránsito controlado en zonas de alta demanda de viajes de las ciudades, a fin de priorizar la gestión de la seguridad vial, la movilidad peatonal, ciclista y de transporte colectivo, reducir el volumen vehicular o los vehículos con mayor impacto ambiental y de riesgo vial, mediante las disposiciones que para tal efecto emita la autoridad competente.

Se podrán implementar sistemas de control vial y regulación del tránsito, usando cámaras y lectores digitales de placas o lectura visual, por parte de agentes públicos u operadores privados en los términos que se establezcan en la normatividad aplicable.

Lo establecido en la presente disposición se realizará sin perjuicio de la productividad, competitividad y el mantenimiento de la regularidad de la vida cotidiana de los centros de población de conformidad con lo dispuesto en esta Ley.

Artículo 57. Instrumentos económicos y financieros en materia de movilidad y seguridad vial.

La Federación, entidades federativas y municipios y las demarcaciones territoriales de la Ciudad de México de conformidad con lo establecido en las leyes en la materia y en el ámbito de sus facultades, podrán considerar la implementación de los instrumentos económicos y financieros, públicos y privados, de carácter nacional o internacional necesarios para mejorar la eficiencia y equidad en el acceso de los sistemas de movilidad, la renovación vehicular, la gestión de la seguridad vial y la sostenibilidad.

Artículo 58. Impacto a la movilidad y a la seguridad vial.

La Federación, las entidades federativas, los municipios y las demarcaciones territoriales de la Ciudad de México en sus respectivas disposiciones normativas, preverán la elaboración de estudios de evaluación del impacto en la movilidad y la seguridad vial, lo cual tendrá por objeto analizar y evaluar las posibles influencias o alteraciones generadas por la realización de obras y actividades privadas y públicas, sobre los desplazamientos de las personas y bienes, a fin de evitar o reducir los efectos negativos sobre la calidad de vida, la accesibilidad, la competitividad, y los demás aspectos previstos en esta Ley.

SECCIÓN QUINTA
INSTRUMENTOS FINANCIEROS

Artículo 59. Instrumentos de financiamiento.

Serán instrumentos de financiamiento público los programas, acciones y proyectos de inversión relacionados con la movilidad y la seguridad vial que desarrollen las autoridades competentes de los tres órdenes de gobierno.

Artículo 60. Priorización de las acciones y recursos en materia de movilidad y seguridad vial.

Los programas, acciones y proyectos de infraestructura relacionados con la movilidad y la seguridad vial se enfocarán prioritariamente en lo siguiente:

I. Implementar mejoras a la infraestructura para la movilidad no motorizada y peatonal, así como efectuar acciones para la integración y fortalecimiento del servicio de transporte público, de los municipios y demarcaciones territoriales de la Ciudad de México, con el fin de promover su uso y cumplir con el objeto de esta Ley;

II. La mejora de la infraestructura para la movilidad, servicios auxiliares y el transporte que promuevan el diseño universal y la seguridad vial;

III. Desarrollar políticas para reducir siniestros de tránsito, así como proyectos estratégicos de infraestructura para la movilidad y seguridad vial, priorizando aquellos enfocados en proteger la vida e integridad de las personas usuarias de las vías, donde se considere los factores de riesgo;

IV. Impulsar la planeación de la movilidad y la seguridad vial orientada al fortalecimiento y a mejorar las condiciones del transporte público, su integración con el territorio, así como la distribución eficiente de bienes y mercancías;

V. Realizar estudios para la innovación, el desarrollo tecnológico e informático, así como para promover la movilidad no motorizada y el transporte público en los centros de población con menores ingresos;

VI. Desarrollar programas de información, educación e investigación en materia de sensibilización, educación y formación sobre movilidad y seguridad vial, y

VII. Otros que permitan el cumplimiento de esta Ley, sus principios y objetivos conforme a la jerarquía de la movilidad.

Artículo 61. Programas federales de inversión.

Las dependencias y entidades de la Administración Pública Federal incorporarán en la ejecución de sus programas de inversión y obras de infraestructura para la movilidad, los principios y las políticas establecidas en esta Ley.

SECCIÓN SEXTA
DE LA SENSIBILIZACIÓN, EDUCACIÓN Y FORMACIÓN EN MATERIA DE MOVILIDAD Y SEGURIDAD VIAL

Artículo 62. De la sensibilización, educación y formación.

La Federación, las entidades federativas, los municipios y las demarcaciones territoriales de la Ciudad de México, en el ámbito de sus respectivas competencias, diseñarán, implementarán, ejecutarán, evaluarán y darán seguimiento a los planes, programas, campañas y acciones para sensibilizar, educar y formar a la población en materia de movilidad y seguridad vial, con el objetivo de generar la adopción de hábitos de prevención de siniestros de tránsito, el uso racional del automóvil particular; la promoción de los desplazamientos inteligentes y todas aquellas acciones que permitan lograr una sana convivencia en las vías.

Para el cumplimiento de lo anterior, se promoverá la participación de personas especialistas y la academia en el diseño e implementación de programas, campañas y acciones en materia de educación vial, movilidad, y perspectiva de género que generen el desarrollo de políticas sostenibles e incluyentes con especial atención a los grupos en situación de vulnerabilidad, orientadas al peatón, la bicicleta, al transporte público y al uso racional del automóvil particular.

Artículo 63. De la sensibilización.

La sensibilización en materia de movilidad y seguridad vial tiene como objetivo transmitir información a la población, en formatos accesibles y pertinencia intercultural y lingüística, con el fin de concientizarla sobre el uso de la vía, así como las acciones de prevención de siniestros y demás problemas que se generan en ésta.

Las políticas, programas, campañas y acciones de sensibilización sobre movilidad y seguridad vial deberán observar los siguientes criterios:

I. Mensajes sustentados en evidencia científica y territorial;

II. Explicación de las causas y consecuencias en materia de movilidad y seguridad vial;

III. Adopción de prácticas que propicien un ambiente seguro para la movilidad activa y no motorizada;

IV. Respeto entre las personas usuarias de la vía y hacia los elementos de policía de tránsito y prestadores de servicio de transporte público de pasajeros, y

V. Importancia de la incorporación de la perspectiva de género, así como del trato digno y no discriminación hacia grupos en situación de vulnerabilidad.

Artículo 64. De la educación.

La educación en materia de movilidad y seguridad vial tiene como objetivo transmitir una serie de conocimientos que todas las personas usuarias de la vía deben incorporar al momento de transitar por ésta, la cual deberá ser con perspectiva interseccional.

Las políticas, programas, campañas y acciones de educación en materia de movilidad y seguridad vial deberán observar los siguientes criterios:

I. Desarrollar contenidos sobre los factores de riesgo en la movilidad y seguridad vial;

II. Concientizar, especialmente a los conductores de vehículos motorizados, del conocimiento y respeto por las normas de tránsito y dispositivos para el control del tránsito vial por parte de todas las personas usuarias de la vía;

III. Priorizar el uso de la infraestructura para la movilidad conforme a la jerarquía de la movilidad establecida en esta Ley;

IV. Informar y fomentar el respeto irrestricto de la ciudadanía, personas operadoras de los sistemas de movilidad, y autoridades a las niñas, adolescentes y mujeres en la vía pública, con el fin de prevenir y erradicar las violencias de género en sus desplazamientos por las vías;

V. Informar y fomentar el respeto irrestricto de la ciudadanía, personas operadoras de los sistemas de movilidad, y autoridades a las personas con discapacidad y con movilidad limitada;

VI. Adoptar desplazamientos sustentables y seguros promoviendo la movilidad activa y no motorizada;

VII. Fomentar el cumplimiento de los programas de verificación y protección al medio ambiente, y

VIII. Promover la participación ciudadana, de manera igualitaria e incluyente, involucrando activamente a la población en el mejoramiento de su entorno social.

Artículo 65. De la formación.

La formación en materia de movilidad y seguridad vial implica que el personal técnico y/o profesional cuenta con capacitación en dichas materias, así como en perspectiva de género y necesidades de los grupos en situación de vulnerabilidad.

La Federación, las entidades federativas, los municipios y las demarcaciones territoriales de la Ciudad de México, en el ámbito de sus respectivas atribuciones, promoverán acciones y mecanismos en coordinación con las dependencias y entidades competentes, las concesionarias, las permisionarias, los sectores privado y social, para que el personal técnico y/o profesional en materia de movilidad y seguridad vial acredite su capacidad técnica y operativa.

TÍTULO TERCERO
DE LA DISTRIBUCIÓN DE COMPETENCIAS

CAPÍTULO I
DE LA DISTRIBUCIÓN DE COMPETENCIAS Y COORDINACIÓN

Artículo 66. De la Federación.

Corresponde a la Federación, en las respectivas atribuciones de sus dependencias:

I. Promover, regular, coordinar, conducir y evaluar la política y gestión en materia de movilidad y seguridad del orden federal, de acuerdo con sus objetivos, metas, estrategias y acciones;

II. Celebrar convenios de coordinación y concertación con las entidades federativas, los municipios y las demarcaciones territoriales de la Ciudad de México, en materia de la presente Ley;

III. Promover la difusión sobre los factores de riesgo y la prevención en materia de seguridad vial;

IV. Promover que las políticas y acciones relacionadas con la movilidad y seguridad vial que las dependencias y entidades de la Administración Pública Federal ejecuten en coordinación con los gobiernos de las entidades federativas, los municipios y las demarcaciones territoriales de la Ciudad de México, así como con los sectores social y privado, cumplan con el objetivo establecido en la presente Ley y en el Plan Nacional de Desarrollo;

V. Promover que la construcción de obras de infraestructura y equipamiento para la movilidad urbana, interurbana, rural e insular; así como la construcción, mejoramiento y conservación de las vías generales de comunicación, se ejecuten de acuerdo con los principios y jerarquía de la movilidad establecidos en la presente Ley;

VI. Proponer los mecanismos de financiamiento necesarios en materia de movilidad y seguridad vial;

VII. La expedición de las Normas Oficiales Mexicanas y la vigilancia de su cumplimiento en las materias de movilidad y seguridad vial, y

VIII. Las demás previstas para el cumplimiento de la presente Ley.

Artículo 67. De las Entidades Federativas.

Corresponde a las entidades federativas:

I. Integrar el Sistema Nacional de Movilidad y Seguridad Vial, de conformidad con lo establecido en el artículo 7 del presente ordenamiento;

II. Gestionar la seguridad vial y la movilidad urbana, interurbana, rural e insular, en el ámbito de su competencia, con base en lo establecido en esta Ley y demás disposiciones legales en la materia;

III. Vigilar el cumplimiento de las Normas Oficiales Mexicanas expedidas por la Federación, en materia de movilidad y seguridad vial;

IV. Participar con las autoridades federales, de los municipios y de las demarcaciones territoriales de la Ciudad de México, en la planeación, diseño, instrumentación e implementación de la Estrategia Nacional y de los Convenios de Coordinación Metropolitanos, en los términos previstos en esta Ley y demás disposiciones legales aplicables;

V. Armonizar los programas de ordenamiento territorial que le competen con lo dispuesto en ésta y otras leyes aplicables;

VI. Celebrar convenios de coordinación con la Federación, otras entidades federativas, los municipios y las demarcaciones territoriales de la Ciudad de México, para la implementación de acciones específicas, obras e inversiones en la materia;

VII. Desarrollar estrategias, programas y proyectos para la movilidad y la seguridad vial, con prioridad en el uso del transporte público y los modos no motorizados;

VIII. Asignar, gestionar y administrar recursos públicos, en coordinación con los municipios y las demarcaciones territoriales de la Ciudad de México, bajo los criterios de la presente Ley, para implementar acciones y proyectos en materia de movilidad y seguridad vial, infraestructura, servicios auxiliares y transporte;

IX. Establecer la reglamentación para los estudios de impacto de movilidad y seguridad vial con perspectiva de género;

X. Impulsar la consolidación de los sistemas de movilidad en los centros de población;

XI. Otorgar licencias y permisos para conducir, en las modalidades de su competencia, para el transporte de pasajeros, de carga y de uso particular, así como el registro para que los vehículos circulen conforme a las leyes y reglamentos correspondientes bajo los criterios de la presente Ley;

XII. Establecer, con base en los estudios correspondientes, las tarifas del servicio público de transporte de pasajeros, así como los servicios auxiliares;

XIII. Establecer los acuerdos y medidas necesarias para la conservación, mantenimiento y renovación del parque vehicular destinado a la prestación de los servicios público, mercantil y privado de transporte de pasajeros y de carga, de conformidad con la legislación aplicable;

XIV. Incentivar la circulación de vehículos eficientes ambientalmente, establecer el marco normativo y programas correspondientes para su adecuada operación; así como la implementación de su infraestructura vial y equipamiento necesario, en coordinación con las autoridades competentes;

XV. Expedir las normas y lineamientos que deberán cumplir los vehículos motorizados que cuenten con registro en la entidad federativa, en materia de protección al medio ambiente;

XVI. Armonizar las leyes o los reglamentos de tránsito aplicables en su territorio, con lo establecido en la presente Ley;

XVII. Diseñar e implementar, de manera conjunta con las entidades federativas colindantes, mecanismos de coordinación para el cobro de infracciones de tránsito;

XVIII. Crear, administrar y mantener actualizados sus indicadores y bases de datos en materia de movilidad y seguridad vial que se incorpore al Sistema de Información Territorial y Urbano a los que se refiere esta Ley;

XIX. Realizar los operativos de control de uso de distractores durante la conducción de vehículos, sistemas de retención infantil, cascos en motociclistas, control de velocidad y de alcoholimetría, en el ámbito de su competencia y de acuerdo a los lineamientos establecidos por el Sistema Nacional;

XX. Instrumentar y articular, en concordancia con la política nacional, las acciones necesarias para disminuir las muertes, lesiones graves y discapacidades ocasionadas por siniestros de tránsito;

XXI. Fortalecer el transporte público de pasajeros, individual y colectivo, para la inclusión de los grupos en situación de vulnerabilidad, destinándoles lugares exclusivos;

XXII. Establecer medidas de accesibilidad, inclusión y condiciones de diseño universal para las personas con discapacidad y con movilidad limitada, así como otros grupos en situación de vulnerabilidad, dentro de los servicios de transporte público de pasajeros individual y colectivo, para garantizar su desplazamiento seguro en las vías, y

XXIII. Las demás previstas para el cumplimiento de la presente Ley.

Artículo 68. De los municipios.

Corresponde a los municipios las siguientes atribuciones:

I. Participar en el Sistema Nacional de Movilidad y Seguridad Vial, de conformidad con lo establecido en el artículo 7 del presente ordenamiento y los lineamientos que establezca el Sistema Nacional;

II. Formular, aprobar, administrar y ejecutar los programas municipales en materia de movilidad y seguridad vial, conforme a lo establecido en el Plan Nacional de Desarrollo, la Estrategia Nacional, los programas de la entidad federativa correspondiente y los Convenios de Coordinación Metropolitanos; así como conducir, evaluar y vigilar la política conforme a lo establecido por esta Ley, sus principios y jerarquía de la movilidad;

III. Vigilar el cumplimiento de las Normas Oficiales Mexicanas expedidas por la Federación, en materia de movilidad y seguridad vial;

IV. Participar con las autoridades federales, de las entidades federativas y de otros municipios en la planeación, regulación, instrumentación e implementación de los Convenios de Coordinación Metropolitanos;

V. Constituir las instancias locales y de coordinación metropolitana para la implementación de acciones integrales, acciones afirmativas transversales en materia de movilidad, en apego a esta Ley y demás disposiciones legales;

VI. Celebrar convenios de coordinación con la Federación, otras entidades federativas, municipios y demarcaciones territoriales de la Ciudad de México para la implementación de acciones específicas, obras e inversiones en la materia, así como aquellas que prioricen la movilidad de los grupos en situación de vulnerabilidad;

VII. Facilitar y participar en los sistemas de movilidad de las entidades federativas, en los términos que establece esta Ley, garantizando que las vías proporcionen un nivel de servicio adecuado para todas las personas, considerando su interseccionalidad, sin importar el modo de transporte que utilicen;

VIII. Desarrollar estrategias, programas y proyectos para la movilidad, fomentando y priorizando el uso del transporte público y los modos no motorizados;

IX. Asignar, gestionar y administrar recursos para apoyar e implementar acciones y proyectos en materia de movilidad, su infraestructura, servicios auxiliares, operación y capacitación de las personas operadoras, transporte y seguridad vial, promoviendo una mejor utilización de las vías conforme a la jerarquía de la movilidad;

X. Establecer los mecanismos necesarios para mejorar la seguridad vial, de conformidad con la jerarquía de la movilidad y sus necesidades;

XI. Realizar estudios para el diseño, modificación y adecuación de las vías en los centros de población, de conformidad con lo establecido en esta Ley y las necesidades territoriales;

XII. Implementar dispositivos para el control del tránsito que deban ser utilizados en los centros de población de su competencia;

XIII. Establecer la categoría, sentidos de circulación, señalética y demás características de las vías en su territorio;

XIV. Expedir las autorizaciones, licencias o permisos para la realización de obras de infraestructura para la movilidad, con estricto apego a las normas jurídicas locales, planes o programas;

XV. Realizar estudios de impacto de movilidad en el ámbito de su competencia, incluyendo criterios de sustentabilidad, perspectiva de género, entre otros que se consideren relevantes;

XVI. Autorizar las áreas de transferencia para el transporte en su territorio;

XVII. Regular el servicio del estacionamiento en vía pública;

XVIII. Impulsar la accesibilidad e inclusión de personas con discapacidad y personas con movilidad limitada a los servicios públicos de transporte de pasajeros, así como su desplazamiento seguro y efectivo en las vías a través de infraestructura adecuada;

XIX. Mantener, en el ámbito de sus atribuciones, las vías libres de obstáculos y elementos que impidan, dificulten, generen un riesgo u obstaculicen el tránsito peatonal y vehicular, excepto en aquellos casos debidamente autorizados y respetando la jerarquía de la movilidad;

XX. Instrumentar programas y campañas de cultura de la movilidad, que fomenten la prevención de los siniestros de tránsito;

XXI. Implementar programas especiales de seguridad vial en los entornos escolares y puntos de alta afluencia de personas;

XXII. Prever en su legislación aplicable, que los desarrollos inmobiliarios cuenten con el criterio de calle completa;

XXIII. En los municipios insulares, coordinar con las autoridades acciones de movilidad asequible, incluyente, segura y sustentable entre sus municipios y el territorio continental, y

XXIV. Las demás previstas para el cumplimiento de la presente Ley.

Artículo 69. De las demarcaciones territoriales de la Ciudad de México. Corresponde a las demarcaciones territoriales de la Ciudad de México:

I. Participar en el Sistema Nacional, de conformidad con lo establecido en el artículo 7 del presente ordenamiento y los lineamientos que establezca el Sistema Nacional;

II. Promover la elaboración, implementación y evaluación de planes integrales de seguridad vial, en el ámbito de su competencia;

III. Vigilar el cumplimiento de las Normas Oficiales Mexicanas expedidas por la Federación, en materia de movilidad y seguridad vial;

IV. Promover, en coordinación con las entidades federativas y con otros municipios o demarcaciones territoriales de la Ciudad de México, cursos de capacitación a las personas que atiendan a víctimas de siniestros de tránsito;

V. Coordinarse con otros municipios y demarcaciones territoriales de la Ciudad de México para alcanzar los objetivos y prioridades previstos en los planes o programas en materia de movilidad, y los demás que de éstos deriven;

VI. Evaluar y vigilar el cumplimiento de los planes y programas de su competencia, en materia de movilidad y seguridad vial, y

VII. Las demás previstas para el cumplimiento de la presente Ley.

Artículo 70. Secretaría de Desarrollo Agrario, Territorial y Urbano.

Corresponden a la Secretaría de Desarrollo Agrario, Territorial y Urbano las siguientes atribuciones:

I. Integrar el Sistema Nacional, de conformidad con lo establecido en el artículo 7 del presente ordenamiento;

II. Diseñar, en conjunto con las dependencias que integren el Sistema Nacional, los instrumentos y mecanismos necesarios para el diagnóstico, información, seguimiento y evaluación de las políticas, programas y acciones de movilidad y seguridad vial en el territorio nacional, de conformidad con lo establecido en la presente Ley;

III. Brindar asesoría técnica a las entidades federativas, municipios y demarcaciones territoriales de la Ciudad de México, para la implementación de obras de infraestructura y equipamiento que cumplan con los requisitos establecidos en el Título Segundo de la presente Ley;

IV. Coordinarse con los gobiernos de las entidades federativas y municipios, a fin de establecer lineamientos de señalización vial, dispositivos de seguridad y diseño en las vías públicas de su competencia;

V. Participar, en coordinación con los integrantes del Sistema Nacional, en la evaluación de las acciones, planes, programas y políticas públicas en materia de movilidad y seguridad vial;

VI. Brindar asesorías y asistencia técnica a los gobiernos de las entidades federativas, de los municipios y demarcaciones territoriales de la Ciudad de México que lo soliciten, para la ejecución y planeación de programas, obras de infraestructura, equipamiento y servicios en materia de movilidad y seguridad vial;

VII. Emitir, en conjunto con las dependencias que integren el Sistema Nacional, los lineamientos técnicos para la realización de las auditorías de seguridad vial, a efecto de proveer de una metodología homologada a nivel nacional;

VIII. Colaborar, con las dependencias federales correspondientes, en el establecimiento de la normatividad en materia de seguridad vehicular e incorporación de dispositivos, atendiendo a las mejores prácticas internacionales en la materia;

IX. Desarrollar, en coordinación con los integrantes del Sistema Nacional, políticas de movilidad, con base en los programas y acciones que emita la Secretaría de Medio Ambiente y Recursos Naturales, que tengan como objetivo evitar el congestionamiento vial y contribuir en la disminución de los índices de contaminación ambiental;

X. Promover e impulsar, en coordinación con los integrantes del Sistema Nacional, el establecimiento de sistemas de transporte público, uso de vehículos no motorizados de transporte y otros medios de alta eficiencia energética y ambiental;

XI. Realizar, en coordinación con los integrantes del Sistema Nacional, estudios, investigaciones y proyectos para la implementación de mecanismos que mejoren los desplazamientos en las vías, el transporte público y la seguridad vial;

XII. Suscribir, en coordinación con los integrantes del Sistema Nacional, convenios de colaboración con instituciones de investigación y educación superior, organismos e instituciones nacionales e internacionales públicas y privadas, a efecto de realizar planes, proyectos, programas de investigación académica, desarrollo tecnológico, transferencia de conocimiento y capacitación en materia de movilidad, transporte y seguridad vial;

XIII. Realizar programas y campañas para fomentar una nueva cultura de movilidad segura y activa a fin de promover la seguridad vial, para lo cual deberá coordinarse con las autoridades correspondientes de las entidades federativas, municipios y demarcaciones territoriales de la Ciudad de México, así como con otras dependencias y entidades o el sector privado;

XIV. Colaborar, a través del convenio respectivo con la Secretaría de Educación Pública en la incorporación de contenidos relacionados con la movilidad y la seguridad vial dentro de los planes de estudio de todos los niveles educativos, y

XV. Las demás previstas para el cumplimiento de la presente Ley.

Artículo 71. Secretaría de Infraestructura, Comunicaciones y Transportes.

Corresponden a la Secretaría de Infraestructura, Comunicaciones y Transportes, las siguientes atribuciones:

I. Integrar el Sistema Nacional, de conformidad con lo establecido en el artículo 7 del presente ordenamiento;

II. Participar, en coordinación con los integrantes del Sistema Nacional, en la realización, manuales y lineamientos técnicos de diseño vial e infraestructura, así como otros en materia de movilidad y seguridad, con el objetivo de homologar las disposiciones a nivel nacional;

III. Diseñar, en conjunto con las dependencias que integren el Sistema Nacional, la Estrategia Nacional;

IV. Impulsar el desarrollo de la movilidad y seguridad vial en la regulación del autotransporte federal;

V. Participar en el diseño de las políticas públicas en materia de movilidad y seguridad vial, educación vial, y en especial, aquellas relacionadas con la regulación del autotransporte federal;

VI. Participar en las acciones que en materia de protección al medio ambiente lleven a cabo otras autoridades federales o estatales en las materias de su competencia, en relación con la movilidad y seguridad vial;

VII. Emitir, en conjunto con las dependencias que integren el Sistema Nacional, los lineamientos técnicos para la realización de las auditorías de seguridad vial, a efecto de proveer de una metodología homologada a nivel nacional;

VIII. Fungir como instancia revisora de las acciones, planes, programas y políticas públicas en materia de seguridad vial que impliquen vías generales de comunicación de conformidad con lo establecido en la Ley de Caminos, Puentes y Autotransporte Federal;

IX. Coordinar la planificación, construcción, mejoramiento y conservación de caminos, puentes y vías férreas de jurisdicción federal que se adentren en los centros de población, con las entidades federativas, los municipios, para el cumplimiento de lo establecido en esta Ley;

X. Coordinar la planificación de rutas e infraestructuras que se adentren a los centros de población en zonas insulares, con las entidades federativas, los municipios, para el cumplimiento de lo establecido en esta Ley;

XI. Realizar los operativos de alcoholimetría, con base en los límites establecidos por la Secretaría de Salud, en las vías de su competencia;

XII. Participar en el sistema de evaluación de vehículos nuevos previsto en el artículo 54 de esta Ley;

XIII. Realizar campañas en materia de prevención de siniestros de tránsito;

XIV. Vigilar el cumplimiento de la regulación de los periodos de trabajo y descanso de las personas conductoras del transporte público y privado de carga y de pasajeros en el ámbito de su competencia, y

XV. Las demás previstas para el cumplimiento de la presente Ley.

Artículo 72. Secretaría de Seguridad y Protección Ciudadana.

Corresponden a la Secretaría de Seguridad y Protección Ciudadana, las siguientes atribuciones:

I. Remitir al Sistema Nacional la información contenida en el Registro Público Vehicular;

II. Mantener actualizada la información contenida en el Registro Público Vehicular, con el objetivo de coadyuvar al cumplimiento de los principios de la presente Ley;

III. Participar, en el marco de sus competencias, en las acciones que en materia de protección al medio ambiente lleven a cabo otras autoridades federales o estatales, en relación con la movilidad y seguridad vial;

IV. Participar, en el marco de sus competencias, en la celebración de convenios de coordinación con las entidades federativas, municipios y demarcaciones territoriales de la Ciudad de México, para la realización de acciones en la materia objeto de esta Ley;

V. Colaborar, en el marco de sus competencias, con las autoridades competentes de los tres órdenes de gobierno, en la prevención de las violencias de género en los sistemas de movilidad, y

VI. Las demás previstas para el cumplimiento de la presente Ley.

Artículo 73. Secretaría de Salud.

Corresponden a la Secretaría de Salud, a través del Secretariado Técnico del Consejo Nacional para la Prevención de Accidentes, las siguientes atribuciones:

I. Elaborar guías de práctica clínica y protocolos que permitan mejorar la calidad de la atención médica prehospitalaria e intrahospitalaria por siniestros de tránsito;

II. Elaborar e implementar los programas de capacitación para el personal de salud responsable de la atención médica prehospitalaria e intrahospitalaria por siniestros de tránsito;

III. Realizar campañas, en coordinación con el Sistema Nacional, en materia de prevención de siniestros de tránsito, así como evitar manejar bajo el influjo del alcohol o cualquier droga, psicotrópico o estupefaciente;

IV. Celebrar convenios de cooperación y coordinación en la materia;

V. Capacitar a quienes realicen las auditorías de seguridad vial y estudios de mejoramiento de sitios con elevada incidencia de siniestros de tránsito, en materias de su competencia;

VI. Fijar los límites de alcohol en la sangre y aire expirado, con base en lo establecido en el artículo 49, que deberán ser los referentes en los operativos de alcoholimetría en todo el territorio nacional, y

VII. Las demás previstas para el cumplimiento de la presente Ley.

Artículo 74. Mecanismos de coordinación y colaboración.

Las atribuciones en materia de movilidad y seguridad vial serán ejercidas de manera concurrente por la Federación, las entidades federativas, los municipios y las demarcaciones territoriales de la Ciudad de México, en el ámbito de la competencia que les otorga la Constitución Política de los Estados Unidos Mexicanos y esta Ley, así como a través de los mecanismos de coordinación y colaboración que se generen, respetando de manera irrestricta la institucionalidad de cada orden de gobierno.

Para tal efecto, las autoridades en materia de movilidad y seguridad vial, en sus respectivos ámbitos de competencia, serán las siguientes:

I. La Secretaría de Desarrollo Agrario, Territorial y Urbano;

II. La Secretaría de Infraestructura, Comunicaciones y Transportes;

III. La Secretaría de Seguridad y Protección Ciudadana;

IV. La Secretaría de Salud, a través del Secretariado Técnico del Consejo Nacional para la Prevención de Accidentes;

V. La Secretaría de Medio Ambiente y Recursos Naturales;

VI. Las dependencias o entidades competentes de las entidades federativas;

VII. Las dependencias competentes de los municipios y las demarcaciones territoriales de la Ciudad de México, y

VIII. Los institutos de planeación de las entidades federativas, de los municipios y los de carácter metropolitano.

Las atribuciones en materia de esta Ley de las entidades federativas, de los municipios y de las demarcaciones territoriales de la Ciudad de México, se ejercerán a través de las dependencias y entidades que señalen sus propios ordenamientos o que sean designadas para tal efecto.

CAPÍTULO II
CONVENIOS DE COORDINACIÓN METROPOLITANOS

Artículo 75. Convenios de coordinación metropolitanos.

En el caso de las zonas metropolitanas que correspondan a una entidad federativa, su planeación y regulación en materia de movilidad y seguridad vial se podrá realizar de manera conjunta y coordinada entre municipios, a través de sus instancias de gobernanza establecidas por la Ley General de Asentamientos Humanos, Ordenamiento Territorial y Desarrollo Urbano, mediante convenios de coordinación que para tal efecto se elaboren, con apego a lo dispuesto en esta Ley y demás disposiciones jurídicas aplicables.

Artículo 76. Convenios de coordinación metropolitanos interestatales e intermunicipales.

En el caso de que la zona metropolitana, delimitada formalmente, sea de carácter interestatal, las autoridades estatales que convergen convendrán entre ellas, la distribución de sus atribuciones en la materia. Los convenios que para tal efecto se acuerden, deberán guardar congruencia con la presente Ley y demás disposiciones jurídicas aplicables, a fin de generar una adecuada coordinación en la implementación de políticas públicas, acciones e inversiones que propicien el desarrollo y regulación de la movilidad y seguridad vial dentro de su territorio.

Artículo 77. Naturaleza de los convenios de coordinación metropolitanos.

Los convenios de coordinación metropolitanos celebrados por los tres órdenes de gobierno, podrán establecer las autoridades que serán las encargadas de la planeación, diseño, ejecución, operación, monitoreo y evaluación de la política de movilidad y seguridad vial a nivel metropolitano prevista (sic) en esta Ley y demás disposiciones jurídicas aplicables.

CAPÍTULO III
DE LA PARTICIPACIÓN SOCIAL DE LAS ENTIDADES FEDERATIVAS, MUNICIPIOS, DEMARCACIONES TERRITORIALES Y ZONAS METROPOLITANAS

Artículo 78. Observatorios Ciudadanos de Movilidad y Seguridad Vial.

La Federación, las entidades federativas, los municipios y las demarcaciones territoriales de la Ciudad de México promoverán la creación de Observatorios con la participación de la sociedad, pueblos y comunidades indígenas y afromexicanas, zonas insulares, personas con discapacidad y las organizaciones que les representan, instituciones académicas y de investigación, colegios de profesionistas con incidencia directa en la materia de esta Ley, organismos empresariales del sector ligado a la movilidad, la seguridad vial y al transporte de bienes y mercancías, organizaciones de la sociedad civil organizada y los gobiernos respectivos, para el estudio, investigación y propuestas; evaluación de las políticas públicas, programas y acciones; capacitación a la comunidad; difusión de información y conocimientos sobre la problemática de la movilidad, la seguridad vial, la accesibilidad, la eficiencia, la sostenibilidad, la calidad y la inclusión e igualdad y sus implicaciones en el ordenamiento territorial, y en general sobre la aplicación de la presente Ley.

Artículo 79. A fin de garantizar la participación efectiva de la sociedad, las leyes de las entidades federativas deberán tomar en cuenta a las instituciones de planeación y de participación ciudadana establecidas en la Ley General de Asentamientos Humanos, Ordenamiento Territorial y Desarrollo Urbano, sin limitar la posibilidad de crear otros organismos que se consideren necesarios.

Artículo 80. Las autoridades correspondientes deberán proporcionar a los Observatorios la información sobre el proceso de reglamentación de la movilidad, del transporte y del tránsito, los planes de desarrollo urbano, de ordenamiento territorial metropolitanos (sic), los actos administrativos y autorizaciones de uso de suelo, así como las bases de datos que forman la plataforma de información de la entidad federativa correspondiente, municipio, demarcación territorial y zona metropolitana.

Artículo 81. Los Observatorios podrán llevar a cabo, de manera conjunta con los institutos de planeación de las entidades federativas, municipales, multimunicipales y metropolitanos, procesos de consulta y deliberación sobre temas de movilidad y seguridad vial.

Artículo 82. Las entidades federativas establecerán las regulaciones específicas a que se sujetará la creación y operación de los Observatorios, con base en esta Ley.

TRANSITORIOS

Primero. La presente Ley entrará en vigor el día siguiente al de su publicación en el Diario Oficial de la Federación.

Segundo. El Congreso de la Unión y las Legislaturas de las entidades federativas, en un plazo no mayor a 180 días, contados a partir de la entrada en vigor de la presente Ley, deberán aprobar las reformas necesarias a las leyes de su competencia, a fin de armonizarlas con lo dispuesto en esta Ley.

Tercero. El Sistema Nacional de Movilidad y Seguridad Vial deberá emitir la Estrategia Nacional de Movilidad y Seguridad Vial en un plazo no mayor a 365 días naturales contados a partir de la entrada en vigor de la presente Ley.

Cuarto. El Sistema Nacional de Movilidad y Seguridad Vial deberá integrarse y emitir los lineamientos para su organización y operación, en un plazo no mayor a 180 días naturales contados a partir de la entrada en vigor de la presente Ley.

Quinto. En un plazo no mayor a 365 días naturales contados a partir de la entrada en vigor de la presente Ley, las Secretarías integrantes del Sistema Nacional de Movilidad y Seguridad Vial, las entidades federativas, así como los municipios, deberán integrar los registros, indicadores y bases de datos en materia de movilidad y seguridad vial como parte del Sistema de Información Territorial y Urbano.

Sexto. Las erogaciones que se generen con motivo de la entrada en vigor de la presente Ley, se cubrirán con cargo al presupuesto autorizado para los ejecutores del gasto responsables para el presente ejercicio fiscal y subsecuentes, y en caso de que se realice alguna modificación a la estructura orgánica de las dependencias y entidades de la Administración Pública Federal, éstas deberán realizarse mediante movimientos compensados conforme a las disposiciones jurídicas aplicables, por lo que no se incrementará su presupuesto regularizable ni se autorizarán ampliaciones al presupuesto de las mismas para el presente ejercicio fiscal ni subsecuentes como resultado de la entrada en vigor de la presente Ley.

Ciudad de México, a 5 de abril de 2022.- Dip. Sergio Carlos Gutiérrez Luna, Presidente.- Sen. Olga Sánchez Cordero Dávila, Presidenta.- Dip. María Macarena Chávez Flores, Secretaria.- Sen. Verónica Noemí Camino Farjat, Secretaria.- Rúbricas."

En cumplimiento de lo dispuesto por la fracción I del Artículo 89 de la Constitución Política de los Estados Unidos Mexicanos, y para su debida publicación y observancia, expido el presente Decreto en la Residencia del Poder Ejecutivo Federal, en la Ciudad de México, a 10 de mayo de 2022.- Andrés Manuel López Obrador.- Rúbrica.- El Secretario de Gobernación, Lic. Adán Augusto López Hernández.- Rúbrica.